北部湾新区

中国经济增长第四极

The Fourth Pole
Of China Economy Increase

韩 康 等著

中国财政经济出版社

图书在版编目（CIP）数据

北部湾新区：中国经济增长第四极／韩康等著．—北京：中国财政经济出版社，2007.8

ISBN 978-7-5095-0118-4

Ⅰ．北…　Ⅱ．韩…　Ⅲ．北部湾-沿海经济-经济发展-研究　Ⅳ．F127

中国版本图书馆CIP数据核字（2007）第116760号

中国财政经济出版社出版

URL：http：//www.cfeph.cn

E-mail：cfeph@cfeph.cn

社址：北京市海淀区阜成路甲28号　邮政编码：100142

发行处电话：88190406　财经书店电话：64033436

北京富生印刷厂印刷　　各地新华书店经销

787×960毫米　16开　14.25印张　221 000字

2007年9月第1版　2013年9月北京第17次印刷

定价：30.00元

ISBN 978-7-5095-0118-4/F·0102

（图书出现印装问题，本社负责调换）

本社质量投诉电话：010-88190744

反盗版举报热线：88190492　88190446

本书是韩康教授主持的国家行政学院重点课题“北部湾新区——中国经济增长第四极战略构想”的部分研究成果。参加课题研究和本书撰写的有：韩康（教授、博导）、许正中（教授、博导）、曹坤华（北海市常务副市长、特聘研究员）、李江涛（副研究员、博士）、杜豪（特聘研究员）、樊继达（博士）、袁富华（博士）、王辉（博士）、苏海云（博士）、姚成杰（博士）等同志。全书由韩康教授和许正中教授主持提纲、改写和统稿。

本课题在研究过程中得到广西壮族自治区区委和区政府的大力支持，特别是王跃飞同志提出了许多独到的见解和建议，在此一并感谢。

导　言

“中国经济增长第四极”的探索

“中国经济增长第四极”是一个词义份量沉重的概念，也是一项重大课题的名称。我们之所以提出这个概念，就是希望藉此引起人们对这个重大课题的认真关注。

进入21世纪以来，全球产业分工格局不断发展深化，东南亚已成为欧美全球经济战略布局和争夺的重点区域。在东南亚一些地区陆续发现具有重大战略价值的陆上和海上战略能源后，这种争夺的状况就更趋激烈、复杂。身处这个敏感板块中的中国经济，面临着一系列战略性挑战。如果我们的反应迟滞，继续满足于和东盟国家在产业低端链条进行同构性竞争，就很有可能在不远的将来陷于战略被动的局面。同时我们也看到，在这个敏感板块出现的种种情况，又是中国的战略机遇，抓住机会，中国经济就有可能在这个国际区域里取得战略主动，谋取更大发展。我们思考和设计“中国经济增长第四极”的最初动机，就是基于这样的出发点。

那么，把开发北部湾新区作为“中国经济增长第四极”，究竟有什么战略意义和战略价值呢?

北部湾新区的开发，可以成为全球化背景下实现我国能源和经济安全战略的试水区。随着我国经济持续高速增长，能源战略日益成为对发展具有举足轻重作用的重大国家战略。近年来对北部湾海域油气资源的勘探和开发，已探明该地区油气储量达到万亿吨级。莺歌海盆地、琼东南盆地和北部湾盆地在内的这些地区，油气储量面积大、厚度深，油气储集类型多、保存条件好，是海洋石油天然气的富集区。在多渠道、多方式寻求外部能源供给方面，北部湾地区具有特殊重要的战略地位。在这里，环北部湾既是能源和资源富集地，又是可以把中国西南与东南亚、南亚及澳大利亚等一些能源和战略资源丰富的国家和地区连在一起的海上大通道。北部湾新区的开发可以建立起新的能源和战略资源进口基地，还可以联合开发中国西南地区能源和矿产资源。另一方面，中国大西南地域广阔，人口密度相对较低，又宜于依托本国资源和利用国外资源大力发展石化、钢铁、电力等资源型工业，建立新的重化工、能源工业基地和新的中国战略石油储备基地。

北部湾新区的开发，可以带动我国能源重化产业在西南地区进行优化整合并促进产业蛙跳式发展。在全球制造业的分工体系中，发展中国家只能依赖产业低端领域获得发展机会，并只能长期依赖产业低端领域进行发展和积累。如何打破和超越这个经济全球化发展的现有格局，参与国际产业链的垂直分工，实现跳跃式发展，在目前北部湾新区的发展中出现了一个重要的机遇：即如果能够通过优化整合带动我国能源重化产业在西南地区获得优势发展，从自己的经济梯度出发准确定位，通过承接高梯度区域转移出的产业成为制造业中心，重点是主动承接珠三角经济区以及国际的产业转移，再通过学习、模仿、消化成为区域产业研发、设计基地，就可能摆脱落后地区长期依赖产业低端链条的发展宿命，最终形成具有高技术水准的产业集群，实现传统发展模式的创新。

北部湾区域还是西南地区唯一的沿海地带和出海口。同其他国内沿海地带和出海口相比，西南地区对外开放经济所耗费的运输成本最低。把北部湾新区的开发纳入中国西部大开发的总体战略，可以为大西南的发展创造更广阔的市场，提供更充裕的资金，吸引更多的外商投资企业……成为整体性带动西南经济起飞的一个重要枢纽。

北部湾新区的开发，可以依凭双重契合的地缘特征发挥中国经济联通和发散东南亚的国际区位优势。北部湾新区的区位优势特点体现在中国和东南亚、沿海和内陆的双重契合上。作为沿海区域，北部湾的区位功能体现在内外两方面：一方面通过吸收西南地区的产品、资源、劳务经过深加工后打入国际市场，实现由内向外的辐射；另一方面，通过积极吸收国外资金、技术和管理经验向西南转移，实现由外向内的辐射。北部湾新区还东邻发达的粤港澳经济圈，背靠发展不足的大西南，处于经济梯度差异较大的两大区域的结合部位，它们之间的联结又有着非常便利的水上通道，完全可以成为两大区域之间产业转移的联接点，打造与东盟经济高度互补、以重化工能源产业集群为核心的综合经济体。

北部湾新区的开发，还可以成为我国同东盟国家进行合作竞争的前沿战略支撑点。如前所述，美、日等国历来重视在东南亚国家和地区的战略发展。尤其是近年来随着越南等国家的迅速发展，美国、日本和欧盟通过直接投资和资金援助等多种方式，进一步密切同东南亚国家的经济交往，其隐含的战略目标是努力从该地区的资源与市场份额中获得最大利益。同时，印度也在努力推行其“东向政策”；中国台湾则以金钱为手段推行所谓“南进政策”。东盟国家在同中国展开多方面竞争的同时，始终不移地坚持推进在南中国海的势力范围。在这种错综复杂的区域战略格局下，作为同东南亚国家合作竞争的最前沿地区——中国西南地区的经济发展一直比较落后，不仅形成了区域性国际经济差距的扩大，而且降低了中国对东盟国家的综合吸引力，使我们面对咄咄逼人的国际区域竞争环境难有强势应对。这种情况发展下去，是非常令人担忧的。因此，把开发北部湾新区作为推动整个大西南加速发展的一个重大机遇，以经济发展促进国际区域的全面拓展，可以成为我国同东盟国家进行合作竞争的一个坚强有力的前沿战略支撑点。

关于开发北部湾新区的政策选择，我们课题组的基本认识是，开发北部湾新区是一个涉及多领域、多方面的系统工程，需要运用系统集成方法进行催生。近期的战略突破重点是：第一，加速中国—东盟经贸一体化进程，谋求在更大范围、更深程度、更高层次上实现经济融合。第二，以辐射东盟的高端制造业为突破，占领产业发展的制高点，引领区域经济的蛙跳式增长。第三，建立区域性国际信息扩散中心，畅通各层次政治对话机制。第四，在建设国际性港口、铁路、公路、航空等相互联动的综合交通运输体系的基础上，发展联结国内市场和国际市场的区域性物流基地。第五，在北部湾新区内设立若干针对不同东南亚国家的特殊开发区，吸引这些国家的企业在开发区内落地生根。第六，最终将北部湾新区建设成为东南亚地区的“经济首都”为目标，尽快展开战略性规划研究，培育立体交通网络，打造东南亚物流枢纽。

若干具体政策建议如下：

1. 构建以“南北钦防”和桂柳工业走廊为双核心的城市带。城市带应对区域内中心城市和小城镇进行明确分工，使资本、市场、人才、土地、基础设施等得到合理配置。南北钦防根据各自地理位置和资源要素承担不同经济功能，在区域内实现规模经济和集聚效应。克服“大城市模式”固有的环境污染、交通拥挤和治安恶化等弊端，同时避免“小城镇模式”的低水平重复建设、资源浪费等问题，推动整个区域科学协调发展。

2. 立足高端制造业，探索产业“蛙跳”发展的路径。实施顶层设计方法，为形成高端产业集群奠定基础，促进实现高新技术产业和制造业集群的融合。催生现代服务业与高新技术产业和制造业的产业集成。构建生态、环境、社会、经济和谐发展的产业网络，提升高新技术和原创技术的自主研发能力。采取超常规的发展方式探寻产业“蛙跳”，重点在于吸纳优质资本，引进和消化先进技术，积极进行自主创新，推进以现代物流为支撑、创新型工业为主导的综合经济体系的建立。

3. 以高绩效的政府推动高效率的发展。北部湾新区应从思想、标准、组织、政策、培训和信息系统六方面全面设计高绩效政府运行架构。高绩效政府管理以战略为核心、流程为基础、信息系统为支撑，通过提高组织的采纳率，不断改进和加强政府组织的核心能力。通过高绩效的政府管理培育社会创新优势，实现提升竞争力优势。打造北部湾新区，应该引入政府和市场的双动力驱动，在前期特别需要依靠合理的政府组织力量，通过体制改革和政府再造实现区域性社会转型。

4. 努力创建有文化资本和社会资本相互支持的综合示范区。中国改革开放的一个重要特征，是通过形成现代市场经济文化催生乡村社会向城市社会转型、农业经济向工业化转型，封闭性社会向开放性社会转型。在欠发达地区构建经济试验区，不仅需要物质资本和人力资本的投入，而且需要文化资本和社会资本的强有力支持。通过培育创新文化推动社会经济的全面转型与进化，应构成打造北部湾新区的一项重要内容。通过提升区域文化，吸收世界各种先进文化，形成北部湾新区的特色引领文化。

（课题组负责人：韩康。参加人员：许正中、曹坤华、李江涛、杜豪、樊继达、王辉、姚成杰、袁富华、苏海云、杨剑萍、李宇）

目 录

第一章

中国区域经济发展模式的新突破

北部湾新区的经济发展不仅关系到广西自身的发展，而且关系到中国经济未来的发展格局，也是中国国际战略的着力点，更是世界关注的焦点。区域经济作为一个复杂系统，影响其发展的因素多种多样，有效地利用国际合作的契机，整合区域内外各种资源，合理选择适应客观条件的发展模式，才能实现区域经济的突破发展。

第一节　增长极理论在中国的运用

区域经济模式是生产资源在一定区域优化配置和组合，以获得最大产出的机制。战略机遇稍纵即逝，而且在既定的技术状况和生产条件下，生产资源也是有限的，只有准确地把握机遇，把有限的资源在区域内进行优化组合，才可以获得尽可能多的产出。正是由于不同的理论，对于区域内资源配置的重点和布局主张不同，以及对资源配置方式选择不同，形成了不同的区域发展模式。

一、区域经济发展与增长极模式

从先发国家的经济发展历程来看，非均衡发展是一个世界性、历史性的普遍现象。作为一种非均衡增长理论，增长极理论突出重点地区和重点产业，强调极点在区域经济发展中的重要性。

（一）佩鲁的增长极理论

区域经济发展是包含区域经济增长、结构优化及社会进步等内涵的综合范畴。区域经济的高速发展依赖于一种良好的区域经济增长机制。区域是一个复杂、开放系统。作为复杂系统，包括社会系统、经济系统、资源系统、科技服务系统、信息共享系统以及社会资本积累系统等；作为开放系统，本质上要求与环境不断进行物质、能量、信息的交换，从而使系统由无序向有序、由低级到高级的发展。系统从周围环境吸取能量、物质、信息，通过系统内部转化，在建造和完善系统的同时，向环境输出物质、能量、信息、知识、价值。由于不同的区域其硬环境（所处的地理位置及该区域资源、产业结构、交通运输、邮电设施、生态环境、市场设施等）和软环境（人的价值观念和价值取向、文化传统、政策的开放程度和稳定性、政府办事效率等）的差异，不同的区域从周围环境吸取或向周围环境输出能量、物质和信息的能力是大不相同的，这决定了各个经济区域的经济增长将是不同的。“增长不是同时出现在所有地方，它以不同强度首先出现在一些增长点或增长极上，然后通过不同的渠道向外扩散，并对整个经济产生不同的最终影响”，这就是法国经济学家弗朗索瓦·佩鲁在1950年发表的《经济空间：理论与应用》一文中所提出的增长极理论，该理论被认为是区域非均衡发展的经济学理论基石。

佩鲁首先提出了经济空间的概念。他认为与地理空间不同，经济空间是以抽象的数字空间为基础，经济单位不是存在于某一具体的地理区位，而是存在于产业间的关系中。其次，佩鲁认为技术进步与创新是经济发展的主要动力。佩鲁称规模较大、增长速度较快、与其他部门的相互关联效应较强的创新型产业为推进型产业。通过产业关联，推进型产业与被推进型产业建立起协同联合体，通过后向、前向关联效应带动区域的发展，最终实现区域的均衡发展。这种推进型产业就起着增长极的作用，它对其他产业具有推动作用。增长极理论的核心是推进型企业对被推进型企业的支配效应。处于支配地位的经济元素具有“推动”效应，它自身的增长和创新会诱导、推动其他经济元素的增长。在佩鲁看来，增长极既是一个支配性的经济元素，又是一个具有强大推动效应的企业。它是发射离心力和向心力的中心，每个中心都处在其他众多的中心之中，并具有一定的吸引力和排斥力的作用范围。

（二）增长极理论的演化

佩鲁的增长极理论也有缺陷，佩鲁增长极理论以抽象的经济空间为出发点，重视增长极的功能结构，尤其是产业间的关联效应，但忽视了增长极的地理空间概念。随着对增长极理论的深入研究，一些经济学家对佩鲁增长极理论的缺陷进行了弥补和修正，法国经济学家布代维尔弥补了第一个缺陷，瑞典经济学家缪尔达尔弥补了第二个缺陷。

1. 布代维尔：地理性增长极。佩鲁的增长极是一个不带地理色彩的抽象经济空间。1966 年法国经济学家布代维尔对“佩鲁增长极”加以拓展，把经济空间中的增长极延伸到地理空间中，强调经济空间的地域特征，使增长极具有了空间特性，并成为区域开发和组织的重要理论依据之一。布代维尔认为，增长极将作为以拥有推进型产业的复合体的城镇出现。他给增长极下了一个定义：增长极是指在城市配置不断扩大的工业综合体，并在影响范围内引导经济活动的进一步发展。此概念认为经济活动的空间积聚比分散更有效并有益于经济增长，这种地理空间的“极”常与区域中的城镇联系起来。

布代维尔把增长极同极化空间、城镇联系起来，认为极点位于城镇或其附近的中心区域，从而赋予增长极明确的地理位置。布代维尔的增长极有两个内涵：一是作为经济空间的某种推动型产业；二是作为地理空间上的产生集聚的城镇，即增长中心。

布代维尔把经济中心地理化，赋予“佩鲁增长极”新的内涵。但是随着区域经济的发展，增长极的内涵按照点→线→面→国的层级不断衍变和扩大。一是由点到线，进而演变为增长轴、联系轴、点轴、水轴（沿江沿海发展轴）、生产力轴（一般呈线性基础设施轴线）、交通轴（运输走廊）、产业轴（如农业轴、建设轴、工业轴），以及 T 型轴、菱形轴、双核型轴等；二是由点到面，进而演变为区域增长极，有的称为“成长三角”、“流域三角洲”、“都市圈”、“综合经济区域”；增长极在国际层面上的形式有“核心—边缘”模式、“核心—外围”结构或“中心国家—依附国家”等。

2. 缪尔达尔：回波和扩散。佩鲁的增长极理论论述了处于支配地位的经济元素具有的“推动”效应——它自身的增长和创新会诱导、推动其他经济元素的增长。但是“佩鲁增长极”忽略了负面效应。20 世纪 50 年代中期，缪尔达尔针对增长极和周边其他区域的关系，提出了“回波效应”和“扩散效应”。

由于不同区域之间的初始禀赋差异，当一个区域的经济在市场机制的作用下，较其他区域更有效率地配置社会资源的时候，这个区域将因为较快的经济增长速度而比其他区域更有优势和竞争力。在统一市场的基础上，这个区域将会吸纳其他区域的资金、人力和其他的物质资源。这必然造成两个方面的结果：一方面，经济效率高的区域，将以更快的速度优于其他区域而发展；另一方面，其他区域的资本、人力和自然资源将被优先增长的区域所吸纳，这样，落后区域原有的资本、人力和资源反而减少，这些区域的经济增长速度将会更加缓慢。缪尔达尔把这种在市场机制作用下出现的区域间经济发展不平衡加剧的现象，叫做回波效应。这种回波效应表现为经济要素向发达区域的“极化”，因此有时也称之为“极化效应”。

扩散效应说明了增长极另一方面的作用。在市场经济中，不同区域之间由于个别区域以较高的市场效率运行的时候，它将表现出优于其他区域的发展速度，从而拉开区域间的差距，但是这种回波的效应不会无限地发展下去。在扩散效应作用下，当效率较高的区域增长到一定程度时，为了扩大经济规模，寻求新的市场，这个区域的高效率的市场张力将会向其他经济效率较低的区域扩张，把它的资本、技术、人力投向这些区域，建立新的项目，变为强势区域在另一个区域的市场张力的扩张点。这样将带动落后区域的经济效率的提高，更有效地使用这个区域的资源和人力，扩大这些区域的经济规模，加速这些区域的经济增长，增加就业，提高平均收入的水平。这种“扩散效应”表现为强势区域的经济要素向外“扩张”，因此有时也称之为“扩张效应”。

在增长极模式实施过程中，产业梯度转移是一种客观存在的经济现象。产业在不同区域间的转移受很多因素的影响，但一般是按照产业梯度的高低进行转移的。高端产业往往处于工业生命周期中的创新和发展阶段，其他地区的各种生产要素在该地区向心力和吸引力产生的极化效应影响下，会集聚到该地区。当高梯度地区的产业处于工业生命周期中的成熟阶段时，高梯度地区产业的进一步发展会受到劳动力、交通运输、水、电以及环境承载能力等限制，各种生产要素在扩散效应影响下，受利润的驱使会流动到第二梯度地区，第二梯度地区可以承接部分高梯度地区的产业。

在增长极产生和发展过程中，极化效应和扩散效应不是相互对立的，而是相伴而行的，只是在不同的发展阶段，不同的效应发挥作用的强度不同，才对外表现出扩散与极化的交替。极化效应是极点形成的标志，极化效应作用的结果是扩大区域差异，特别是扩大极点区域与其他区域之间的差异；而扩散效应作用的结果是大范围带动区域经济增长，缩小区域内发展的差距，促进区域均衡协调发展。

增长极对周围地区带动力量的强弱主要取决于极化效应和扩散效应的力量对比。在增长极刚刚相成的最初阶段中，极化作用将占主导地位，扩散效应只具有较小的影响范围和力度，极的生长与系统整体的相关系数较小；而随着增长极规模和实力的扩大，扩散效应逐渐加强，极的增长与系统的整体增长的相关关系也逐渐加强，扩散效应会超过极化效应，此时极的增长系统转向均衡化发展，完成不均衡到均衡的过渡。

按照上述观点，在发展政策上意味着工业投资应在有一定规模的城市或区域集中，这不仅能增加那里的增长动力，还能对周围腹地产生扩散效应。因此，增长极战略是实现发展中国家或区域经济增长目标的重要手段。

（三）美国运用增长极战略开始西进运动

无论对发达国家还是对发展中国家的区域经济发展，增长极理论都发挥了明显的指导作用。对增长极理论的应用主要有三种类型：一是主导产业或主导产业群战略；二是中心城市或区域增长极战略；三是把一、二两类统一起来的综合发展极战略。美国运行第三种类型成功地解决了西部发展问题。

区域经济发展失衡也曾经在美国出现。18 世纪到 20 世纪 30 年代，美国的制造业主要集中于东北部地区，而西南部则是明显落后的未开垦区。为解决区域经济发展不平衡问题，美国政府采取一系列政策来开发西部，其中最具特色的一点就是培育经济增长极来带动区域发展。

美国运用增长极战略的关键是主导产业和中心城市耦合，实施综合发展战略。美国学者韦德说："城镇是美国边疆的先锋。"在美国长达一百多年的中西部开发中，中西部地区崛起了一个个工商业中心，如克利夫兰、辛辛那提、芝加哥、圣路易斯等新兴城市，芝加哥是最有代表性的城市。19 世纪初芝加哥还是人迹罕至，18 世纪 30 年代后移民大军大量涌入，芝加哥日渐发展，1837 年正式组建为市，50 年代后，铁路的铺设又给芝加哥带来机遇，便利的交通条件使芝加哥成为中西部重镇，1880 年芝加哥人口达 50 万，1890 年达 100 万，1900 年又增至 200 万，一跃成为美国第二大城市，在当时全世界城市中雄居第五。芝加哥的发展使之成为经济增长极。在芝加哥的辐射带动下，中西部很快就形成了一个有机联系的城市体系。这一城市体系由下列城市组成：（1）芝加哥，为综合性工业大城市，具有全国性经济中心的性质；（2）地方性中心城市，以某种产业为主，其他产业为辅，如圣路易斯、底特律、匹兹堡、辛辛那提等；（3）在地方性中心城市周围兴起的大批与其主导产业相匹配的中小型城镇，专业化程度较高又相对独立；（4）卫星城隶属于前两类城市，一种是工厂城，另一种是居住城。这些不同规模、各种类型的城市，在市场机制作用下分布日趋均衡，进而形成以综合性城镇与专业性城镇相结合、大中小城市相结合、相互依存、同步发展的城市体系。

在以芝加哥为核心的城市体系形成过程中，产业也伴随城市化同步发展，主导产业或主导产业集群的形成和城市发展相互促进，良性互动，使增长极的效应充分发挥。在芝加哥城市体系中，前两类城市增长潜力较大为第一级增长极，它们大多得益于主导产业的发展，如 20 世纪 60 年代的洛杉矶，其就业的 1/3 直接或间接与国防工业有关。经济上的极化导致地域上的极化，通过产业链的传递和增长极的扩散效应，后两种城镇也逐渐成为次一级的增长极。它们起到了联系综合城市和周围小镇及乡村腹地的中介作用，从而形成了美国中西部开发的增长极网络，带动更为广阔的腹地特别是偏远农村的经济增长。

增长极战略的实施也是有条件的。从增长极点的培育来看，要有主导产业的支撑，还要有高端产业的带动；从增长极扩散效应的发挥来看，要具有良好的传导渠道和机制，使极点的能量能够传递到周边区域而不被耗散。美国增长极战略的成功实施有以下原因：

1. 高科技的推动。战后美国工业经济发展的规模化和高科技化促进了增长中心的形成与扩散。美国企业为了最大限度的利用规模效应，凭借雄厚的资本实力，改革设备，提高生产的自动化水平，雇佣较好的科技人员，扩大生产规模，1950—1970 年间 200 家最大的制造业公司所控制的资本与 1942 年 1000 家最大的制造业公司相等。随着企业规模的不断扩大，现有的城市环境逐渐不能满足企业扩张的需求：城市中工业用地紧张、地租高、税赋重、交通拥挤，城市内经营成本高于边缘地区，在郊区建厂可节省投资、提高效益。在这种形势下，中心城市的工厂陆续迁往郊区。1947—1972 年，在西南部郊区加工工业发展得很快，郊区加工工业岗位比中心城市增长了 4 倍。与此同时，在科技革命的推动下，促进了西部产业结构由以原材料加工为主的传统工业向新型技术工业转变，新型工业部门要求就业人员数量少，技术训练程度高，对工作环境质量提出了更高的要求，而郊区适合高新技术产业发展。20 世纪 80 年代以来，大量高新技术产业向郊区集中，形成了以高技术工业为主体的郊区新镇，从而形成由不同层级区域构成的增长体系。

2. 第三产业的带动。战后美国经济结构的变化，从以第二产业为主过渡到第三产业为主，第三产业发挥着城市的主要经济职能。20 世纪 70 年代，许多次中心都发展成为小型城市，中心城市与周围的郊区次中心结合起来，构成了大都市的复合结构。这种中心城市使经济活动扩散到更远的地方，使整个大都市区与周围地区的经济社会得以均衡发展，并且增大了城市的发展潜力。农村地区为城市的工厂供应原材料并为它们的车间提供了一个不断扩大的市场；反过来，城市则通过提供生活必需品和奢侈品以及为农村劳动力提供新机会来服务于农村地区，从而形成了美国中西部开发的特有模式，即拓荒—农牧业发展—中心城市出现—农牧工齐头并进—工业发展—新技术产业—高端服务业。

3. 外部环境的优化。第二次世界大战后，随着和平时期的到来，美国高速公路的修建、郊区的发展进入了高速发展时期。二战以后，新西部的开发把发展高速公路体系作为现代交通发展的目标，联邦政府承担了公路建设费用的90%，并以提供长期低息或无息贷款等方式，逐渐建立了发达的高速公路网。在高速公路网的推动下，新西部地带的城市形成了大城市带，农村地区的产业和生活方式完全专业化、规模化、城市化。

二、区域经济突破与蛙跳模式

蛙跳理论是指后发国家或区域利用后发优势，通过资本积累、效率提高和技术创新，实现非均衡、超常规发展，在较短的时间内接近、甚至赶超发达国家或区域的一种增长方式和机制。蛙跳型增长既体现为经济增长速度的快速提高，也表现为经济增长质量的全面提升。根据推动蛙跳增长的因素，可以把蛙跳分为以资本积累为主导的古典型蛙跳、以效率提高为主导的学习型蛙跳和以技术创新为主导的创新型蛙跳。

（一）古典型蛙跳

在新古典增长理论中，资本是决定经济增长的关键因素。在索罗增长模型里，只要保证资本的积累，所有国家无论其初始人均收入存在多大差异，最终都收敛于稳态。而且，一个经济低于稳态越多，增长速度将会越快；一个经济高于稳态越多，增长速度将会越慢。以资本积累为主导的古典蛙跳理论认为后发国家或区域往往低于稳态，如果有足够的资本积累，就容易实现速度较快的蛙跳增长。

资本形成是后发国家或区域经济增长的重要制约因素，从而也是决定蛙跳增长能否实现的重要条件。针对这个问题，罗森斯坦—罗丹认为，后发国家或区域要迅速改变自己的经济面貌，必须全面地、大规模地进行投资，特别要重视基础设施的投资；罗森斯坦认为发展中国家必须首先使投资率大到足以使国民收入的增长超过人口的增长，从而使人均收入水平得到明显的提高；钱纳里的“两缺口模型”根据凯恩斯的国民收入均衡理论和哈罗德—多马经济增长模式，认为发展中国家要实现均衡的经济增长，必须使资本形成率达到经济发展所要求的水平，并且外资是解决资本形成不足的重要渠道。

以资本积累为主导的古典蛙跳理论首先论述了后发国家或区域实现蛙跳式增长的可能性，然后论述资本积累对后发区域蛙跳增长的意义及如何解决资本形成不足的问题。古典蛙跳理论对我国欠发达区域的突破发展具有重要的借鉴作用，欠发达区域突破发展的实现必须以大规模投资特别是基础设施投资为基础，但是，古典蛙跳理论忽视了资本形成及使用过程中的效率问题。

（二）学习型蛙跳

区域发展格局中，欠发达区域往往在大多数技术领域中都处于落后状态，通过对发达区域一些技术、工艺的引进、模仿、消化、吸收和改造，从而提高本区域技术效率，是实现蛙跳型经济增长的重要路径。

在技术引进中，欠发达区域常面临一种困境：欠发达区域不能通过学习最终缩小与发达区域在技术水平上的差距，导致了在技术上又依赖于发达区域。这样就产生了一种“恶性循环”：发达区域转移成熟期的技术，欠发达区域引进这些技术；在欠发达区域对引进技术的学习过程中，发达区域的技术又有了新发展。

欠发达区域要解决上述问题，通过学习型蛙跳实现突破发展，必须选择合理的技术发展路径，做到技术引进与学习的良性循环。首先，主要引进发达区域处于成熟期的技术，通过干中学，积累操作技术和关键部件制造技术，经过模仿、改进，发挥成本低廉的优势，生产在国内外市场上具有竞争力的制成品；其次，引进发达区域处于成长期的技术和一些新技术，引进与开发相结合，真正实现学习型蛙跳增长。

（三）创新型蛙跳

学习型蛙跳通过技术引进、模仿、消化、吸收和改造，可以不断缩小欠发达区域和发达区域之间的差距，但是，欠发达区域能否最终超越发达区域？创新型蛙跳论证了这种可能性。

创新型蛙跳理论认为发达与否并不是一成不变的，在特定条件下，欠发达区域通过更好地把握新技术、机会，有可能超过发达区域。从国家的兴衰更替可以清晰地看到创新型蛙跳的巨大力量。

纵览各国经济发展历程，一个国家的经济和技术地位并不是永久的：荷兰的经济霸主地位被英国取而代之，英国的领先地位被美国所取代等等。在国家兴衰变化过程中，技术以及催生新技术的思想是重要的影响因素。技术变迁大多情况都是在既有框架下逐步推进的，这种规范的技术变迁主要发生在具有比较优势的发达国家；但有时巨大的技术突破会从根本上改变技术性质，而且在特定条件下，这种突破会发生在不发达国家。这是因为，发达国家已经建立技术领先地位，通过干中学积累了丰富的生产经验，而革命性的技术突破会打破发达国家原有的强大的生产模式和利益格局；同时，发达国家对旧技术有生产经验，新技术应用初期反而没有旧技术效率高，而不发达国家愿意采用那些初期效益不高但潜力很大的新技术。发达国家旧技术形成的沉没成本导致了因循守旧、创新不足，不发达国家反而容易把握重大技术突破所带来的历史机遇。因此，历史既有连续性的渐变，也有跳跃性的突变。国家兴衰交替如此，区域经济发展亦然，欠发达区域可以通过创新型蛙跳实现跨越式发展。

三、区域经济突破模式的探索

增长极理论和蛙跳理论从两个不同的角度分析区域经济发展问题。增长极理论着重分析不同区域之间的关联效应和作用机制，首先通过极化效应，使资源向极点聚集，当极点能量积蓄到一定程度之后，就会发挥扩散效应，带动相关区域经济发展。但是，传统的增长极理论没有就极点如何培育、扩散效应如何发挥等问题进行深入地论述，而蛙跳理论则分析了一个区域在资本积累、效率提升、技术创新的作用下的蛙跳型增长。在经济全球化和信息化的条件下，包括信息在内的各种要素可以在全球范围内自由、快速地流动。如果欠发达区域经济增长的极点形成比较缓慢，可能永远也不能缩小与发达区域的差距，甚至更加边缘化和低端化。综合运用增长极和蛙跳理论，不仅能够使极点快速形成，而且能够提升极点的产业的价值链和供应链，使扩散效应在更长的时期内发挥作用。

目前，全球化和信息化程度的提高使增长极点在蛙跳模式作用下能够实现突破发展。一是资本流动的加快。由于资本追求更大报酬率的本性，只要资本流动性的障碍不存在或者很小，资本就会从丰裕的国家或区域流向相对短缺的国家或区域。资本流动可以提高增长极点的人均产出水平，从而加快经济追赶的步伐，实现以资本积累为主导的蛙跳型增长。二是技术扩散加速。科技在全球的加速传递和扩散，国际贸易、国际技术交流的加强，使先进技术日益具有“公共物品”的性质，欠发达区域对发达区域先进技术的模仿创新或发达区域的技术溢出效应日益突出，这为增长极点利用“后发优势”实现以效率提升为主导的学习型蛙跳提供了新的更多的机会。三是信息技术发达。从某种意义上说，现代社会中的信息是一种重要的生产要素，信息技术革命使得信息流动更加迅速、更加便宜，使得科技的迅速扩散成为可能，也使增长极点可以在信息技术平台上进行技术创新，实现以技术创新为主导的创新型蛙跳。

在上述可行性论证的基础上，综合运用增长极理论和蛙跳理论，实现区域经济突破发展的模式有：吸纳优质资本，引进、消化先进技术，积极进行自主创新，快速推进增长极点以创新产业为带动、新型工业为主导、现代物流为支撑、以现代服务业为引擎的综合经济体系的建立，进而带动区域经济突破发展。

四、我国增长极战略的实施时序和空间转移

改革开放以来，我国建立经济特区和开放沿海城市的决策，实际上就是增长极理论、梯度转移理论、蛙跳理论等的综合运用。通过给予各种优惠政策，沿海地区积极发挥自身优势，大量承接高梯度地区转移出的产业，同时，积累资本，提高效率，不断创新，通过蛙跳型增长快速成为带动全国经济增长的中心。目前沿海地区已先后形成了“长三角”、“珠三

角”、“滨海新区”三个全国性的经济增长极，三大增长极时间继起、空间联动，有力地带动了全国经济的发展。

（一）我国三大增长极的形成和发展

1994年广东省政府界定的珠江三角洲经济区主要包括广州、深圳、珠海、佛山、江门、东莞、中山和惠州市的惠城、惠阳、惠东、博罗，以及肇庆的端州区、鼎湖区、高要、四会，面积占广东全省面积的23.6%。珠江三角洲濒临大海，紧邻港澳，具有优越的区位优势。首先，香港制造业在产业升级的内在要求下向外扩散和转移，珠三角毗邻香港，有着得天独厚的优势。其次，改革开放加强了粤港澳之间的经济联系。再次，从地缘上看，珠三角是全国范围内与港澳经济联系最广、最深入的地区。

在政策支持和自身优势的作用下，珠三角不断发展，对周围区域的辐射带动不断增强，成为我国的第一增长极。珠三角是一个多核的体系，众多城市都有着核心城市的特征，发展水平较高、功能多样、有相当辐射力、能够组织带动整个区域的经济发展。北部以广州为中心的城市圈，将是第二、三产业的密集区，成为珠三角的产品集散地、融通资金的金融中心，以及信息、产权交易、技术、新产品与新工艺的设计中心等；东南部以香港、深圳为中心的城市圈具有外贸、金融、国际运输、新技术产业的优势；西南部以澳门、珠海为中心的城市圈，港口工业、商贸业、旅游业将有较快的发展。其中，香港（深圳）、澳门（珠海）是对外流通的主渠道；广州是对外，也是对内商品流通的最主要场所。这些极核城市，在空间形态上聚焦形成多核心星云状城市带，并且在一定意义上形成由区域中心城市和港口城市组合而成的多核型空间结构模式。这是一种空间尺度大、区域效应强烈的特殊港城关系，它实现了城市的趋中性与港口城市边缘性的有机结合，是区域经济发展中一种较为有效的空间结构形式。

长江三角洲是指以上海为龙头，包括江苏的南京、镇江、扬州、泰州、南通、苏州、无锡、常州及浙江的杭州、嘉兴、湖州、宁波、绍兴、舟山等15个地级以上城市。长江三角洲临靠东海、黄海和长江，集“黄金海岸”和“黄金水道”于一身，具有面向海洋、依托长江、倚靠内陆，发达交通联系世界各地的区位优势。在浦东开发的推动和上海的集聚辐射下，长三角形成了一系列产业群，如汽车、汽车零部件、化工、电子、仪器仪表等，长三角成为带动经济发展的第二增长极。在第二增长极形成过程中，从第一增长极—珠三角转移出的产业是一个重要力量。

长江三角洲以上海为核心，在上海的集聚和辐射下，促进以杭州为副中心的南翼区域和以南京为副中心的北翼区域的共同发展，可称之为“一核两翼”模式。上海是国际经济、金融、贸易和航运中心，带动着长三角地区和整个长江流域的发展。上海强大的辐射力及其周边城市的飞速发展，使苏、浙两省的所有城市都意识到了区域合作的重要性，都在资金、信息、人才、商品的流动中积极寻找适合本地发展的城市定位。围绕着上海经济增长极，这一都市圈的经济空间扩散为三个圈层：第一扩散圈层是苏州、无锡、杭州和宁波，这一圈层的第三产业所占比重较大，乡镇企业发达，普遍成为当地的经济支柱和财税来源。第二扩散圈层是南京、嘉兴、绍兴、常州和镇江，这一圈层的工业发展迅速，主要向机械、电子方向发展。第三扩散圈层是扬州、南通、湖州和舟山，这一圈层的乡镇企业发展较晚，第一产业所占比重较大，产业结构水平较低。从总体上来看，上海这个增长极主要是沿着铁路扩散的，沿江扩散轴和沿海扩散轴成为次一级的扩散轴。

目前，以滨海新区为核心的环渤海地区正成为带动经济发展的第三增长极。环渤海地区包括5省（辽宁、河北、山东、山西、内蒙古中部）、2市（北京、天津），呈环状分布着从丹东至青岛的十几个沿海城市。环渤海地区面对东北亚和太平洋地区，具有地域整体性，担负着开拓东北亚，走向全世界的任务。同时，环渤海地区地处我国东北、华北、西北、华东四大经济区的交汇处，是我国北方通向全世界最直接、最便捷的海上要冲，又是内陆连接欧亚的要塞，还是我国经济由东向西扩展，由南向北推移的重要纽带。由于这一地区正处在西连中俄蒙，东通中日韩的中间地带，所以还具有发展本地区经济的得天独厚的腹地基础和通往世界的海上通道。

环渤海经济圈产业布局在空间上相对集中。其中，京津唐、胶济和沈大铁路沿线是区内具有较强经济实力的产业集聚区（带）。京津唐产业集聚区是以机械电子、石油化工和钢铁冶金为主导的偏重型综合工业基地；胶济沿线则是以石油加工与化学工业、机械电子和纺织工业为主导的轻重工业比较协调的产业带；沈阳、大连产业带是以机械电子、冶金和石油化工为主体的超重型工业基地。

（二）我国增长极战略的分析和展望

珠江三角洲、长江三角洲、滨海新区三个增长极的形成不是偶然的，具有一定的必然性。首先，三大增长极的形成是我国对外开放、经济增长、区域发展的内在要求。其次，三大增长极都有一定的优势。从对外经济联系来看，珠三角紧邻港澳，环渤海地区、长三角的核心城市北京、上海作为国际性的大都市，和国外都有紧密的联系，都可以利用国外的资源和市场发展经济；从区位优势来看，三大增长极均濒临大海，可以发展适合本地情况的临海工业；从支撑体系来看，三大增长极都背靠内陆，可以在内陆经济的支撑下快速成长，然后带动内陆一起发展。

三大增长极对我国的对外开放、经济增长、区域发展做出了巨大贡献，但是，我国的幅员辽阔、人口众多，人均经济水平较低，区域发展不平衡等问题依然存在。这些问题的解决需要在具备条件的区域继续实施增长极战略，培育极点，带动经济增长。

第二节　构建北部湾新区战略意义

北部湾新区是指由广西壮族自治区以南宁、北海、钦州、防城港市所辖的行政区域为主组成的经济区，是北部湾经济区的核心板块，北部湾新区处于中国—东盟自由贸易区、泛珠三角经济圈和大西南经济圈的中心结合部，是中国对外开放、联动东盟、走向世界的重要门户和前沿，也是国家“十一五”规划的重点开发区域之一，区位优势明显，战略地位突出。建设北部湾新区应为国家区域发展的重大战略举措。

一、建设北部湾新区是我国经济发展战略的内在要求

（一）从我国开放战略角度的分析

改革开放以来，经过将近三十年的发展，我国无论是经济体制、经济结构，还是经济增长方式都发生了巨大的变化，社会主义市场经济体制基本建立并不断得到完善，市场对资源的基础配置作用更加突出，宏观调控方式日趋科学，结构调整的效果日益显现，经济增长的内在动力日渐增强。投资、消费和出口是中国经济增长的三驾马车。要实现 2020 年 GDP 比 2000 年翻两番的目标，需要保持年平均经济增长率 7.2%，扩大对外贸易是实现翻两番目标必不可少的条件。从另一方面来说，作为贸易大国，中国目前还称不上贸易强国，因为从贸易结构来看，我国对外贸易对欧美市场依赖较强，对欧美过高的贸易依存度必然使我国容易受到发达国家经

济周期的影响。所以，从地缘政治出发，加强同周边国家的区域经济合作，扩大中国与东南亚国家的贸易，不仅是中国经济持续增长的动力之源，同时也为东南亚国家提供了发展的机遇，使东南亚国家分享中国经济发展所带来的好处，正如温家宝总理所说的那样，“睦邻首先要富邻”。最终实现我国和周边国家利益共赢、和谐共处的良好局面。

北部湾新区背靠云、川、贵、渝西南腹地，东接粤、港、澳经济圈，西接越南，并与泰国、老挝、柬埔寨、缅甸等国为近邻，南与新加坡、马来西亚、菲律宾等国隔海相望。就地理位置来看是东南亚与中国大陆的契合点，具备参与现代国际分工极其有利的外向化区位优势，兼备开拓东南亚市场便利的海陆交通十字架条件。

随着欧盟、北美等经济圈的建立，在国际经济区域化潮流的影响下，东南亚国家间的经济联合也在不断加强。冷战后包括越南在内的东南亚国家对外开放的进程逐步加快，已使东南亚成为国际投资的“热点”地区，经济增长势头强劲。东南亚国家在资源、经济结构方面与我国有着较强的同构性和互补性，双边经贸关系源远流长，近年的经贸合作更是取得了长足进展。煤、铁、石油和有色金属等矿产资源优势突出，为我国所急需；我国日用消费品和部分重化工业产品也深受东南亚国家欢迎；东南亚国家钢铁不能自给，近年进口量呈不断增长趋势，未来钢材需求市场仍会很大。我国目前对这些国家的钢材出口量仍十分有限，因而具有很大的市场潜力。在沿海经济国际化的进程中，环北部湾地区具备开辟东南亚市场、开展同东南亚国家经贸合作最有利的区位条件。所以我国应该加快北部湾新区的开放开发，积极发挥其海陆交通枢纽的作用，一方面吸引其他地区钢材出口东南亚；另一方面利用越南、老挝、缅甸等国铁、铬、锰等矿产资源优势，发展临海型冶金工业，扩大出口，前景将十分广阔。

（二）从我国主体功能区战略角度的分析

《国家“十一五”经济社会发展规划纲要》指出，“要根据资源环境承载能力、现有开发密度和发展潜力，统筹考虑未来我国人口、经济布局、国土利用和城镇化格局，将国土空间划分为优化开发、重点开发、限制开发和禁止开发四类主体功能区，按照主体功能定位调整完善区域政策和绩效评价，规范空间开发秩序，形成合理的空间开发结构”。这是在区域发展中贯彻落实科学发展观的重大战略举措，是以非均衡手段促进区域均衡协调发展的一个新思路。

在国家“十一五”规划的四类主体功能区中，北部湾资源环境承载力较强，属于重点开发区域。重点开发区域既要承接处于高端经济梯度的优化开发区域转移出的产业，又要承接限制开发和禁止开发区域转移出的人口，逐步成为未来支撑全国经济发展和人口集聚的重要载体。国家在“十一五”期间乃至未来，将通过财政、投资、产业、土地、人口五大政策对重点开发区域建设进行支持。具体来说，在基础设施方面，国家将支持重点开发区域搞好基础设施规划，加强基础设施建设，重点建设干线铁路、区际公路、港口、区域性机场、加快构建综合交通运输体系；在产业发展方面，国家将支持重点开发区域发挥已有的产业优势，增强区域产业配套能力，积极吸引外来资金和技术，大力承接优化开发区域和国际上的产业转移，引导产业集群化发展，壮大产业规模；在城市化方面，国家将支持重点开发区域通过创造更多的就业岗位，积极吸纳区域内和区域外的农村人口转移，为农村人口进入城镇创造条件，加快工业化、城市化进程；在空间布局方面，国家积极引导重点开发区域合理进行产业布局、人口分布和城镇空间格局，进一步壮大区域中心城市的经济规模，充分发挥对整个区域的辐射和带动作用，优化城市规模结构和布局，形成以中心城市为依托、中小城市为辅助、大中小城市协调发展的城市群；在环境保护方面，重点开发区域要坚持发展与保护并重，保护好耕地、水面、林地等绿色空间，减少经济发展对生态环境的影响，避免出现优化开发区域出现过的问题。

北部湾新区作为国家“十一五”规划的重点开发区域，有希望在基础设施建设、产业发展、城市化和工业化进程、生态与环境保护方面得到国家的有力支持，北部湾新区的开放开发是我国主体功能区战略实施的要求。

（三）从我国能源安全战略角度的分析

进入 21 世纪后，能源供应不足可能成为中国崛起的最大障碍之一，能源安全在中国大战略中的地位悄然上升，并越来越成为中国战略考虑的重心之一。在全球化浪潮中将越来越多地参与到国际能源大市场中去，制定新的能源战略势在必然。由此，中国能源面临的巨大挑战也是显而易见的。中国能源安全不仅是一个国内保障供应的经济问题，而且是一个关乎国际能源供求和能源地缘政治的战略问题。

对于中国这样一个对能源和战略资源需求极大的国家来说，保证能源安全的基本方针是“大力开发两种资源，充分利用两个市场”，即立足于国内能源资源，不能完全依赖国际市场的供应，其次要抓住经济全球化的国际机遇，积极参与和开发国际能源资源。面对石油、天然气等优质能源需求不断增长的趋势，逐步增加石油进口以弥补国内供需缺口几乎已成定局。鉴于此，建立稳定的石油安全机制，多渠道、多方式寻求外部能源供给至为关键。在多方式上，除了进口能源外，还要采取并购海外油田和石油开采公司以及联合开采、援建等多种方式获取能源；在多渠道上，除了中东地区外，中亚、东南亚、南亚及澳大利亚等一些能源和战略资源丰富的国家和地区，也应该成为中国获取能源和战略资源供给的主要地区。在能源安全问题上，北部湾地区具有重要的战略地位。一方面，环北部湾是把中国的西南地区与上述许多能源和战略资源的来源地如东南亚地区、南亚地区和澳大利亚连在一起的海上大通道，同时由于本身又是能源和资源富集地，因此无论是建立新的能源和战略资源进口渠道，还是与其他国家联合开采北部湾以及中国西南地区的能源和矿产资源，北部湾新区的开发都会提供重要的基础和便利的条件。另一方面，中国的大西南地区相对东部地区来说，地域广阔，人烟稀少，环境承载力强，宜于依托和利用本国及国外资源，大力发展石油化工、钢铁、电力等重工业和资源型工业，建立中国的重化工和能源工业基地，同时也宜于建立中国的战略石油储备基地。

因此，从国家能源安全战略出发，应当把北部湾新区开发纳入中国的能源总体发展战略中来。

二、建设北部湾新区是我国沿海经济发展新增长极的内在要求

（一）沿海经济的重要性

任何国家或区域经济的发展都要选择具有地理优势的地带。农业社会里，农耕文明往往出现在灌溉便利、土地平坦的河畔平原。工业社会里，非沿海国家也在利用江河两岸发展工业城市，沿海国家则利用沿海布局工业。这是区域经济发展的客观规律决定的。所以，沿海国家的经济发展，尤其工业经济发展，都是把经济发展的重点放在沿海地带。资金、技术、人才都向沿海聚集，沿海区域就逐步成长为经济增长极。资金、技术、人才向沿海聚集，都是在利益机制引导下发生的。一般来说，同样的产业，同样投入，沿海的经济效益要比内陆的经济效益至少高出1/3，高的可达一倍至若干倍。究其原因，主要是沿海区域交通便

捷，人口密集，信息密度高，人口素质高，劳动力充足而价格低廉，市场开拓潜力大，如此等等，内陆地区无法具备这些支撑经济发展的条件。从增长极理论来讲，一个国家或区域的经济增长需要若干个能够带动全局的极点，沿海区域就自然而然地充当了这样的增长极。沿海增长极通过极化效应，聚集经济成长，形成强大的物质、资金、技术基础，再向内陆扩散、推进。

世界经济增长的实践可以验证以上论述。从世界范围来看，不论是发达国家还是发展中国家，沿海地带都是一个国家经济最发达的区域，全世界约3/4的大城市、70%的工业资本和人口都集中在距海岸100公里左右的沿海地带。目前已有大约100多个国家把海洋开发确立为基本国策，把沿海产业发展放在了重要地位。近三十年来，世界已进入大规模开发利用海洋的新时期，海洋经济以现代科学技术为手段得到了飞速发展，几乎每10年翻一番。1985年全球主要海洋产业产值只有3500亿美元，而到1995年就超过了8000亿美元，约占全球经济总量的3.8%，到2000年，这一比重已超过10%。改革开放以来，沿海地区成为我国区域经济发展最具活力和发展速度最快的地区，上海、深圳、广州、青岛、大连、宁波等港口城市已成为带动我国内地经济发展的龙头，表现出很强的活力和吸引力。

同时，沿海地区还是实现经济全球化的桥梁和对外开放的窗口。当今国际贸易中，95%以上的货物运输是由海运完成的。沿海地区独特的经济功能和区位决定了其在一个国家或地区经济开放和国际化中的地位和作用。通过港口功能开发，可以扩大对外经济技术交流；通过发展临港产业和海洋经济开发可以使地区经济快速融入世界经济体系。从国内外经验看，中国的上海和香港地区、荷兰的鹿特丹、新加坡等都充分发挥港口作用，大力发展临港产业，进而成为推动经济现代化和国际化的典范。随着经济全球化进程的加快，沿海地区在区域经济发展中的作用和地位将进一步突出和加强。

（二）北部湾新区应该成为我国经济的新增长极

我国向来重视沿海经济发展，陆续形成了珠江三角洲、长江三角洲和环渤海经济圈三个增长中心。2004年，三大经济圈以占全国10%多点的人口，创造了占全国41%的国内生产总值，而且这一趋势发展更为迅猛，对国家经济的支撑作用越来越重要。

我国沿海宛如一张“弓”①，渤海湾、北部湾是弓的两端，珠江三角洲、长江三角洲是弓臂，由东北向西南的广大内陆地区就是一根弦，由西向东的交通路网、珠江、长江水系为箭身，射向海外市场。从这张“弓”看，北部湾新区是不可或缺的重要部位。新中国经济发展正如“弯弓射箭”，实行区域优先发展战略，蓄积力量，集中火力，重点突破。首先，增强弓臂的力量和强度，我国抓住世界经济太平洋增长时代机遇，从20世纪80年代起，优先发展“两角”，增强箭的强度和力度，“两角”相继成为中国经济增长极；其次，增强弓的张力和弹性，21世纪初，在弓的一端——环渤海湾实行沿海开放优惠政策，环渤海湾正在崛起，即将成为中国经济第三增长极；再次，增加弦的拉力和覆盖面，实施西部大开发和中部崛起战略。但是，目前“弓”并非“满弓”，作为沿海经济地带重要组成部分的北部湾，即弓的另一端，还处于经济未开发状态，张力和弹性均很脆弱，严重地阻碍了弓的张弛，影响弓的射程。欲使“弓”满月、一定要增强弓的另一端——北部湾新区的张力和强度，即促使北部湾新区的迅速崛起。这就可以使弓满月，弦紧绷、力量大、箭身壮、射程远，即可促进大西南腹地经济的迅速起飞，促进中国沿海与内陆、东部与西部，港澳台与中国大陆区域经济顺利对接，扩大我国整体对外开放水平。

从我国的沿海经济发展情况看，“两角”已成为国家重要的经济增长带，环渤海湾正在形成经济增长极。北部湾新区作为西部地区唯一的沿海地区，比较优势明显，但却是我国唯一没有发展起来的沿海地区，总体上都未进入工业化中期阶段，与拥有的区位优势极不相称。可以说，全方位促进北部湾新区的开放开发，使其快速发展，已是大势所趋。

三、建设北部湾新区是我国大西南地区发展的内在要求

（一）北部湾新区开放开发是大西南发展的重要组成部分

云、贵、渝、川、桂5省区市组成的西南地区经济特征共性较多，5省区市生产力要素构成和分布状况的差异度较小。一方面，西南地区的资源条件较好，具有丰富的土地资源、气候资源、生物资源、水能水利资

---

① 陈秋华：《从“两角”到“两湾”——北部湾（广西）经济区发展成为中国经济第四增长极的思考》，桂经网。

源、矿产资源、旅游资源等；另一方面，西南地区均属我国经济欠发达区域，生产力水平也大体一致。同时，西南地区是我国少数民族聚集地区，有着相当部分的边远贫困地区。这就使西南省区的经济发展水平与区域自然资源的丰度有着较大的反差，它们面临着经济振兴的严峻挑战，都有着开发资源发展经济的共同要求。西部大开发是中国进入21世纪以来一项重大的区域发展战略，在这项重大战略中，拥有全国1/4的土地和1/5的人口的大西南地区的发展尤为重要。

合理的区域分工是区域经济组织的基本原则，区域经济增长应该是系统内外经济联系的有组织增长。西南地区作为全国大系统中的子系统，其整体性开发和发展离不开全国的支持，而系统内则依靠各个省区之间的合理分工和相互促动。广西是西南经济系统中的一个重要部分，但是，广西经济基础比较薄弱，2006年广西人均国民生产总值排全国第28位，经济发展水平在全国位次较低。

然而，在欠发达的西南省区中，广西是西部地区、民族自治区、边疆地区和沿海地区，具有得天独厚的发展政策优势：广西有大陆海岸线1595公里，是我国有沿岸带的10个东部省市区之一，是西部欠发达省区中唯一拥有海港的自治区。北部湾新区的北海市在1876年就已被辟为对外通商口岸，20世纪60年代起又在北海港附近兴建防城港，1984年后北海市（含防城港）又作为全国沿海14个城市之一对外开放，因此，从地理位置上和对外经济活动上看，广西无疑具有沿海省区或东部省区的特征。认识和充分利用广西区情中的这种特殊性，对于研究和制定广西经济发展战略和为大西南的经济开发服务都具有重要意义。

从西南区位角度看待广西经济开发的“西部中的东部”的战略地位来说，它主要集中表现在北部湾区域的区位作用上。也就是说，作为欠发达省区的广西区情的特殊性，主要体现在北部湾区域上。这种特殊性的区域表现，不但是作为广西特殊的经济发展模式选择的重要依据，而且是广西发展区域关系和西南经济开发中发挥广西特殊作用的重要内容。北部湾新区的开发建设是大西南共同开发、协调发展的重要部分。

（二）北部湾新区开放开发是大西南整体性经济开发的迫切要求

北部湾区域是西南地区唯一的沿海地带和出海口。区域经济理论和区域发展的实践证明，各个国家、各个时期沿海对内地的经济增长都有很强的带动作用。

我国北部湾区域由于经济基础较差、文化教育落后等原因，虽然地处沿海，却没有实现应有的发展，相应地也不可能很好地发挥对西南经济发展的带动作用。而西南腹地在资源优势支撑下，经济有了一定的发展，但是进一步的发展受到人才、信息、资金等方面的制约。所以，一方面，北部湾沿海区域在增强经济实力和对外经济扩张的基础上，需要西南内地的有力支持，另一方面，西南物质资源的战略开发，又必须充分利用北部湾沿海地区的地位和作用。从而形成北部湾沿海地区与大西南内地的相互支持、相互依赖、共同促进开发的双向性的战略格局。

（三）北部湾新区开放开发是实现大西南外向发展的重要途径

区域作为一个系统，必须具有一定的开放度，才能和环境进行物质、能量和信息的交换，进而实现区域的经济增长。西南地区因为开放度较低，所以经济发展较为缓慢。西南地区的经济发展要求在引进技术、人才、资金上要多渠道、多层次、多形式的开放，不仅要对国内沿海地区开放，也要对国外开放。从西南潜在的资源优势转化为现实的经济优势来说，还要向外不断地输出商品，实现更大区域与更大范围的要素流动和商品交换，充分利用国内国外两个市场、国内国外两种资源。只有实现充分的外向发展，才能保证西南经济的开放与开发。这就要求疏通西南经济外向发展的渠道和探索外向发展的途径。

一个区域往往沿着河流、铁路等交通干线发展经济。目前，西南地区可通过几个渠道向外发展经济。（1）通过重庆港，可以向长江下游湘、鄂、赣、苏、浙、皖及沪发展贸易；（2）通过云南边境经缅甸仰光转口，可向印度洋沿岸和欧洲国家发展贸易；（3）通过宝成及湘黔铁路可与西北及中部各省区发展商品交换；（4）通过防城、北海，可向东南亚及太平洋沿岸各国发展贸易。其中，防城港、北海对于促进西南经济的外向发展特别是对外贸易来说，有着不可替代的作用。一般来说，一个国家或地区的出口贸易的货运量主要通过海港。海港是一个国家、地区对外贸易的窗口和桥梁。作为西南地区要大力发展对外贸易，必须要有一个优良的港口。北部湾的防城港和北海，正是大西南地区发展对外贸易的最理想的对外开放港口。从地理位置上看，北部湾沿海港口国内距西南地区最近，国际距东南亚以至非洲、欧洲最近；从港口条件看，北部湾沿海港口是天然避风深水港，它们已是拥有较大吞吐能力的接纳船舶停靠，办理运输业务、并有较高水平的装卸、储存、疏运货物等各种设施的综合性海港；从贸易现状看，它们已有发展对外贸易和经济技术交流的基础，如北海港目前已与世界上 94 个国家、地区的 192 个港口有贸易关系。因此，北部湾的海港最易于西南地区同东南亚以及更远的国家和地区联系起来，扩大西南地区的对外贸易。北部湾区域优越的海港条件及其巨大的发展潜力，使其必然成为西南地区同世界各国、地区往来的一个起落点，成为西南同国外往来的大门。无疑，北部湾新区的开放开发在促进大西南的外向发展中具有极其深远的战略意义。

（四）北部湾新区应该成为带动大西南地区发展的增长极

鉴于西南地区经济发展和区域合作必须参与全球产业分工和市场竞争，必须在全球投资和贸易活动中进行，必须依托资金和信息的全球流动中进行，而西南地区的发展必须朝两个重要的方向进行：一是在“泛珠三角”的“9 +2”合作框架下，对东南沿海地区和港澳地区的开放；二是通过北部湾新区的开发建设，形成对东南亚国家和地区的开放。就北部湾新区来说，海港条件十分优越，是大西南地区一个重要的出海口，而且与东盟国家通过海上航线相连接，既有利于西南地区的开拓东南亚市场，又有利于扩大外贸、吸引投资、开发资源而加快对东南亚国家和地区的开放，因而无疑是大西南地区区位条件优越的“增长极”。

所以，开发北部湾新区不仅是大西南振兴和繁荣的需要，也是中国西部大开发经济发展战略的需要。国家应当把北部湾的开发纳入中国西部大开发的总体战略中来，通过北部湾新区的开发，为中国大西南的发展创造更广阔的市场，提供更充裕的资金，吸引更多的外商投资企业，获取更丰富的发展资源。

第三节 区位优势和综合支撑体系

一、北部湾新区作为中国经济增长第四极的外部机遇

（一）新一轮的全球产业转移

产业资本转移和贸易结构调整是目前世界经济格局的重要特征，产业资本转移主要表现为从发达国家向发展中国家输出制造业，利用发展中国家生产要素低廉的优势提高利润率。目前，我国国内政治经济形势稳定，

人力资源丰富廉价，国内市场容量很大，对外商直接投资的吸引力越来越强。随着市场化程度的进一步提高，越来越多的跨国公司将会把我国作为其产品制造、市场销售、原料采购、新产品研发、人力资源开发等方面的基地。

在全球产业转移过程中，一个城市或区域可以从自己的经济梯度出发，准确定位，通过承接高梯度区域转移出的产业成为制造业中心，还可以通过学习、模仿、消化、吸收成为区域产业研发、设计基地，最终实现产业集群。同时，跨国公司销售和研发的本地化趋势，将推动本地大工业体系的国际接轨和跨国公司的合作。以美国 IT 产业为例，最初由 20 世纪 80 年代在本国的北部地区向南部地区转移；90 年代开始由本土和在墨西哥的企业向东亚和东南亚地区转移，随着东亚和中国台湾地区的生产成本的日益递增，又开始向中国大陆地区转移，出现了产业转移由中国从南向东弧形转移的路径。正是这种全球性产业转移，使承接第三波产业转移的我国珠江三角洲地区的深圳、东莞、顺德、番禺、惠州等城市，以及第四波产业转移的长江三角洲地区的苏州、昆山、无锡等城市迅速崛起，成为生产规模最大、对外贸易增长最快、吸纳外资最多的产业集聚地。国内产业转移也在不同经济梯度的区域之间发生。珠江三角洲等发达地区从产业结构升级、进一步扩大发展空间的要求出发，将在本地已丧失优势的劳动、资源密集型产业向中西部转移，以置换出科技含量高的产业发展空间。

产业转移在国际国内同时发生，这对欠发达区域的经济发展是一个机遇。北部湾新区既要发展高新技术产业，也要把握国际国内产业转移的机遇，主动承接珠三角经济区以及国际的产业转移，加快北部湾新区前进的步伐，带动周边区域增长。

（二）泛珠三角与 CEPA 经济的增长

2003 年 8 月，广东提出建立“泛珠三角”经济区，决定打造从 1 小时到 3 小时内通达的经济圈，此前 2 个月，内地与香港关于建立紧密经贸关系的安排（CEPA）签订，破除了与香港合作的制度障碍，进一步增大了泛珠三角的魅力。泛珠三角是“9 + 2”（粤、闽、赣、桂、琼、湘、川、云、贵、港、澳），200 万平方公里，4.46 亿人，2002 年 GDP 约为 6000 亿美元。泛珠三角区域覆盖着三个处于不同发展梯级上的地区，经济互补性强，具有垂直分工的广阔前景和资源优化配置的巨大空间，它们的合作有利于增强区域整体经济实力及全球竞争力。北部湾新区（越南北部除外）属“泛珠三角”经济圈范围，且位居这一大区域中下部，在泛珠三角经济发展浪潮中，必然会受传统“大珠三角”（粤港澳）的影响，加速发展。同时，因为各城市同属“泛珠三角”大区域，北部湾新区各城市的协调与合作更加可能。

（三）西部大开发战略转型

西部大开发以基础设施建设、生态环境保护、资源开发输出和“五大标志性工程”为核心内容的开发战略已取得较大成绩，但是，随着“十一五”规划的实施，西部大开发正处于新的国内外环境：中国经济增长的新模式、区域发展的新格局、社会发展的新阶段、资源环境压力、增长与保护的矛盾、国家“十一五”规划提出功能分区要求等。全新的环境对西部既是挑战，也是机遇，如西部大开发将被更加重视、“十一五”规划的实施、政策支持力度加大等等。面临西部大开发战略的重要转型期，充分发挥和利用北部湾地区作为西南出海通道作用，进一步加强北部湾新区与西南地区经济协作，促进西南地区产业转移到沿海地区，从而真正把北部湾新区建成西南进军东盟市场的前沿阵地和带动西南广大地区发展的“增长极”。

（四）中国经济从大陆经济向海洋经济拓展

1978—2004 年，我国对外贸易年均约增长 16%，外贸依存度从 1978 年的 10% 提高到 2004 年的 70%。中国经济外贸依存度的不断提高，说明我国经济在世界范围内的分工基本明确，中国的全球制造业基地正在形成，同时，外贸依存度的不断提高意味着港口服务需求扩大。此外，外贸依存度的迅速提高还促进海运、造船等相关行业的发展。从大陆型经济转向海洋型经济是中国崛起的必经之路，中国经济正由大陆型经济向海洋型经济迅速过渡。中国海洋经济的成长为北部湾新区提供了发展临港工业的新机遇。

北部湾是我国西南内陆通往国际市场的通道和跳板，海上运输还能联合国内南北航线的近海航道；港口天然条件优良，环北部湾相隔最远的港口直航一日可达，是经济区位理论中所指的“一日区”，这决定了北部湾各个区域较高的经济联系强度；环北部湾优良的陆地交通运输条件已形成便利的交通网络；经过多年的发展和优惠政策的支持，湛江、北海、海口等环北部湾城市已形成了一定工业基础，对于北部湾新区发展临港工业有一定的支撑作用；广阔的西南腹地及其丰富的资源能支持北部湾各港口的运作和发展。北部湾新区的天然优势为其发展临港工业奠定了基础。

（五）中国—东盟自由贸易区的构建

东盟国家大部分沿海，海洋是这些国家联系外界的重要通道，海洋对于东盟国家的经贸发展、对外交往等各方面的重要性及其在构建中国—东盟自由贸易区中的战略价值也日益突显出来。因而从区位条件上来看，北部湾新区具有成为“海上东盟”的大通道优势。

随着中国—东盟自由贸易区建设的推进，特别是中国—东盟博览会永久落户南宁，作为中国走向东盟的桥头堡—北部湾新区日益引起世人的瞩目。这一区域，面向东南亚，背靠大西南，东邻发达的大珠三角，正好处于中国—东盟自由贸易区的中心位置，也处于“泛珠三角”经济圈的中心地带。北部湾新区是西南内陆地区走向东南亚最便捷的大通道，是大珠三角经济圈、西南经济圈和东盟经济圈的结合部。因此，随着中国—东盟自由贸易区的建立，该区域的通道地位日趋显现。随着国际、国内经济区域化、集团化的发展，这种地缘优势转化为一种无可代替、引人瞩目的区位优势。建立中国—东盟自由贸易区后，东盟各国乃至世界各国的大量资金、人才、物流进入中国的大西南地区，北部湾新区无疑是进出的最佳位置，内陆地区要抢占与东南亚合作乃至进军东南亚的先机，就要充分利用好这一区域。良好的区位优势为北部湾新区加强经济合作，形成强强联合、优势互补创造了条件。

二、北部湾新区作为第四经济增长极的区位优势

沿北部湾的北海、钦州、防城一线，拥有1595公里的海岸线，并且已经建成初具规模的港口；北部湾新区以大西南腹地为依托，处于全国沿海开放带的西南端，东接广东、西邻越南、南临北部湾、与海南及东南亚各国隔海相望。北部湾新区的区位优势，使其在西南地区的开发和外向发展中肩负重任，有着十分重要的战略地位和作用。因此，从区位角度看，北部湾新区具备成为带动西南地区发展增长的极区位优势。

（一）北部湾新区的通道作用

广西背靠大西南，南临北部湾，沿海防城港、钦州、北海等三个港口城市与南宁同属于北部湾新区。北部湾新区地处北部湾经济圈的中心位置，是中国与东盟、东亚、东南亚的连接点，是我国西部唯一的沿海地

区，是我国走向东盟、走向世界的重要门户，区位优势明显，战略地位突出。

基于此，未来广西应加快北部湾新区交通体系的建设。整合防城港、钦州、北海三港资源，将沿海港口建设成为分工明确、互为补充的大型组合港口群。在加快沿海港口建设的同时，进一步完善出海高速公路通道建设，改善北部湾新区集疏运条件，努力实现各种运输方式的有效衔接，进一步发挥好广西作为西南出海通道和中国—东盟国际通道的龙头作用，适应北部湾新区及其腹地加快发展的需要。

1. 海运能力。防城港、钦州、北海 3 个港口是中国最邻近东盟的港口，也是大西南最便捷的出海口。例如成都经防城港出海较经上海出海节约里程近 800 公里，较经湛江出海节约里程近 150 公里。在港口的发展问题上，广西明确了将北部湾新区三大港口“合三为一”，分工协作，共同发展，打造亿吨组合港，使之满足腹地经济发展的要求，也适应北部湾沿海地区发展形成新一极的需要。目前，初步形成以防城港为主要港口，钦州、北海港为地区性重要港口的“三驾马车”总体格局。其中防城港作为我国沿海 25 个主要港口之一和广西综合性的大宗物资转运港，依托完善的港口基础设施和通达的集疏运条件，在沿海运输中发挥着举足轻重的作用，生产性泊位数、深水泊位数、年通过能力都占到全区沿海港口的一半以上，2004 年实际完成货物吞吐量、外贸吞吐量分别占全区的 66.3% 和 82%。

随着南昆、南防、黎钦铁路和南防、钦防等高速公路的相继建成投产，西南地区安全、快捷、大运能的出海主通道已经初步形成，沿海港口特别是防城港的服务范围日益扩大，在西南地区物资转运中的地位日益提高，防城港为广西以外腹地中转运输吞吐量所占比重由 1996 年的 26% 提高到 2004 年的 45%，在推动西南地区经济发展中发挥了重要的综合运输枢纽作用。

2. 公路运输能力。2005 年 12 月 28 日，我国通往东盟的第一条高速公路——南宁至友谊关高速公路建成通车。这条全长 179 公里的“国门第一路”成为了我国通往越南乃至东南亚地区最便捷的陆路通道。从南宁出发，至河内仅约 360 公里、至万象约 700 公里、至曼谷约 1200 公里。南友高速公路的通车，使广西与东盟的时空距离大大缩短。

到 2005 年底，广西与邻国、邻省之间已经建成了 21 条二级以上高等级公路通道，其中高速公路通道 5 条，一级公路通道 1 条，二级公路通道

15条。高速公路通车里程达到1400多公里，排在全国第16位。

此外，还实现了西南公路出海通道广西境内路段全面通车，边境地区路网的建设取得阶段性成果。全长718公里联结中越边境8个县（市）、31个乡镇的主通道东兴至那坡边境公路建成通车。这条公路建成后，中越边境14个边贸点（口岸）通了柏油公路，加快了边境地区的贸易发展。

预计到2010年底，广西公路总里程将达到8万公里，其中高速公路突破3000公里，与周边国家及各省将建成45条二级以上高等级公路通道，其中与相邻各省（国家）至少有一条以上高速公路通道。

流通是发展经济必须具备的前提条件，而交通又是流通的依托，因此，发达的交通网络是发展经济的基础和保证。西南地区经济发展迟缓的主要原因是闭塞和交通不便，特别是向地区外、海外的运输渠道太小、太窄。西南资源的开发，在国内外都有广阔的市场，特别是能源和矿产资源两大优势的结合开发，生物资源和轻纺、食品、化学、医药工业的综合开发，发展前景极为乐观。但是由于西南目前交通极不适应生产、流通需要，成为制约资源开发的瓶颈。比如目前贵州丰富的磷、煤资源受到运输能力的制约，只能就地转化而不能在大范围内优化配置。如能疏通和利用北部湾区域的通道作用，我国西南区域的发展会大大加速，因此，从交通条件来讲，北部湾新区具有带动西南省区发展、成为第四增长极的可行性。

（二）北部湾新区的枢纽作用

北部湾新区的区位优势表现在中国和东南亚、沿海和内陆的双重契合上。首先，北部湾新区作为沿海区域具有对内外两方面的功能：一方面通过吸收西南地区的产品、资源、劳务直接或者经过深加工，然后打入国际市场，实现由内向外的辐射；另一方面，通过吸收国外资金、技术、知识和管理经验，经过消化、创新向西南转移，实现由外向内的辐射，因此，北部湾新区在西南地区同国外技术经济交流中具有双向枢纽作用。其次，北部湾新区东邻发达的粤港澳经济圈，背靠欠发达的大西南，处于经济梯度差异较大的两大区域的结合部位，而且它们之间的联结有着便利的水上通道，北部湾新区成为两大区域之间产业转移的节点。因此，北部湾新区在东西经济交流中起着枢纽的作用。

北部湾新区在建设和发展过程中具有的双重枢纽作用将日益扩大。首先，随着北部湾新区与大西南之间的铁路、水路、航空等基础设施的逐步完善，北海、防城、钦州等港口的改扩建完成，使海、陆、空立体交通网络逐步形成，西南经北部湾区域各港吞吐的物资将大量增加，那么北部湾新区作为西南与沿海发达地区和国外之间物流枢纽功能将空前加强。其次，随着北部湾新区经济发展条件的逐步改善，内联外引规模日益扩大，经济技术基础不断雄厚，对先进技术的消化和转移能力日渐加强，那么北部湾新区作为西南与东部沿海地区，国际之间的资金、技术、知识、管理经验的交流枢纽功能必将迅速扩大。再次，随着往东南外向经济的逐步发展，对外贸易的专业公司、代理行和咨询、信息、会展、商业、金融、仓储等设施和机构的建设和完善，以及驻外贸易机构和客商代理网点的扩大，逐步形成出口产品生产基地和北部湾与大西南之间的出口产品生产体系，使北部湾新区充分发挥其在西南中的对外贸易枢纽作用，促进西南经济开发。

（三）北部湾新区的窗口作用

北海作为我国首先对外开放的 14 个沿海城市之一，是我国沿海省区中的最南部位，也是我国西部少数民族不发达地区的唯一沿海区域。国家之所以开放北海，就是希望沿海地区能发挥标杆示范效应，成为我国内陆地区的“技术窗口、知识窗口、管理窗口和对外开放政策窗口”。借助沿海地区的窗口作用，国外的技术、管理经验、信息更多地向内地转移，促进内地技术、管理水平和经济效益的提高。加速北部湾新区的开发建设，在有重点地对传统产业进行技术改造的同时，有选择地发展一些高新技术产业，逐步培养和引进一批素质较好的科技人员，使北部湾新区具有较强的先进技术的吸收和消化能力，能够越来越大地发挥向西南转移先进技术的作用。同时，通过西南省区来沿海开放城市与区域投资兴办合资企业或中外合资企业，借助于沿海开放地区的特殊政策和优惠条件，收集国外经济技术信息，引进先进技术、管理经验和现代化知识，直接可以向内地转移。

（四）大西南腹地是北部湾新区的有力支撑

从沿海区域的特点出发，北部湾新区的开发和建设，如果没有大范围腹地经济的支撑，其发展空间可能极为有限。开放开发北部湾新区的战略是“面向东南亚，背靠大西南”。“背靠大西南”是开放开发北部湾新区的一个前提条件。北部湾地区只有不断地扩大自身的腹地，加强与大西南广阔腹地的联系，才能使开发和建设具有实质性内容和富有成效。

大西南自然资源富集，在生物资源方面，西南地区动、植物资源极为丰富。西南森林蓄积量为24.6亿立方米，占全国森林蓄积量的1/4以上；药用植物和果树，品种多，数量大，经济价值高；动物科系纷繁，种类复杂。西南丰饶的生物资源为发展大农业和农副产品加工工业，建立优良的生态环境和发展生物工程提供了极好的自然物质基础。在水能和水利资源方面，西南地区水系发达，整个西南水能资源理论蕴藏量达2.9亿千瓦，占全国总量的43%，其中可开发的水能资源量为1.92亿千瓦，占全国比重为55.1%。不仅如此，西南地区的河流还有灌溉和航运之利。在矿产资源方面，西南地区已发现的矿藏有100多种，其中有90多种已探明储量。在已探明储量的金属和非金属矿产资源中，排在全国前三名的就有30多种。在全国占有优势的重要资源有：煤、铁、钒、铣、锰、铝、锡、铅、锌、铜、锶、汞、硫铁矿、芒硝、石灰石等。其中钛的保有储量占全国的90%以上，钒的储量占全国的80%，锰的保有储量约占全国的70%；硫铁矿保有储量为92亿吨，约占全国总量的20%；而煤炭资源的远景储量在2000亿吨以上，目前保有储量为764.2亿吨，占全国的10.5%，其中贵州煤炭贮量仅次于山西、内蒙古，居我国南方各省市区首位。四川天然气储量占全国陆上总储量的60%。西南形成了待开发的实力最为雄厚、门类最为齐全的矿产资源体系。得天独厚的矿藏资源，无疑为大西南的工业振兴积蓄巨大的后劲。在旅游资源方面，西南地区的旅游资源在国内外闻名遐迩，以各种名胜古迹、民族风情、山水风光而远近闻名，其开发远景十分乐观。同时，西南腹地的技术装备也有其突出的优势，工业门类较齐全，拥有相当的技术装备和技术能力。以重庆、成都、贵阳、昆明、柳州为主的一批具有不同规模、不同类型，各具特色的中心城市正在形成。

作为经济腹地的大西南，与北部湾新区必然存在着客观的联系。过去因为缺乏有力的运输手段把港口和物产丰富的大西南腹地联系起来，有效腹地太小。随着北部湾新区和大西南之间铁路、公路、水路、航空立体化交通体系的完善，西南腹地的支撑作用将更加凸现。

三、北部湾新区自身的发展也初步具有了承载蛙跳发展的能力

北部湾新区初步形成了以防城港、北海港、钦州港为主体，20多个规模不等、功能各异、分布基本合理的港口群。区内沿海港湾众多，拥有

可建万吨、10万吨级以上码头的港口，可开发的年吞吐能力达2亿吨。目前防城港、北海港（含铁山港）、钦州港已经建成3个初具规模的大海港，这3个港口所完成的货物吞吐量占广西沿海所有港口完成货物吞吐量80%以上，已拥有生产性泊位139个，其中万吨级以上码头泊位18个。2003年，北部湾众港口实现吞吐量2404万吨，占全国沿海港口总吞吐量的1.2%左右。“九五”期间年均增长速度为13.9%，比全国同期水平高出4.5个百分点。

在北部湾的三个港口中，防城港是主要港口，北海港近年来发展速度很快，而钦州港还处于起步发展阶段。防城港、北海港、钦州港三港的货源主要来自广西和西南地区（云南、贵州、四川、重庆），少量来自其他省区。来自云贵川的货物基本为外贸货物，主要由铁路运输。广西北部湾港口的集装箱运输处于起步阶段，目前尚没有集装箱专用泊位。除防城港2000年突破10000标准箱外，其余各港集装箱运量增长缓慢，现主要为华南大型港口提供供给服务。

北部湾新区依托港口优势而发展的临海工业初具雏形。2005年底，印度尼西亚金光集团在钦州总投资达78.7亿元的广西金桂浆纸业有限公司60万吨纸浆工程项目正式启动；世界上最大的纸业公司斯道拉恩索公司计划在北海投资建设热磨机械浆、液体包装纸项目，一期建设规模为年产30万吨热磨机械浆、50万吨液体包装纸，项目总投资超过100亿元（不含造林部分）；武钢与广西柳钢正式签订了联合重组意向书，将联合建设防城港企沙千万吨级大型钢铁联合企业（目前项目核准报告正在上报审批）；国务院已批准中石油钦州千万吨大型炼油项目，总投资达119.6亿元。总体上，北部湾新区的临海型工业已初具雏形。

近年来，广西对外贸易总额中对东盟贸易额所占的比重稳步上升。从2004年开始，南宁市连续三年成功地举办了中国—东盟博览会，并于2006年成功在举办了中国—东盟建立对话关系15年周年纪念峰会，以及首届环北部湾经济合作论坛，北部湾在中国和东盟的区域影响力逐步提高。桂港合作、桂台合作成为对外开放的新载体；2005年经济区外贸进出口总额19.49亿美元；外商直接投资2.08亿美元。随着中国—东盟自由贸易区的建立，泛亚铁路和公路的修建，以及中国—东盟博览会每年在南宁的召开，将给处在中心区位的北部湾新区带来前所未有的发展机遇。

在西南经济协作中，广西一方面注意利用云贵川的资源和技术；另一方面，注意发挥北部湾新区的区位作用，利用西南唯一出海口的区位优势，制定沿海开放市县企业的优惠政策，为西南各省、区、市提供服务，积极推进大西南与广西特别是北部湾区域之间的横向经济联系，取得了显著成果。在发展横向经济联合过程中，北部湾新区的区位优势日益显著，为西南省区所重视。

四、北部湾新区作为第四经济增长极的环境资源条件

北部湾新区具有良好的资源条件，如气候条件良好，土地资源、旅游资源、海洋生物资源、矿产能源资源、动植物资源等都很丰富，环境容量大，腹地广阔，开发潜力巨大。

（一）气候条件优越

北部湾新区地处北回归线以南，属南亚热带季风气候，光照充足，雨量充沛，气候温和，热量丰富。北部湾新区是全国热量资源最丰富的地区之一，年平均气温在20℃以上，平均日照在1700小时以上。同时，北部湾新区雨量资源丰富，年均降雨量在1400毫米以上，比全国平均雨量630毫米高出1倍以上，独特的气候资源对发展热带、亚热带作物和水产业都具有得天独厚的优势。

（二）动植物资源丰富

北部湾新区阳光充足，雨量充沛，适合亚热带农、林、经济作物的种植。同时，具有丰富的森林资源，是重要的速生丰产林等生产基地。中草药资源有砂仁、淮山、半夏、茯苓、银花、桂皮等300多种。

（三）土地资源丰富

北部湾新区陆地面积4.2万多平方公里，人口不到1200万，人口密度远低于东部沿海地区。人均耕地面积1亩以上，其他类型用地中，林地资源丰富，还有部分未开发的荒地，特别是疏残林面积较大，有利于进一步开发。同时，北部湾新区由于降雨量高，淡水资源丰富，大中小型水库、塘坝等可养殖和灌溉等水面较多。良好的土地和水资源为北部湾发展粮食、经济作物和畜牧水产等特色和优势产业提供了有力的保障。

（四）矿产、能源资源丰富

北部湾已探明的矿产种类繁多，开发潜力巨大。北部湾海底蕴藏着丰富的石油和天然气资源，开发前景广阔。潮汐能和波浪能等海洋能具有较大开发价值，其中潮汐能开发条件良好，年发电量可达10.8亿千瓦时。

具体包括以下矿产和能源资源：一是海底油气资源，北部湾具有良好的储油条件，蕴藏着丰富的石油、天然气资源；二是海洋生物资源，北部湾是我国著名的渔场，由于它属于热带、亚热带内海，有利于各种海洋生物的快速生长和繁殖；三是海底砂矿资源，在北部湾海底沉积物中含有丰富的砂矿，主要有钛铁矿、金红石、锆英石、独居石、板钛矿等。

（五）优越的旅游资源

北部湾新区滨海风光旖旎，旅游资源丰富。享有“绿城”美誉的首府南宁、赢得“中国第一滩”美誉的北海银滩，还有钦州三娘湾、防城港京岛风景名胜区、上思十万大山国家森林公园等。

五、北部湾新区作为第四经济增长极的现有政策优势

作为广西的一个区域，北部湾新区同时享受少数民族地区自治政策、西部大开发政策、沿海地区开放政策和边境地区开放政策。

（一）国家西部开发的优惠政策

广西是国家实施西部大开发 12 个省市区之一，享有国务院《关于实施西部大开发若干政策措施的通知》和《关于西部大开发若干政策措施的实施意见》规定的五大类十九条具体优惠政策措施，包括西部开发的产业政策和区域政策，增加资金投入的政策，增强西部地区的吸引力，提高竞争力的举措，吸引人才和发展科技教育的政策等。尤其在产业发展上，对国务院发布的《外商投资产业指导目录》中的鼓励类产业、《中西部地区外商投资优势产业目录》中规定的产业；有色金属、电力、汽车、食品、医药和高新技术等 6 个广西确定的重点产业；农产品加工和旅游资源开发；投资参与机械、制糖、林产、建材、钢铁锰业、化工、日用品等 7 个产业的改造等，企业所得税均可减按 15% 的税率征收。广西根据国家赋予少数民族自治区的自治权限和国家有关文件精神，2001 年底出台了涉及投资、税收、土地、矿产资源、价格和收费等六个方面贯彻国家西部大开发政策的措施。2003 年，广西又出台了提高对外开放水平、改善投资软环境等 4 个重要文件，进一步明确扩大开放的一系列政策措施，投资环境进一步改善。

（二）边境贸易优惠政策

对边境小额贸易企业通过边境口岸进口原产于毗邻国家的商品，除极少数商品外，进口关税和进口环节税按法定的税率减半征收；边民通过互

市贸易进口的商品（仅限生活用品），每人每天价值在人民币3000元以下的，免征进口关税和进口环节增值税；边境地区对外经济技术合作项下换回物资的进口，享受边境小额贸易的进口税收政策；边境小额贸易企业同时享有对外经济技术合作经营权，可开展与毗邻国家边境地区的承包工程和劳务合作业务。

（三）少数民族地区优惠政策

依照法律规定，民族自治地区的自治机关除行使地方国家机关的职权外，可以依照法律规定行使自治权，可以根据本地实际，在不违背宪法和法律的原则下，有权采取特殊政策和灵活措施，加快民族自治地区经济和社会发展。

此外，广西作为西部省区中唯一沿海的自治区，享有国家施行的各种沿海开放优惠政策。

第四节　从培育极点走向联动西南

把北部湾新区打造成带动西南经济发展的增长极既符合我国区域发展战略的要求，又因其良好的区位优势和支撑体系成为可能。北部湾新区应该合理规划、正确布局，在政府和市场双重动力机制作用下，快速发展以创新产业为带动、新型工业为主导、现代物流为支撑的综合经济体系，同时发挥联动效应，带动西南经济发展。

一、北部湾新区的总体布局

北部湾新区应该以科学发展观为指导，统筹规划、重点突破、突出总体、有分有合，以生态环境容量和资源承载力为依据，充分利用各种优势，合理规划，正确布局。

（一）指导思想

北部湾新区有南宁、北海、钦州、防城港4个区域中心，北海—钦州—防城港都是沿海城市，海上运输一日可达，陆上还有铁路相连；南宁和钦州之间有铁路和高速公路联结。由此，北部湾新区可以采用“点轴”开发模式，利用南北钦防的优势，形成若干个区域中心；各个区域中心利用线状基础设施（交通线如海运、铁路、公路）相互促进；最后通过点轴的辐射与扩散，形成“以点带线、点线成面”的区域发展态势。

（二）总体布局

根据经济、地理、交通、资源等方面的状况，北部湾新区的点轴布局如下：一个超区域中心、三个区域中心、四个次区域中心，一条主轴、一条副轴，共同形成“倒T”型空间布局。

1. 超区域中心：南宁。南宁市作为广西壮族自治区的首府，在政治、经济、文化、科技、教育、商业、通讯、卫生、金融等各方面具有独特的优势；南宁市作为西南区域性中心城市，对西南地区的辐射能量也超过广西其他城市。作为超区域中心，创意产业的发展将使南宁处于北部湾新区产业链的高端，并引领北部湾新区向前发展。

2. 区域中心：北钦防。自然条件和经济基础决定了北海、钦州和防城港是北部湾新区发展工业的主要场所。北钦防重化工业和港口业的发展将对北部湾其他区域以及整个西南的发展产生带动作用，因此，北海、钦州、防城港是北部湾新区的3个区域性增长中心。

3. 次区域中心：东兴、合浦、灵山、武鸣。东兴位于中越边境，和越南陆上相接、海上相邻，有望通过中越边境贸易获得进一步发展。合浦位于钦州与北海沿海产业带的主轴上，也是209国道的出海口。灵山位于209国道和钦江的交点，经济基础比较好。武鸣是南宁的郊县，位于河池的210国道、重庆—贵阳—南宁—河内高速公路的交通要道上，未来发展空间较大。这些次区域中心能够接受高层级区域中心的辐射，取得较快发展，形成北部湾新区的网络化格局。

4. 主轴：北海—钦州—防城港。点轴开发模式中，轴可以依托海岸线、江河、铁路、公路等形成。在北部湾新区建设中，可以发挥沿海优势，发展重化工业、物流业等临海型工业，沿海经济使北部湾新区发展的引擎。所以，北部湾新区的主轴为“北海—钦州—防城港”沿海经济带。

5. 副轴：钦州—南宁。钦州和南宁由铁路和高速公路相联接，以陆上交通线为基础，钦州和南宁形成的副轴一方面可以充分利用沿海发展临港型工业的优势，推动南宁制造业、高新技术产业、创意产业的发展；另一方面南宁可以利用该出海通道将制造业优势和向东盟出海口的优势结合起来，发展进出口贸易。更重要的是，南宁创意产业的发展可以通过副轴提升主轴产业层级，带动北部湾新区实现跨越式发展。

二、北部湾新区增长极的培育

综观中外增长极的成功案例，大多数是因市场经济的发展，商业和工业的需要而形成的，也是市场经济的繁荣、发展促使它们的规模不断膨胀起来，不能离开经济的发展谈“增长极战略”。因此，要把北部湾新区打造成中国经济增长第四极，必须顺应市场经济和产业的要求，处理好以下问题：

（一）产业支撑

增长极点的形成必须要有产业的支撑，也就是说极点是产业发展带动起来的，有了产业的发展才有极点能量的集聚，才能快速成长，最终带动周边区域经济发展。要把北部湾新区打造成带动西南发展的增长极，首先要考虑的是北部湾新区产业的发展，然后才可能有区域整体的发展。这是不可忽略也不可能违反的客观经济规律。

1. 提高产业聚集度，是北部湾新区发挥极化效应与扩散效应的最深厚的力量源泉。要真正成为西南地区经济增长极，北部湾新区在功能定位上既不能走单纯工业区模式，也不能定格在综合性的新城区，更不能滑向一般的行政区。必须通过产业的聚集和发展，有效配置本地区的生产要素，形成一定的经济聚集力和扩散力，才能够对经济腹地产生增长的示范效应和辐射作用，带动腹地经济的增长，并进一步集中腹地的经济力，成为腹地经济发展中的集散中心，推动腹地经济的有效增长。需要明确的是，北部湾新区的产业聚集，并不是一般意义上的产业集中、集合。在产业的选择上，必须着眼于西部地区经济结构的调整与优化，促进本地区产业结构和产品结构升级，必须着眼于特色经济，发展具有比较优势的产业；必须着眼于外向型经济导向和高新技术产业导向，这样才能避免新一轮的重复建设，有利于开发区的总体布局，有利于北部湾新区的健康发展，有利于发挥开发区的极化与扩散功能。在产业发展方向上，必须从资源导向型逐步转变为市场导向型，这样才能保证开发区的竞争优势，还要充分重视高新技术产业的发展，依托高新技术产业带动传统产业优化升级，提升北部湾新区的创新能力，使北部湾新区在产业聚集上成为本地区高新技术研究开发中心、信息中心、高新技术产业聚集中心、改造和提升传统产业的辐射中心、现代化城区的示范中心。

2. 提高高新技术彰显度，是北部湾新区发挥极化效应与扩散效应的第一推动力。邓小平同志说“科学技术是第一生产力”。从世界经济的全球化、产业的高技术化趋势看，北部湾新区作为区域经济的增长极，它的极化与扩散效应的第一推动力主要表现在产业聚集中的高新技术水平高、规模大。从全国开发区发展的历程看，一般都经过了土地开发、工业项目开发、技术开发三个阶段，其极化效应主要体现在前两个阶段，扩散效应主要体现在第三阶段。但无论哪个阶段，高新技术都发挥着第一推动力的作用。西部许多开发区目前尚处于工业项目开发阶段，在本地技术力量不足、创新人才缺乏的情况下，要尽快走出这一步，进入技术开发阶段，必须充分发挥落后地区的后发优势，运用技术扩散规律，大力引进、吸引部分创新发达国家先进地区成熟的技术，用拿来主义的办法，改造传统产业，发展高新技术产业，扩大经济规模；同时，要建立和完善支撑服务体系，推进具有自主知识产权的技术创新，使北部湾新区的产业结构逐步提升。

3. 提高经济外向度，是北部湾新区发挥极化效应和扩散效应的加速器。坚持外向型经济发展战略，应当是北部湾新区开放开发的基本方针之一。经济的外向度是评价开发区占领国际资本市场、技术市场、产品市场能力的尺度，是发挥经济区在区域经济中的极化效应与扩散效应的加速器。目前，西部开发区经济的外向度普遍不高，要积极有效地通过招商引资的多元化，实现全方位开放，扩大外资、技术引进，扩大产品出口。首先，招商区域要多元化，要重视东盟、港澳台以及华南经济圈；其次，招商渠道多元化，依据不同国家的产业特色和资本输出的独特性，实行专题性招商，要探索政府招商向企业招商过渡，增强开发区利用国际市场融资能力；第三，利用外资渠道多元化，要将直接融资与间接融资相结合，探索项目引资方式，将有盈利前景的项目或合资或采取证券化方式进行融资，吸引国外各种资金。其实，增长极都应当是开放的。系统论告诉我们，一个有生机和活力的系统必须是开放系统。开放系统才能与外界进行物质、能量、信息的交流，流水不腐，户枢不蠹，没有对外开放、交流，缺乏对外比较，思想就会僵化，能源就会枯竭，系统就会萎缩而衰亡。一般来说，开放程度越高，增长极的培育效果就越好。

4. 提高优质服务资信度，是北部湾新区发挥极化效应与扩散效应的强有力保证。在区域投资竞争日益激烈的情况下，环境的好坏，尤其软环境的优劣，直接影响着经济区的凝聚力，影响着产业聚集，影响着开发区极化效应与扩散效应的发挥。从各地经济区的实际看，今后一段时期内，在硬环境上，既要抓好环境的美化、绿化、亮化、净化，提供必要的生活服务设施和场所，更要建立发达的信息设施。在一定程度上，可以说信息服务是影响技术创新、创业人才的关键因素。在软环境上，要围绕优质服务重点建立三个体系：一是为投资者和经营者建立一个方便、快捷、规范、高效的服务型管理体系；二是要建立和完善开发区的投资诱导政策体系，在市场机制的作用下，如果不通过税收支出、费用减免等手段实行投资补贴，追求利润最大化的社会民间资本就不会到欠发达地区投资，只有建立完善的、有约束机制的投资诱导政策，才能使经济区成为颇具吸引力的投资区；三是逐步建立和完善开发区的法律保障体系，市场经济是法制经济，也是信誉经济，区域的信誉，既靠完善的行政环境、政策服务环境，更靠法制环境。在法律保障中，除执行国家法律法规外，更重要的是当地政府和开发区对投资者和企业所采取的一些特殊政策和措施，也要逐步制度化、规范化、法制化，提高资信度。软环境的建设在任何一个增长极的培育中都是必不可少的。

（二）市场推动

在区域经济发展中，市场应该发挥推动作用。区域资源中的大部分非公共产品和部分公共产品，主要通过市场机制实现有效配置。市场机制在资源配置过程中起基础性的调节作用，与政府行为相互配合，相互补充。市场主要通过供需力量，利用价格信号，使资源配置到具有较高收益水平的环节和产业上。

1. 市场机制是微观经济行为主体选择区域优势的主导因素。任何一个微观经济行为主体，包括企业、农户和个体经营者，追求最大化利润是其经济活动的直接目的，市场利润是其选择区位优势的关键。一个微观经济行为主体的区位选择，往往受制于其竞争对手的区位抉择，这种区位抉择之间的相互关系称为区位依存。例如任何一个工厂的区位优势选择受制于原材料市场供应与产品市场销售。在发达市场经济国家，区位依存分析就是在考虑竞争对手区位优势的情况下，为了控制市场优势区位以取得不同程度的空间垄断，获取最大化的市场利润。在工业区位理论中，区位依存分析主要是指市场区位优势分析。区域市场容量，市场竞争状况，市场层次，市场利润率，市场总供求的矛盾运动是影响微观经济行为主体区域优势选择的主要影响因素。

2. 市场机制是实施区域发展战略、规划的基础和依据。区域发展战略、规划制定必须考虑到区域市场发育程度，市场容量，供求矛盾变化的未来趋势。因为市场资源是区域社会再生产得以顺利进行的基本前提，决定着区域经济的规模及其发展前景，制约着区域微观经济行为主体的生产经营活动，关系其成败兴衰。经济区域发展战略、规划，如果忽视了区域市场机制发挥作用的领域和效果，必然给实施带来极大的不利影响。

3. 市场机制作为调节要素流动的内在机制，通过价格、供求、利润关系促进生产力在最大化获利区域配置，使新经济增长点培育获得有利的成本—收益市场条件。区域产业布局必须充分考虑各产业之间的市场联系。否则，区域内部各产业之间的产业链条被打断，结构失衡，造成区域分化，制约区域经济的整体、长远发展。任何新经济增长点的培育必须依赖于具有一定市场容量、规模的经济用地，并与便利、低成本的经济网络相联系。因此，市场容量和获利水平，是区域生产力布局与新经济增长点培育的关键。如果没有市场机制对区域资源的调节和配置，生产要素不可能流向区域优势产业，区域优势也不可能发挥。

（三）政府引导

社会主义市场经济体制的建立和完善，并不意味着政府在区域经济发展中的作用削弱，只是更好地界定了政府和市场的作用范围，规范了政府的作用方式。在中国区域经济发展中，地方政府扮演了双重的重要角色。一方面作为中央政府体系中的重要环节和组成部分，承担了贯彻实施中央政府大政方针的职能；另一方面也承担了大量的发展地方经济，稳定社会，提供公共物品和不断提高人民生活水平的历史任务。在区域经济协调发展过程中，政府的干预是加速地区协调发展与可持续发展的强有力手段之一。

1. 政府调控在区域优势选择中发挥着积极影响。首先，政府的公共投资和转移支付的区域指向，政府宏观财政、货币、产业、区域政策制定及相关法律、法规的制定，是衡量区域优势选择的外部依据。政府政策的调整必然引起区位相对优势的变化，如我国改革开放初期，政府对4个特区和沿海14个开放城市的优惠政策，是这些区域经济发展优势选择的重要依据。其次，政府宏观经济管理、协调国际关系的效能也是影响区域优势选择的重要因素。在一个区域封闭与垄断盛行，政府效能低下的经济体系中，区域优势就不能充分发挥。此外，政府为区域经济发展提供的制度、技术、信息支持，也是区域优势选择的依据。如果政府能提供良好的制度安排和制度组织，提供良好的技术与信息服务，则有利于区域优势发挥，反之，则不利于区域优势选择。

2. 政府是区域发展战略、规划的制定主体。政府对国民经济区域经济运行的判断，对国民经济活动目标的追求方式，政府决策程序，都决定着区域发展战略、规划制定。例如：区域和次级区域的划分、区域产业结构调整与升级、区域经济一体化进程、区域发展病控制等，都离不开政府行为积极介入。此外，政府还是区域公共产品投资、管理主体和区域国有资产剩余产品最终索取权主体。

3. 政府通过产业政策及相关政策制定对区域生产力布局进行规范和调整。区域产业布局既涉及到原有产业的调整，又涉及到新生产力的培育，要使二者配置合理、科学分工与协调发展。首先，只有通过政府产业政策的制定和实施，才能使区域资源优势转化为现实的生产力，形成合理的产业、产业群，培育新经济增长点。其次，政府还承担着协调产业布局过程中的区际矛盾，制定相应的法律体系，使经济资源能在不同代人之间得到合理分配，走区域可持续发展之路。同时，政府还必须帮助落后区域培植新的产业和增长点，改善这些区域的社会福利水平和生产环境，使生产要素在不同区域间合理流动，达到均衡布局区域生产力的目的。

三、发挥北部湾新区的增长极作用，带动西南区域发展

极化效应和扩散效应是对立统一、此消彼长的两种效应。在区域成长阶段初期，有限的生产要素在发展条件较好的少数点上集中，以取得集聚效益和规模效益，这时极化效应大于扩散效应，区域经济发展表现出很大的不平衡性；随着时间的推移，极化效应逐渐减弱，而扩散效应逐渐增强；在区域成长阶段的后期，扩散效应变得更为重要，占据主导地位，集聚区的经济要素向周围地区扩散，不发达地区经济发展速度加快，经济发展水平的差距减小。

辩证地看，没有一定的集聚就不会有以后相应的扩散，极化效应集聚到一定程度必然呈现扩散效应。但是，增长极扩散效应还要注意以下问题：首先，避免空域过大，难于产生大跨度波及效应。极核的波及功能既取决于其能量大小，又取决于距离远近，一般只适应于近距离波及

覆盖，其力度随着距离扩大而缩小。其次，防止中间传递无力，波浪平推受阻。如果西南城市和产业体系呈不完全的等级序列结构，就会使北部湾增长极的带动效应，在向西南省区的波及扩散过程中，出现大量断层，成为死波，无法到达广大的西南地区。最后，北部湾带动西南的关键是产业关联度要大，经济联系要紧密，交通基础、市场设施要完善，如果条块分割，地区封锁，利益矛盾突出，水运衰落、铁路不便、空路短缺，自然难于产生扩散效应。因此，如果要通过北部湾增长极带动西南省区发展，必须有效降低物流、资金流、信息流在西南区域的流动成本，强化传导机制。

（一）建立多层次的统一协调机制

以政府联合推进为依托，建立健全跨区域的管理协调机构，分层分布推进，以“职能部门管理、区域综合协调、民间联合推动”新格局，促进北部湾新区和西南省市统一协调主体的形成。

1. 建立环北部湾经济合作组织。要使构建北部湾经济圈的构想和计划落到实处，建立一个次区域国际合作组织和相应的工作机构非常必要。首先，中越两国政府设立“经济合作协定”预备协议工作小组开展工作，签订《中越环北部湾经济合作协定》，确定两国构建北部湾经济圈的合作框架，在此基础上，建立次区域国际合作组织——“环北部湾经济合作组织”及运行机制，包括两国政府总理及部长级定期会晤机制。

其次，为了加强对北部湾经济圈开发合作的组织协调工作，建议国务院成立“环北部湾经济圈开发领导小组”，国家发改委为组长，外交部、商务部、财政部、广西壮族自治区人民政府、西南各省市人民政府，国务院其他相关部门为成员，并建立相应的工作机构和工作机制，负责对北部湾新区的开发建设进行统一规划和组织协调。

2. 环北部湾经济合作省部长级会议。为了保证北部湾新区开发计划的有效实施，中越两国政府和相关地方政府及亚洲开发银行等国际组织有必要定期讨论和决定环北部湾次区域经济合作的重大问题，建议由中越两国政府商定，设立环北部湾经济合作省部长级会议秘书处，每年围绕一些共同关心的重要议题召开一次省部长级会议，由两国派出各有关部长、相关省省长、其他国家和国际组织的代表参加。会议的举办地可以选择在中越两国的首都、相关省区省会或城市轮回进行。

广西作为北部湾经济圈最重要的一方，南宁市又作为一年一度中国—

东盟博览会的举办地，应该在推动举办环北部湾经济合作省部长级会议方面发挥积极和建设性的作用。

3. 建立跨地区跨国城市联盟。北部湾新区坐落有大小数十个城市，它们是构建北部湾经济圈的重要参与者。为了整合区域资源，形成发展合力发挥后发优势，应建立具有跨省区跨国特点的环北部湾城市联盟，走组团式城市群的区域发展模式。建立跨国城市联盟实质是寻求资源配置的最佳地域范围，并在这个地域内寻求自然资源、资金、劳动力、技术、信息及产业的互补，加强城市间、产业间的分工，使得产业链得以延长，产业设计和布置更加合理，降低发展成本，构建更大的市场，取得规模效益，实现效率最大化，实现跨国城市圈内各城市的“多赢”。

建立跨省区跨国城市联盟的基础，建立领导会晤机制在会晤机制的框架内就中长期战略及规划思路、区域经济一体化发展政策、跨省市跨国重大建设项目规划布局等进行沟通和交流，在此基础上成立由地级以上城市参加的“环北部湾城市经济协调会”，强化市长联系会议制度。协调会的功能是执行国家、省区领导确定的方针和协议，确定推进合作与发展各领域的具体任务的实施方案，策划、组织推进合作的具体工作，协商协调城市之间的重要问题，必要的情况下还可签署双边或多边协议。

4. 发挥非政府组织和民间的作用。非政府组织和民间的力量在区域合作中发挥着不可替代的作用。为顺应区域经济一体化形势的发展需要，2000年12月24日在湛江市成立了旨在促进区域合作与发展的非政府组织—北部湾经济合作组织，通过了《北部湾经济合作组织世纪宣言》。该组织的宗旨是：加强北部湾区域内外的经济交流与合作，加速北部湾经济圈的形成和发展，加快区域经济融入全球经济的步伐，推进区域经济的强劲增长。已有湛江市、北海市、海口市、钦州市、防城港市、东方市、儋州市、洋浦经济开发区管理局、湛江港务局、柳州铁路局以及海南航空控股有限公司等参加该组织，越南广宁省、海防市以及下龙市也表示了兴趣。该组织每年召开一次年会，商讨区域发展问题。今后应继续发挥该组织在构建北部湾经济圈中的作用。

（二）培育西南地区统一大市场

西南统一市场的培育将促进区域经济开放度的提高，扩大资源流动的空间范围与流动频率。市场的形成和运转，可以有效地打破区域经济的封闭状态，沟通和扩大区域经济与周边区域和国内外市场的联系，在更广范围内实现资源和生产要素的最优配置，弥补区域内重点资源的短缺。

西南统一市场的培育有利于彻底瓦解区域内存在的“自然经济”、“计划经济”、“篱笆墙经济”，加快区域经济市场化的步伐。市场的带动和联系能促进自给性生产向商品生产转化，促进低水平的商品生产向高水平的商品生产转化，加快产业的市场化。

西南统一市场的培育有利于加快区域内产业结构的调整，有利于形成区域特色的产业优势，解决区域经济中散、小、差、竞争力不强的问题。通过市场机制可以加快区域内产业、产品、企业结构的优化调整，弱化行政力量的非正常干预，在形成区域经济特色方面起到市场的效果。西南统一市场，特别是中心市场和大市场体系的培育可以释放出产业关联效应，带动一系列第二、三产业发展，形成以市场为依托的产业链，推动技术进步和供给结构创新。西南统一市场，特别是中心市场和市场体系的形成有利于加快城市化进程，扩大就业空间，加速农业劳动力向非农产业的转移，缓解区域内的就业压力。

西南统一市场的培育要做好以下方面：大力培养商品市场和要素市场，进一步完善统一开放的市场体系。各省市发挥产业优势，以市场为导向，发展生产要素综合或专业性市场，扶持发展专利转让、技术服务、技术咨询、技术研发等各类技术市场；要依托中心城市，完善资本市场体系。培养和壮大银行间同业拆借市场、票据市场。鼓励投资者发展企业债券市场，规范发展产权交易市场；整合劳动力市场，形成城乡统一、门类齐全、开放相通的人力资源市场体系；同时依托交通枢纽，大力发展现代物流市场；并且大力培养市场经营主体，坚持自由贸易、公平竞争、市场准入等原则，取消一切妨碍商品和生产要素自由流动的体制性、政策性限制，消除地区封锁、市场分割和行政垄断等行为。提高市场组织化、专业化、规模化、信息化程度。

（三）加强基础设施建设

在北部湾增长极和西南省区的联动发展中，基础设施具有不可替代的重要作用。具体来说，要加强交通、物流、信息体系的基础建设；建设交通体系，构建广域交通体系，是增强区域综合竞争力、促进城镇群体协调发展的关键所在。同时，也是实现区域基础设施共享和有效利用的根本途径。广域交通体系包括航空、航运、铁路、公路等。

在航空方面，首先要确立区域范围内枢纽港和支线港的合理分工。加强枢纽港的配套设施建设，提升枢纽港在区域及更大范围内的吸引力和影响力，加强区域内外的空中交通联系，完善空中交通联系网络。

在航运方面，对于有航运条件的区域，由于航运有量大、廉价的优点，特别是沿海地区，随着集装箱业的快速发展，海运已成为现代交通体系中非常有竞争力的交通方式。因此，充分利用其良好的航运条件，对增加区域竞争力、促进城镇群体协调发展有很好的积极作用。

在铁路和公路方面，铁路和公路是广域交通体系中最基本也是最重要的构成要素，是带动区域经济社会发展的“动脉”。尤其是高速铁路和高速公路，成为现代交通发展的主要方向和动力之一。应该加快区域高速铁路和高速公路为主的高效陆路交通网络建设；加快区域内高速公路与其他公路的联系，建立大型交通转换枢纽，高速公路与铁路、民航、水运等交通运输网络互通，实现布局网络化；另外，要尽快沟通城镇群体与其他区域的快速联系通道。

培育现代物流业，加快物流节点建设。根据北部湾港口群及其辐射的西南地区的实际，当前应加快在港口规划建设物流园区和在高速公路规划建设物流接驳站，以加快公、铁、海联运步伐。首先是加快在港口规划建设物流园区，实行港、区联动，产生带动效应，发挥港口总调度职能，统筹发展北部湾区域物流。其次是加快在高速公路沿线规划建设物流接驳站。公路运输承担了大部分港口及铁路运输的集散功能，在实现“门到门”运输方面起到重要作用，发展潜力巨大。通过在四通八达的高等级（速）公路网上规划建设接驳站，鼓励发展大型、多轴、集装箱和专业运输车辆在高速公路实行长途运营，中小型货运车辆在始发点到高速公路或高速公路到目的地实行短途运输，实行有序分工，发挥大型和专业运输车辆的优势，充分发挥道路运输的基础作用。

优化港口资源，发挥港口总调度职能。北部湾港口群的 4 个港口既有竞争又有合作，应以合作为主。在第四代港口理论的推动下，各个港口所在的城市都在极力发展临海工业，港城一体化进程加快。西南出海大通道的建设把 4 个港口的发展紧紧地联系在一起，港口分工合作已是大势所趋。

加快公共物流信息化建设。北部湾区域物流的发展需要加快企业信息化进程，把构筑物流网络，适应客户多样需求作为企业发展的重要因素，加快北部湾港口群公共物流信息，大型工业、矿产业物流信息网络建设，打破地方封锁和信息封锁，实行资源共享，推进区域物流高效运作。

培育大型物流企业，拉动物流发展。大型物流企业的存在是区域物流发展的标志之一，也是投资环境优化的重要因素。物流企业要达到盈利目的就必须充分利用各种运输方式设计物流线路，降低物流成本。能把各种运输方式有效组合在一起，只有大型物流企业才能做到。地方政府应当把培育大型物流企业作为一项重要工作来抓，可以借助国外知名企业和东部大型物流企业的网络创造地方品牌。

构建社会信息普遍服务体系，加大投入，完善信息化基础设施建设。在区域基础设施建设、管理、运营中都要积极运用数字化和网络化技术，着力加快基础设施信息化步伐。加快信息基础设施建设，建立健全信息网络体系，以发展电话和数据业务为主线，加快光纤传输网、光纤接入网建设，加快实现通信的数字化、综合化、宽带化、智能化和个人化进程，促进区域电信网向信息网过渡。加强信息资源开发利用，统筹规划，加快建设一批基础性、综合性、商业性、公益性的信息资源库和信息公用品牌，实现区域网络资源和信息资源的综合共享。积极推广应用信息技术，积极推进产业信息化，用信息服务推进区域基础设施建设。建设区域网络信息中心，完善信息资源管理。

第二章

北部湾新区实现产业蛙跳的可能性

实现工业化并赶超工业发达地区是后进地区发展工业最原始的动力，如何超越工业发展的一般进程，实现蛙跳式的发展，成为相对后进地区最关注的问题。要使北部湾新区赶上甚至超越经济发达地区，就要适当发展前沿产业，培养一批掌握先进技术的人才，构筑适合“蛙跳”的产业技术平台，实现北部湾新区加速崛起。

第一节　北部湾新区产业定位分析

产业定位和产业共生是区域经济发展的基础和前提。北部湾新区产业定位应从国内外产业转移和国际产业竞争角度出发，按照时间继起、空间联动的原则，优先发展重化工业和现代物流业，推进产业和经济的快速发展。

一、时间继起，空间联动，全球化视野下产业发展定位

北部湾新区产业发展定位应从全球化、区域发展战略、未来趋势等方面考虑。以重化工业为核心，充分利用国内外两个市场、两种资源。以现代物流业为基础，成为我国西南地区对外开放的重要门户，搭建连接多区域的国际通道、交流桥梁与合作大平台，打造中国与东盟区域性物流基

地、商贸基地、加工制造基地和信息交流中心，成为开放度高、辐射力强、生态良好、环境优美、休闲宜居、文明和谐的新区。

（一）全球视野下的北部湾新区产业定位

随着经济全球化和信息化不断向纵深发展，发达国家或地区与发展中国家或地区之间传统的垂直分工已经向水平分工转变。20 世纪 90 年代以后，伴随着经济全球化和知识经济的到来，全球制造业或劳动密集型产业由发达国家或地区向发展中国家或地区转移的速度明显加快。

在此次经济全球化浪潮中，发展中国家取得了前所未有的新优势，首先在制造产业和国际贸易中，获得了对工业发达国家的全面优势。进入 2002 年以后，中国经济中出现了以重化工产业引领的新的经济增长高潮，中国重工业的技术基础正在迅速提高。在城市化进程加快和房地产、汽车等消费结构的升级推动下，中国进入重化工时代，这既是中国经济有史以来最重大的结构变革，也将因此改变整个世界经济的竞争格局。可以预言，到“十一五”末期，发达国家向中国进行重化工业技术转移的新高潮必将呈现。

改革开放以来，我国的工业竞争力已显著增强，正在迈向世界制造业中心。由于制造业大部分为重化工业，因此向世界制造业中心迈进的过程也就是重化工业大发展的过程。

从国际经验看，重化工业化是一个国家或地区工业发展的必经阶段。重化工业包括电力、煤炭、石油、钢铁、有色金属、机械设备、汽车、造船、化工、建材等工业。与传统重化工业相比，现代重化工业正日益成为资金和知识富集的产业。重化工业阶段是工业化进程中的新阶段，是一个生产结构迅速复杂化，规模空前扩大，工业制造业对城市的依赖程度迅速提高并进而推动城市化步伐大大加快的阶段。重化工业是当今世界上市场规模最大、产业关联度极高的产业，它可支撑一个国家或地区长达数十年的快速增长。

国际产业转移具有时效性，在发达国家产业调整带来的集中转移期内，北部湾新区需紧紧抓住产业转移的机遇，把握承接产业转移的先机。北部湾新区产业发展应深化分工，重点发展重化工业和现代物流业，增强对西南腹地的辐射作用。规模经济和集聚效应是重化工发展的要求，因此，北部湾新区应使石化、钢铁、高端制造等重化产业集群成为拉动经济的引擎，带动大西南进入新一轮快速增长期。

（二）区域发展战略视野下的北部湾新区产业发展定位

在国际经济全球化和国内市场经济深化的现阶段，区域产业发展的重心不再是构建一个门类齐全的产业体系，而是应该利用国际分工和国内分工的机遇，集中发展自己的优势产业，让优势产业在地区产业结构中所占比重不断扩大，从而提升本区域的竞争力。

实行高度专业化、规模化生产，在一定范围内产生较大的资源集聚和市场效应，产生强大的竞争优势是区域经济核心竞争力的创建形式之一。现代物流业具有较强的产业关联度和带动效应，可以整合区域经济资源，降低企业、社会物流成本，从而实现行业结构调整和竞争力的提高，大大提高区域利用或转换资源的能力。

北部湾新区地处华南经济圈、西南经济圈与东盟经济圈的结合部，与东部、中部、西部相连，沿海、沿江、沿边，既是西南地区最便捷的出海大通道，又是中国通向东盟的陆路、水路要道，是促进中国—东盟全面合作的“窗口”和“桥梁”。北部湾新区的物流产业将以南宁市为中心，以北海、钦州、防城港为前沿，形成一个既有协调分工，又有适度竞争的服务体系，若干物流服务企业将成为大型企业，物流产业将成为人才荟萃、科技含量高、创利创汇能力强的产业，有力地支撑着这片沿海区域的经济繁荣。抓住区域合作的良好机遇，充分利用好中国—东盟经济合作的重要平台，努力将北部湾新区打造成带动性强、辐射力强的经济发展新高地，必将极大地推动我国西南地区跨越式发展。

（三）未来发展战略视野下的北部湾新区产业定位

当今世界新科技革命迅猛发展，新经济扑面而来，国力竞争日趋激烈。以电子信息技术和生物技术为主要标志的当代高科技及其产业突飞猛进，科技创新席卷全球，科技产业化步伐加快。人类在经历以采集工具为主导生产要素的蒙昧社会，以土地为主导生产要素的农业社会，以资本为主导生产要素的工业社会以后，正全速进入以“知识和技术”为主导生产要素的“知识”社会。现代科学技术愈来愈深刻地影响着世界各国的政治、经济、军事、文化等领域，向世人呈现出推动人类社会进步与文明发展的巨大力量。

在人类文明发展史上，科学技术作为一种知识形态的生产力，始终推动着经济发展和社会进步。人类的科学技术发展已经经历了三个不同阶段：一是传统经验技术的时代；二是经典科学与工业技术的时代；三是现代“大科学”与“高技术”的时代。目前正面临着以纳米技术为核心的第四次技术革命。科技创新、转化和产业化的速度不断加快，原始科学创新、关键技术创新和系统集成的作用日益突出。以生物技术、超导、纳米技术等为代表，原始科学创新、关键技术创新和系统集成的作用日益突出，竞争已前移到原始创新阶段，原始创新能力、关键技术创新和系统集成能力已经成为国家间科技竞争的核心，成为决定国际产业分工地位和全球经济格局的基础条件。

科技发展呈现出群体突破的态势，学科交叉融合加快，新兴学科不断涌现。科技与经济、社会、教育、文化的关系日益紧密。尤其是20世纪90年代以来，世界发展的新态势证实，科学技术越来越成为推动历史进步的主要力量，成为代表一个民族文明水平的重要标志。科学技术作为第一生产力，日益成为综合国力的核心和基础。综合国力是一个主权国家在自然资源、经济、军事、政治、外交、科技、教育、文化、思想等方面的实力和影响力的总和。其中科学技术在综合国力中发挥了重要功能。由此，从原创思想发展起来的原创产业逐渐成为发达国家的产业主体。

（四）产业集群视角下的北部湾新区产业定位

产业集群是在有限地域的特定产业或产品生产中，大量企业及其相关支撑机构，依靠比较稳定的分工协作和网络关系形成有利于产业组织协调的空间集聚体。产业集群逐步演变成为一种世界性的经济现象，是现代产业发展的重要特征。产业集群是一种经济地理现象或实践经验，又可看作一类产业空间组织或经济理论模式。产业集群可以用作区域经济发展战略，也可视作认识区域经济的思维方法，即产业集群是把区域经济视为相互依赖的企业和机构的地理集聚的经济系统的一种方法。事实证明，产业集群发展较好的地区必然成为吸引资本、劳动力大量聚集的“粘性（stickiness）”区域（Markusen 1996），并成为一个重要的经济增长极。

在钢铁、石化等一些重化工业部门，围绕核心的工业企业所形成的产业集聚现象早已被人们所认识，这些集聚区域（一般称为产业综合体）的产业联系往往指物质上的投入产出联系，由于相关企业的集聚，可以降低物流运输成本和能源消耗成本，以及综合利用废气、废水和废渣，从而获得外部经济和循环经济效益，在产业运行对环境的破坏降低到最低限度基础之上增进经济绩效。而产业集聚为发展循环经济创造了得天独厚的条件，循环经济确保由产业集聚而形成的产业集群得以持续发展。

一个国家或区域竞争力之关键往往由集聚而形成的产业集群所支撑，产业集群支撑下的区域成为真正意义上的经济体。北部湾新区依托北海、钦州、防城港三大港口和国内国际两种资源及两个市场，可以建立以钢铁、石化等重化工基地和现代物流为主导的产业集群，同时形成关联产业循环配套，信息、商贸、旅游等现代服务业协调发展的循环经济产业综合体，为实现北部湾新区产业蛙跳奠定坚实基础。

二、整合优势，产业耦合，确定北部湾新区产业发展重点

北部湾新区需整合优势，产业耦合，加快建设重化工基地和构筑现代物流业跃升平台，实现石化、钢铁、林浆纸、现代物流等产业的集聚，成为中国西南经济板块的最亮点。

（一）石化产业

科技进步和经济发展加速了全球一体化进程，该过程在石化工业中表现得十分明显，国际大型跨国化工公司把研发、生产和销售等生产和流通环节延伸向世界各地，逐步实现就地生产、销售，从而达到扩大产量和增加利润的目的。发展中国家特别是人口众多、市场潜力大、增长速度快的亚太地区，对石化产品的巨大需求，使全球石化工业的竞争集中在亚太地区，为了在竞争中取得有利的地位，欧美石化跨国公司把投资和市场发展的重点纷纷向亚太地区转移，尤其是向经济迅速发展的中国转移。

北部湾新区需要抓住国家在沿海大力发展石油天然气工业的机遇，利用南海丰富的天然气资源及进口石油、石油副产品的有利条件，在沿海建设1500—2000万吨炼油、300万吨液化天然气、西南成品油管道二期工程等重大项目，形成600亿元以上的产业规模，打造沿海石油工业基地。利用沿海炼油和液化天然气的原料优势，实施上游带动战略，拉长产业链，加长价值链大力发展石油化工产业，带动下游合成材料、有机化工、精细化工、化学建材和纺织、服装等相关产业的发展。重点建设90万吨乙烯、30万吨合成氨、52万吨大颗粒尿素、40万吨乙醇、40万吨聚氯乙烯、6万吨乙烯-醋酸乙烯共聚物（EVA）、60万吨天然气甲醇、60万吨聚酯（PX）、20万吨/年丙烯腈等项目，形成1200亿元以上的产业规模，成为我国重要的石化工业基地。

“十一五”期间，在钦州建设千万吨级炼油厂，在北海铁山港建设年产200万吨催化热裂解装置，在防城港建设年加工原油500万吨生产润滑

油、道路沥青等产品项目；围绕钦州、北海石化项目，在钦州、北海、南宁布局建设中下游产业项目。

钦州石化基地年加工1000万吨苏丹原油项目为产业源头，生产聚丙烯、苯、二甲苯、丙烷等化工原料；产业群主要考虑延伸以聚丙烯为原料的产品链，生产合成纤维、塑料等产品；延伸以苯、二甲苯为原料的芳烃产品链，生产对二甲苯（PX）、精对苯二甲酸（PTA）、聚脂（PET）、涤纶、ABS树脂等中间原料产品和最终产品。

北海石化基地初步考虑建设年加工200万吨重质油项目，其催化热裂解装置主要产品是乙烯、丙烯和芳烃；产业群主要考虑以乙烯为原料，生产丁醇、乙酸乙脂等有机原料系列产品、醋酸系列产品、聚氯乙烯系列产品；由乙烯苯烷基化，生产聚苯乙烯（PS）系列产品等；以丙烯为原料，生产环氧丙烷系列产品、丙烯腈系列产品等。

在防城港建设年加工原油500万吨生产润滑油、道路沥青等产品项目。

“十一五”末到“十二五”，争取在沿海规划布局建设第二套千万吨原油加工装置和百万吨乙烯工程；充分利用沿海港口优势，规划布局建设煤化工、盐化工等项目；在南宁、柳州等地区布局建设精细化工项目。到2020年，把石油化工培育成为年销售收入超千亿元的产业，把北部湾新区建设成为我国西南地区新兴石油化工基地。

（二）钢铁工业

北部湾新区具有用国内外资源的条件，也具有港口交通运输便利的优势。充分利用沿海便于原材料和产品大进大出的区域优势，布局大型钢铁联合企业，发展钢、铁及钢材产业，并带动钢铁制品、炼焦、机械制造等相关产业的发展，形成沿海钢铁产业集群。做大做强钢铁冶炼：促进武钢与柳钢的联合重组，争取建设防城港企沙千万吨大型钢铁基地项目；积极推进钦州200万吨特殊钢项目建设。加快发展精深加工：重点发展科技含量高、经济效益好的优质钢材。建设防城港企沙年产1000万吨精品板材工程，重点发展热轧薄板、冷轧薄板、镀锡钢、镀锌板、不锈钢、低合金高强度结构钢、电工钢、冷镦钢、弹簧钢、齿轮钢、模具钢等优质钢材，成为国内一流的钢铁精品生产基地。支持钦州发展弹簧钢、齿轮钢等高质量汽车结构用钢，成为广西特殊钢生产基地。带动钢铁制品、炼焦、机械制造、住宅产业、物流配送等相关产业的发展。

钢铁冶炼产业布局在防城港、钦州；精深加工产业布局在防城港、钦州；大型钢铁联合企业的社会配套项目和深加工项目布局防城港市、南宁市。

（三）林浆纸一体化产业

按照“集中制浆，规模造纸”的原则，重点建设广西金桂纸业有限公司年产60万吨林浆纸一体化项目，广西高峰—芬兰斯道拉恩索公司年产60万吨林浆纸一体化项目，成为全国重要的林浆纸一体化基地。加快发展高附加值的液体包装纸、胶版印刷纸、彩色课本纸、美术铜版纸、高档包装纸、多种商品浆及高档纸制品等各类文化生活用纸及纸制品，天然香料等产品的精深加工和家具制造等产业。以林区砍伐、造材、加工和林浆纸生产过程中产生的剩余物为原料，发展以中密度纤维板、刨花板、胶合板为主体的人造板材和家具产业。加强与国内外大型纸业集团合资合作，加快建设速生丰产原料林基地，建设现代化制浆造纸企业，迅速扩大造纸工业规模，优化产品结构。

（四）现代物流业

现代物流（Modern logistics）是在传统物流的基础上，引入高科技手段，即运用计算机进行信息联网，并对物流信息进行科学管理，从而使物流速度加快，准确率提高，库存减少，成本降低，以此延伸和放大传统物流的功能。

北部湾新区现代物流的发展思路是充分发挥交通枢纽和国家重化工基地的资源优势，以石油化工、钢铁工业等主导产业为依托，以第三方物流为发展目标，构建区域内和区域间互动的现代物流发展新格局。整合资源，按照现代化、规范化和专业化的标准，建立以智能交通、港站枢纽、多方式联运为载体，使之成为大西南地区以信息网络、电子商务、交易平台为一体综合体系。

（五）沿海粮油食品产业集群

利用沿海区位优势和运输成本低廉的优势，在已形成经济规模的粮油加工能力的基础上，进一步扩大生产能力，拉长产业链，大力发展粮油食品精深加工业，形成沿海粮油食品产业集群，做大做强粮油加工业。2010年实现销售收入140亿元。

粮油加工重点建设在防城港、钦州市。重点支持大海粮油（防城港）公司三期技改扩建、防城港新海油脂公司二期技改扩建、钦州大洋粮油年综合加工80万吨大豆、钦州华港公司年加工60万吨大豆、钦州新德天公司年产木薯酒精20万吨及其副产品等项目。

（六）海洋产业

重点发展海洋渔业、海洋运输、海洋生物制药、海洋化工、滨海旅游等海洋产业，开展海洋矿产、油气等资源勘查与开发。海洋渔业按照"近海捕捞与远洋捕捞相结合，海洋捕捞与海水养殖并重"的方针，推进我区渔业结构的战略性调整；巩固和保护合浦营盘及防城港白龙尾珍珠传统养殖基地，逐步推广深海育珠技术，改良贝种，提高珍珠产品质量；在沿海三市建设一批对虾、牡蛎、文蛤、青蟹、优质鱼等养殖示范区，促进传统养殖业升级，拓宽渔民转产转业渠道。海洋运输业要整合资源、明确定位、完善功能、体制创新，大力发展以港口为中心的物流产业，将沿海三个港口建设成为西南、中南地区货物出口基地；积极开辟运输航线，加强海洋运输船队的建设；在钦州、防城港建设修造船基地。滨海旅游业在拓展北海银滩、防城港金滩、钦州七十二泾旅游区功能的同时，进一步完善以海岛风光、渔港风情为特色的涠洲岛、江山半岛等旅游区功能；开发集渔业观光、科普考察、生态旅游为一体的营盘珍珠文化、山口红树林景色旅游区；建设度假休闲和边境与跨国旅游的东兴京族风情与边境旅游区。海洋生物开发以自主知识产权为核心，着力培育诸如从珍珠贝中提取天然牛磺酸、利用甲壳动物生产壳聚糖、以鲎血为原料生产鲎制剂等一批具有高成长性和地方特色的海洋生物制药与保健品及海洋功能性食品。到2010年，主要海洋产业年销售收入达到350亿元，增加值120亿元。

"十一五"时期，围绕着海洋产业，布局建设一批重点项目，预测固定资产投资40亿元以上。

（七）高新技术产业

依托产业园区大力引进电子、信息、生物与制药等高新技术产业项目，引导产业集聚，支持现有高新技术企业加快技术改造，促进北部湾新区高新技术产业集群蓬勃发展。

电子信息产业方面，以北海高新技术产业开发区为载体，建设北海电子信息产业基地。医药工业方面，依托北海、钦州的资源和产业发展优势，以北生药业、方舟药业、健康元药业、银河阳光生物制药等企业为龙头，重点打造"南药"品牌，发展生物制药，大力发展海洋药物，加快发展中成药，积极培育发展化学原料药和化学药制剂。重点支持年处理1000吨血浆GMP异地改造、苦瓜综合利用、头孢类原料药合成基地、863生物制药工程成果产业化等项目，2010年实现销售收入65亿元。

生物质产业方面，按照“十一五”打基础，“十二五”初具规模的基本思路，利用可再生或循环的有机物质，到2010年，北部湾新区生物质能源产品产能：年产燃料乙醇30万吨、生物柴油10万吨、复合成型燃料40万吨、压缩生物燃气2亿立方米；生物质化工产品产能：年产乙二醇、乙醇胺15万吨、其他产品10万吨；生物质材料产品产能：年产淀粉40万吨、变性淀粉10万吨；生物质发酵副产品产能：年产二氧化碳深加工化工原料、高分子材料各10万吨。北部湾新区生物质产业年销售收入力争达到100亿元，工业增加值35亿元，增加直接就业0.4万人；国家生物质产业示范基地初见成效。到2020年，把广西建设成为国家生物质产业示范基地。

三、北部湾新区产业发展的区域评估

（一）开发适宜度评估

北部湾新区整体地形北高南低，北部多山地，南部沿海地势平缓。南宁郊县及沿海3市腹地县的河谷、阶地、中低台地地段，森林覆盖率较高，水土流失面积较少，土壤肥力较好，既适宜作为农田，也适宜作为开发建设用地。邕江河谷和南部沿海地区适于集中连片开发建设。

（二）资源承载力评估

北部湾新区可供建设的最大面积是4500平方公里，约占总面积的9%，目前建成区约为1%，与其他地区相比较，地广人稀，开发程度低，可开发土地面积大；多年平均水资源约340亿立方米，水量充足；石油天然气、矿产、动植物资源丰富；土地资源、水资源、粮食等的人口容量均超过3000万，大大高于目前1230多万的人口数。资源环境承载力禀赋良好，发展潜力巨大，适宜重点开发。

（三）城市发展评估

城镇化水平总体偏低，城市规模小、散点发展、中心不突出、辐射能力弱，城市职能薄弱、功能重叠，城市等级结构不完整。迫切需要进一步完善城市功能，突出发展核心，增强城镇人口聚集，扩大城市规模，加快

城市发展。

（四）海岸线环境评估

北部湾新区海岸线曲折漫长，深水条件好，天然港湾众多，港口腹地广阔；海水水质总体良好，海洋生物丰富，潮汐能开发条件良好，海岸线开发潜力大。

（五）生态承载力评估

整体生态环境良好，生态景观类型多样，污染少，生态系统受干扰小，承载空间有富余；气候四季温热，适宜人居；雨量充沛，植被繁茂，适合亚热带农、林、经济作物的种植，生态高度敏感区、中度敏感区比重大，生态相对脆弱。

北部湾新区要实现资源环境空间约束条件下的经济、社会、产业和环境的协调发展。

第一，空间分区实行硬约束。在资源环境承载力和土地利用现状分析的基础上，划定各种功能区，明确各主要城镇的功能定位及产业发展方向，形成经济社会发展的合理空间布局。所有的经济、产业和社会活动，如重大基础设施建设、重大产业项目布局、土地资源利用、岸线资源的开发和保护，都必须服从划定的空间分区和动能定位，政府通过合理配置公共资源和有效运用行政手段，确保实现。

鼓励促进开发区发展，大力推进基础设施、临海工业、文化事业的发展；在适宜开发区进行有序发展，近期开发与远期发展相结合；在限制开发区以保护为主，适当、限量发展旅游业；在禁止开发区竭力保护好农林牧生产区和生态环境保护区，要特别保护好海洋环境和基本农田。

第二，产业发展是空间分区约束条件下的预期性目标。在政府的合理引导下，产业发展主要依靠市场主体的自主行为来实现。政府创造良好的宏观环境、制度环境、市场环境和基础设施环境，综合运用各种政策引导社会资源配置，努力争取实现。

力争在2020年前把北部湾新区建设成中国—东盟海陆空的交通枢纽、泛北部湾区域经济文化的核心区和东亚地区新的增长点。

四、创新发展模式，提高发展质量

北部湾新区要立足于科学发展，创新发展模式、提高发展质量，进一步明确发展的指导思想和原则，进一步理清发展的思路和模式，进一步明晰区域产业发展定位，努力实现发展目标。

（一）北部湾新区产业发展的阶段性目标划分

北部湾新区发展的短期目标：重点发展重化工业，利用高新技术改造和提升传统产业，发展产业集群；高标准建设能源化工基地，推进产业规模化、高度化、集聚化和国际化。

北部湾新区发展的中期目标：发展高端制造业和高新技术产业，但需要与初期目标及发展产业相互关联，对原有产业进行延伸，配套协作。面向东南亚和西南地区，建立新材料产业，如汽车配件行业，特色动植物有效成分的提取等生物技术产业。

北部湾新区发展的远期目标：海洋产业，信息技术产业，原创产业，高端服务业。结合东盟博览会与信息园建设，加强政治沟通与联系。

（二）北部湾新区产业发展的思路

以港口区位条件为依托的临海重化工产业：重点发展石化、能源、钢铁、林化等。目前，广东湛江、海南洋浦与北部湾沿海地区在临海重化工产业方面的竞争已成定局，广西要抓住国家调整重化工业战略布局的契机，积极争取国家支持，加快布局建设钦州大型炼油厂、防城港大型钢铁厂、钦州和北海林浆纸一体化、防城港电厂、钦州电厂、北海电厂二期等重大项目。

依托“资源东盟”的战略性资源开发产业：如石油天然气开采、清洁能源项目、海上油气开采装备制造，属于“环境友好”的天然材料——新材料产业，木材制品及利用棕榈椰子纤维制造的修复工程用纤维织物，可降解塑料、合成橡胶，矿产资源开发冶炼和利用等。

依托大珠三角产业转移和比较优势的出口加工制造业：如装备制造业、家用电器、日用消费品、工程机械、食品、医药等，大力推进北海出口加工区、中国—东盟国际水产加工贸易区的建设。

发挥区位优势和港口优势的现代物流业和商贸业。南北钦防经济带是连接我国西南地区、华南地区和东盟各国的重要通道，发展现代物流、仓储运输等新兴服务业具有得天独厚的优势。大力投资发展货物运输、货代、船代、仓储、货运场、会展等相关行业，建成中国—东盟自由贸易区内重要的综合性物流基地；同时，投资扩大港口运输业，拓展国际集装箱运输和中转、加工、仓储及贸易业务。将南北钦防建设成联系珠三角、西南地区和东盟市场的石化、矿产、粮食物流等中转基地和贸易中心。

充分利用中国—东盟自由贸易区、泛珠三角合作、中越“两廊一圈”的建设形成的“投资—出口拉动”的发展契机。借助这一契机，以招商引资、扩大出口为动力，以基础设施建设为先导，以发展支柱产业、特色产业为核心，以加快大工业布局为重点，逐步形成广西沿海现代化的基础设施体系、互利共赢的协作体系、竞争力强的产业体系、统筹协调的城市体系、外向带动的通道经济体系、区域一体化的市场体系，使北部湾新区成为全区开发开放的引擎和龙头，成为中国—东盟自由贸易区重化工基地、加工制造中心、物流中心和商贸中心。

（四）北部湾新区临海工业发展模式战略选择

1. 优先发展重化工业，特别是石油炼化、钢铁工业、化学化工等临海工业。提升北部湾新区工业竞争力的关键是解决重工业严重失衡的问题。随着北部湾新区的飞速发展和城市群规模的逐渐扩大，对钢材、水泥、电能、石油、化工、合成纤维等重化工业的需求尤为迫切。由于运输成本及区域竞争等原因，国内市场往往满足不了其需求，很大一部分都要通过进口来补给，严重制约着经济的发展。面向港澳粤，背靠川、渝、贵、滇，特别是东盟市场的逐步开放，将使广西面对一个无比巨大的市场。大力发展临海重化工业，如低能耗的钢铁工业、水泥、制铝、发电和矿业原料、汽车原料等产业，促进以石油为原料的石油冶炼、石油化学、合成纤维、塑料制品、化学肥料等工业的飞速发展。

2. 开辟新的多功能大型港口，大力发展物流业务，发挥出海大通道的优势。大市场必定伴随大物流，而大物流也必将推动工业的发展和市场的扩大，关键是西南具备了发展大物流的条件。21 世纪前 10 年展现在北部湾新区面前的是无数的机遇，其中以中国—东盟自由贸易区、“泛珠三角”经济圈和中越“两廊一圈”为核心建立的区域经济合作平台最有代表性。同时，面向东南亚，背靠大西南，处于中国东南沿海地区和大西南地区的交会地带，是中国西南最便捷的出海通道。区位优势明显大西南的四川、云南、贵州、西藏、重庆等省区市，蕴藏着极为丰富的物产资源，战略地位十分重要，是我国经济发展潜力最大的地区之一。早在 1992 年 5 月，中央就决定“要充分发挥广西作为西南地区出海通道的作用”，从而奠定了北部湾新区在全国全方位开放以及大西南联合开放开发中的战略地位的作用。钦州港、北海港、防城港已初具规模，基本上具备了开辟为多功能大型港口的条件。

3. 建立循环经济示范企业群，实现人与自然和谐发展。发展循环经济已成为全球实现可持续发展的有效方式。在发达国家，发展循环经济成为与发展知识经济并驾齐驱的两股重要潮流和趋势，得到各国政府的广泛重视和大力支持。首次提出“循环经济”（Circular Economy）术语的是英国环境经济学家皮尔斯①。发达国家的循环经济在企业、产业、区域、社会等层面上的实践都已取得相当的进展和经验。我国正在进行循环经济实践模式的探索。

北部湾新区应秉承循环经济理念，按照“减量化、再利用、资源化”原则，以建立循环经济型产业体系、资源综合利用管理控制体系、生态建设和环境保护体系为重点，加快集聚钢铁、石化和高端制造业等循环经济示范企业群，实现物质单向流动的线性经济向循环经济转变，最大限度地节约资源、保护环境，实现人与自然的和谐发展。

4. 大力发展劳动密集和资本密集型工业。广西在发展知识密集型工业上缺乏优势，劳动密集和资本密集型工业也处于低级状态，还有很大的空间可以挖掘。广西不缺资源，特别是廉价的劳动力资源，但是缺乏人才、技术、资本和发展工业的良好环境。随着珠三角地区的产业转移，如果能够紧紧抓住机遇，定位于东盟市场，北部湾新区劳动密集和资本密集型工业将迎来其发展的春天。

第二节　能源重化产业的整合集结

工业化阶段理论认为，整个工业化发展过程要经历三个阶段：重化工业化阶段、高加工度化阶段和技术集约化阶段。重化工时代就是经济发展到人均 GDP 达 1000 美元的水平、未来工业发展对化工原料有着极大需求的阶段。区域工业化发展阶段不可能逾越，但其进程却可以大大缩短。地区经济“起飞”，必须通过一定的原始积累，而发展重型工业和制造业是

① 徐嵩龄：“为循环经济定位”，人大报刊复印资料，《国民经济学》，2005 年第 1 期。

完成原始积累的重要形式。

发达市场经济国家纷纷进入后工业化阶段，我国沿海部分发达地区基本完成了重化工产业的原始积累，而北部湾新区当前尚处于工业化的初始阶段，产业发展的时序形成一种犬牙交错的错综复杂局面。北部湾新区重化工产业的发展应坚持时间继起，空间联动，完成重化工产业的发展。

一、重化工产业发展优势分析

（一）国际环境分析

世界范围内产业结构调整的一个重要特点是发达国家在产业结构的调整中，把一部分大量消耗能源和矿产资源的产业以及重化工产业向发展中国家和地区转移。发展中国家和地区抓住机遇，发展高技术产业和外向型经济，积极参与国际竞争。

发达国家和发展中国家存在生产要素价格的鸿沟，这种生产要素的价格差距，导致发达国家物质产业竞争力突然丧失，然后不断地向中国或者是其他发展中国家转移。

中国重化工产业已经出现了蓬勃发展的势头，但目前基本上还处在进口替代的过程，表现为机电产品和化工产品的进口比重要高于出口的比重。但由于中国在生产要素上所具备的无可比拟的优势，中国重化工产品走向世界是必然的趋势。这个产业是未来发达国家更为强劲的转移浪潮，它会形成对发展中国家，特别是中国更深的依赖关系。

（二）区域优势分析

北部湾新区发展重化工业具有区位优势明显、产业腹地纵深、资源可支撑力强、靠近市场等突出优势。

从全球范围来看，北部湾新区处在环太平洋航道旁边，各个港口都有便捷航道联结东南亚、中东、欧洲、大洋洲及非洲等世界各地，是我国内陆通往国际市场的通道和跳板，海上运输还有联结国内南北航线的近海航道。环北部湾海岸线长，广西段的北海、防城、钦州港大型深水港自然条件良好。

北部湾新区市场腹地比较广阔，可分为三个层次：第一层指“二国四方”构成的环北部湾地区。第二层是指临近北部湾新区的广东、广西、海南其他区域；第三层包括云南、贵州、四川、重庆、西藏、湖南、湖北、江西等。随着中国—东盟自由贸易区的建立，北部湾新区各港口将成为中国内地与东盟地区合作的连接纽带。

同时，北部湾新区具有广阔的西南腹地，其矿产资源极为富集。可以进一步推动西南地区能源、矿产资源的进一步开发，促进西南地区更广泛地参与全球经济交流。北部湾新区毗邻的东盟国家矿产资源也极为丰富，地质勘查勘查成本低廉，有利于中国与东盟矿产能源等领域的合作。此外，广西为全国水资源丰富的省区，河流多，落差大，水流急，水力资源开发的潜力很大。

根据钢铁工业发展规划，我国新建钢厂基本沿海布局，内陆钢厂也有向沿海迁移的态势。无论是从资源的进口渠道、还是从主要消费商的地理分布，未来中国进口的铁矿石都将主要通过海运，采用20万吨级以上船舶运输经港口进入国内，相应将对港口提出较大的运输需求。预测2010年和2020年中国港口一次接卸外贸进口铁矿石量分别为3.2亿吨和3.8亿吨；全国港口金属矿石吞吐量分别为5.6亿吨和6.8亿吨。北部湾新区沿海三大港口可以为重化工产业的布局及经济的快速发展提供强有力保障。

二、产业深化与新型工业化道路

（一）产业深化是发展中国家必然选择

产业深化是指国际分工客观存在的背景下，一国产业总体状态上或者某一产业内部的加工程度逐步纵深化发展，实现高加工度化与技术集约化的趋势。新增长理论关于内生技术进步的论证和产业发展过程中的“创造性毁灭机制”奠定了产业深化发展的理论机理基础，产业深化的本质是技术进步的不断深化。由此可以根据产业深化过程中不同时期内技术要素的作用表现程度，即按照特定产业自身发展过程中技术密集程度的由低到高，将产业深化过程划分为四个阶段：原材料开发或初级加工阶段、一般性生产阶段、相对独立产业技术阶段、基础性产业技术创新阶段。

产业深化理论分析了主流工业化理论在基本假设上的缺陷，认为产业结构演进在本质上表现为量的变化，没有反映出产业内部质的变化，特别是，它站在完全竞争市场的角度，没有看到技术进步的内生性特点。分析当今的市场特点，由于科学技术的有力推动，产品品种极大丰富，品牌在产品中的影响力日益提升，完全竞争市场的假设已经不能客观反映现状。近年来，世界范围内的企业横向联合、兼并和收购，战略联盟的缔结、虚拟企业的形成等现象不断出现，强强合作等成为市场发展的新亮点，在此情况下，垄断竞争更加符合经济世界的现实状况，新增长理论的研究方法是动态一般均衡分析，研究对象是国民经济总体，然而，产品品种的增加和产品质量的升级既可以表现在整个经济范围内，也是各个产业内部产出内生增长的重要表现形式，在这个意义上，进入20世纪90年代以来，新增长理论的新发展为研究产业深化的理论机理提供了借鉴。另一方面，现代企业的发展对科学技术的依赖性愈来愈强，技术创新已经成为企业发展的不竭动力，而核心竞争力的培育更加呼唤自主创新能力的形成，技术的内生性特点迅速凸现。因此，产业深化理论基于以下基本假设：垄断竞争市场与较为完善的专利保护制度，而且产业技术进步的表现形式同时包括两个方面：产品品种不断增加和产品质量不断提高。这里的“产品”指在市场进行出售的各类产品，既包括高端核心产品，也包括低端非核心产品；既包括中间产品，也包括最终产品或消费品。

（二）新型工业化道路是实现产业蛙跳的必然选择

大力发展重化工业，走新型工业化道路是实现区域经济跨越式发展的必然选择。根据国际产业转移的趋势和我国产业政策的调整，我国工业化进入了一个以重化工业为主的发展阶段，已迎来以重型化产业集群为主导的新一轮快速增长期。重工业发展明显快于轻工业，重工业对当地的经济贡献比例不断加大。从发展态势和市场需求看，适度重型化已成为未来城市加工制造业发展的主流选择。

新型工业化中既包含高于传统工业化的新工业化因素，也包含传统工业化的主要因素。也就是说新型工业化“新”在它不再是完全的传统工业化，“新”在它包含了新工业化的因素。发达国家完成工业化道路历时二百多年，但在经济突飞猛进的时代，我国再也不可能用这样的时间来实现工业化，必须通过采取各种行之有效的措施加快发展步伐。因此，大力发展重化工业，走新型工业化道路是时代发展的需要，更是北部湾新区经济发展的迫切要求。

钦州资源丰富，发展工业条件得天独厚。大力发展重化工业，走新型工业化道路，大力发展石油及乙烯后加工业、深度开发下游产品及相关配套产业；充分利用深水良港优势，大力发展电力、冶金、造纸以及粮油等支柱产业，最大限度地提高资源的利用效率，促使资源合理开发，确保可持续发展。

钦州区位资源禀赋和产业发展方向与国家重化工业加速发展和布局调整的趋势相切合，钦州基础设施日益改善并具备了布局建设大工业、大物流的条件，初步形成了石化、能源、造纸、粮油加工等临港工业框架。这些为钦州发挥优势、释放潜能创造了前所未有的机遇和有利条件。

防城港市始终坚持走“以港引工、以工促港、港工互动”的发展路子，不断加快临海工业发展步伐。除继续抓好现有重大工业项目的跟踪落实外，还全力做好企沙千万吨级钢铁厂和白龙核电站等项目的前期工作，为加快工业发展创造条件。实现港口建设与产业发展的良性互动，除了其自身的港口、交通、通关等优越条件和不断完善的基础设施以外，还有两个有利条件：一是西南地区日益增长的外向型经济；二是新一轮的国家产业布局调整。

三、外向型重化工基地隆起战略

北部湾新区建设外向型重化工基地应以东盟等国际市场需求为导向，以扩大出口为中心，根据比较利益原则，积极参与国际分工和国际竞争，做到产业协同发展，健全市场经济秩序和经济组织结构体系。整合北部湾新区南宁、北海、钦州、防城港 4 个城市的各类资源，实现统筹规划，科学布局，有序开发，和谐发展。

随着中国—东盟战略伙伴关系的建立与快速发展，“10 + 1”的合作正成为世界经济发展中的一个亮点。如何在现有合作成果的基础上进一步谋划新的格局，促进务实、共赢的新发展，是决定“10 + 1”生命力和认同感的关键。北部湾新区应按照“产业要集群、要素要集中、土地要集约、投资要效益、社会要和谐”的原则，推动中国沿海经济增长的第四极的形成。充分发挥北部湾新区地处中国—东盟自由贸易区的区位优势，利用好两个市场、两种资源，扩大对外合作与贸易，带动外需导向型产业的发展。

北部湾新区要成为我国西南地区对外开放的重要门户，成为中国—东盟自由贸易区区域性国际物流基地、商贸基地、加工制造基地和信息交流中心，成为沟通中国与东盟国家的国际大通道、交流大桥梁、合作大平台，逐步成为开放度高、辐射力强、生态良好、环境优美、休闲宜居、文明和谐的新区。

要充分利用泛珠三角经济区构建和中国—东盟自由贸易区的确立等有利时机，加快产业链的构造和建设，形成北部湾新区产业发展的集聚效应。在桂林、柳州为主体的区域内，以城市群为依托，形成桂柳工业走廊；以南宁为中心，发展知识创意产业，加强与国内外的交流与合作，提高创意产业的影响力和辐射力；以防城港、北海、钦州为基础，发挥港口优势，重点发展重化工产业和现代物流业。具体来说，一是优化资源配置。发展以沿海的南北钦防为主的钢铁、石化和林纸浆等重化工基地；振兴以柳州为主的制造业老工业基地；加快形成以桂林为主的高新技术产业基地；做强做大以百色为主的铝工业基地；大力促进梧州、玉林、贵港、贺州的食品工业及轻工业等优势加工业和外向型加工业。二是力求在发展优势区域中取得新突破。必须以市场为导向，立足资源优势，以大企业为主体，以产品为龙头，将广西具有相对优势的产品，组成若干个名牌或拳头产品产业链。同时，加强下游产品的研究开发，特别是对铝、糖等支柱产品，更加注重研发产品的深加工和原料的综合利用，提高资源的利用率和产品附加值，注重延伸产业链，将整个产业整合起来，并鼓励和引导中小企业进入产业链条。

四、传统产业升级与新技术产业化

能源重化工业大多是技术密集型产业，对技术进步有很强的依赖性。传统产业升级与新技术产业化可以为能源重化工业的发展提供重要支撑。北部湾新区可以市场为导向，以工业园区为载体，以科技进步为动力，优先发展壮大以能源重化工基地建设。通过更广领域的拓展和更深层次的延伸，初步形成以重化工产业为主导的工业经济体系。在加快传统产业发展的同时，推动新型工业化进程。

加快资源整合步伐，鼓励企业加大投入，扩大规模，提高产能；支持和鼓励大企业集团对中小企业实施兼并、改造和重组，引导优质资源向优势企业配置，产生集聚效应，提高资源利用效率。

坚持用高新技术和先进适用技术改造提升传统产业。围绕重化工产业，积极引进国内外先进技术和装备，提高重化工工业的整体技术水平和市场竞争力。鼓励和引导中小企业加快技术改造，提高装备水平，全面推行清洁、安全生产技术和工艺，提高资源综合利用率。

确立企业技术创新和科技投入的主体地位。继续加强政府财政资金和政策扶持的同时，努力营造有利于技术创新的政策环境，鼓励骨干企业建立自己的研发机构，增加技术研发资金投入。

提高科研成果转化率。培育产学研耦合机制，鼓励企业加强与科研院所、大专院校的联合，推动科研成果尽快转化为现实生产力。

加大利用高新技术改造传统产业的力度，促进两类产业协调互动发展。按“新型工业化道路”的要求，加快国民经济信息化的步伐，加大传统产业的改造力度，努力形成“科技含量高、经济效益好、资源消耗低、环境污染少、人力资源优势得到充分发挥的”产业结构。在传统产业的改造过程中，要注重新生产方法、新生产工艺的采用和新产品、新市场的形成；重点加强对北部湾新区工业产值比重高、社会影响大、技术含量低的食品、冶金、有色金属、汽车、石化等领域的改造。政府要制定引导和支持传统企业进行技术改造的财政、税收、金融政策，加快完善金融市场，积极争取国债资金，鼓励和吸引民间资本、外资等多元化资本参与传统产业的改造，为企业进行技术改造广开资金来源渠道。加快企业改制步伐，尽快使企业形成自觉技改的机制，制定和公布衰退产业目录，强制企业进行技改。加大运用高新技术改造和提升传统产业的力度，提高传统产业的技术含量和附加值，提升产业技术水平。

加大北部湾新区高新技术产业化基地建设力度，提高科技转化能力，优化发展环境，重点引进大型高新技术企业。创新高新开发区建设模式，提高市场化程度，增强科技产业转化基地建设的投入能力和管理营运能力。努力实现三个转变，投入主体由财政投入为主转变为社会资金为主；招商引资主体由政府为主转变为企业为主；科技产业转化基地建设由政府行为转变为市场行为。坚持高标准、高起点建设科技产业转化基地的基础设施，加大体制创新和机制创新的力度，突出抓好政务环境和法制环境的建设，增强北部湾新区的吸引力。鼓励支持国内外大型高新技术企业参与广西国有企业的改制和重组，提升传统产业，达到盘活国企和发展高新技术产业的双重目的。

第三节　探索打造东南亚物流枢纽

立体化的交通网络，把北部湾新区以及与大西南和东盟城市紧紧连在一起，使重化工基地格局随着大交通网络的形成而初具规模，可以为经济社会的快速发展和现代物流的崛起提供强大的交通支撑。

一、大西南经济发展交通瓶颈分析

中国西南各省市区（四川、云南、贵州、广西、重庆）传统的对外通道有三个方向（东、北、南）可以选择。南昆铁路开通后，广西沿海三个港口城市（北海、钦州、防城港）作为西南通向海外最便捷出海口岸的格局初步形成。

制约西南各省市经济发展的主要因素：一是自然资源开发程度低，如水能资源开发程度不到5%；二是贫困人口数量大，约占全国贫困人总数的50%；三是交通运输落后，全区域平均每万人才拥有11公里运输线。

1997年南昆铁路建成通车后，为西南腹地开通了一条最便捷的出海通道，南下通道可分为两条：一条为水陆通道，以昆明为枢纽，通过滇缅公路和澜沧江—湄公河水道，可达越南、缅甸，或延伸至泰国和印度，拟建中的泛亚铁路将提升这条通道的战略价值。另一条为出海通道，又分为两支：一支是经南昆铁路到达广西的北海港、钦州港和防城港，或延伸至广东的湛江港出海；另一支是经川黔线、枝柳线、三茂线经过广西或湖南到达广东沿海港口（广州、深圳、湛江）①。

秦汉时期，北部湾新区是中国海上“丝绸之路”的重要组成部分，目前，广西已经融入了中国—东盟自由贸易区、大湄公河次区域经济合作、环北部湾经济合作等区域合作。中国—东盟自由贸易区、大湄公河次区域经济合作与环北部湾之间是大动作与小动作的关系，北部湾新区和大湄公河次区域经济合作应该纳入中国—东盟自由贸易区的大框架下运作，统一

① 刘朝明、汪涛：“大西南最便捷出海口岸物流量测算与比较”，《中国软科学》，1999年第4期。

步调，长远布局，合理规划，使得三个动作和谐互动，有序发展。

交通的发达程度是决定一个地区发展速度的因素之一，对于环北部湾地区各国家和地区而言，交通搞好，至关重要。北部湾新区及其经济腹地东连珠江三角洲，西接云贵腹地，北可上中原，南可下东南亚。对广东和海南来说，尽管两省有着较发达的交通干线，但也存在部分薄弱环节，两省只有进一步完善自己的交通设施，才能抓住北部湾新区发展的机遇，打造经济发展新的增长点。再以越南为例，其首都河内、重要港口城市海防、世界级旅游景点下龙湾都在北部湾新区，不论是货物出口还是游客的旅行，都决定越南对于北部湾新区的建设应以交通先行为原则。显然，仅仅从区域两国四方的情况就可以看出，北部湾新区要发展，交通设施建设应先行。

二、现代物流业发展与区域经济崛起

现代物流整合优化的基本方法是系统论，源于军事后勤管理的运筹学（系统论）方法。总成本的优化不是通过各环节的优化来组成的，从而奠定了整合优化在现代物流中的核心地位，物流总成本也成为核心概念。物流整合的两类基本形式也成为发展物流的目标，即平台：横向整合，通过规模化、网络化、标准化获得效益；供应链：纵向整合，通过专业化、个性化获得竞争力。

现代物流的基本商业模式是外包。外包是专业化分工的必然，供应链时代的外包是双赢的战略合作，现代物流也称为“合同物流”“协议物流”。整合与专业化分工（外包）是一对矛盾，相辅相成，共同发展，表现为互相适应，互相交织。专业化分工是绝对的，整合是相对的。理论研究证明了专业化分工是由交易成本制约的，降低交易成本促进整合，也促进专业化分工。这也是发展服务业或新型工业化道路的基本思路。

现代物流的技术基础是信息化。信息技术的发展打破了传统的边界，是促进整合理念发展的原始驱动力之一。信息技术也是实现物流流程整合优化的主要技术手段，通过实时或预先获得低成本的信息来优化、控制物流。信息化在两个整合中的重点：横向整合靠信息系统实现标准化、固化管理制度；纵向整合靠信息系统实现流程优化，协同企业之间的关系。

现代物流的方法论（整合）、商业模式（供应链）和技术基础（信息化）构成现代物流最重要的特征。从而使得物流从传统的执行操作层面提升到了战略规划层面，改变了物流在经济系统中的定位。

现代物流业是一个以现代通信技术为基础的系统概念，以运输的合理化、仓储自动化、包装标准化、装卸机械化、加工配送一体化、信息管理网络化等为特征，是运输、储存、装卸、包装、流通加工、配送、信息处理等几个基本功能的有机结合。运用现代物流管理思想与技术方法改造传统道路运输业，加快其现代化进程，是广西进行经济结构的战略性调整，培育新的经济增长点，提升行业整体生产力水平，实现现代服务业可持续发展的必由之路。

物流产业对区域经济发展具有深刻的战略意义。物料流通是经济活动的基础环节，因此物流产业是国民经济的基础产业，在促进生产与投资、拉动消费、提高经济运行效率、降低经济成本等方面发挥着重要作用。发展物流产业是区域经济发展的一个重要方向，物流系统发展水平直接影响区域经济发展水平和区域经济的竞争力。从效率的角度看，物流系统的运行效率对经济运行效率的影响至关重要，物流运作在区域经济发展过程中具有无可替代的战略性作用，物流已经成为一个重要的经济增长点。

物流在区域经济发展中的作用体现为它是区域经济发展的基础和保障，并且物流产业本身构成区域经济体系的重要组成部分。

获得物流支持是其他生产活动开展的基础，因此，物流设施被看作是经济基础设施的主要组成部分，是经济发展的主要资本品。由于物流产业所固有的生产性特点，使物流产业成为多行业密集、技术、资本、劳动力密集的产业。在区域经济体系中，物流产业聚集了大量土地、劳动、资本，是经济的主要组成部分，其最为鲜明的特点是发育良好的物流产业能大幅度提高土地利用率（物流中心），同时聚集大量劳动和资本。现代物流业能够集中大量高素质劳动力和资本品，增加有用的技术知识积累。现代物流是一个行业涉及面广、服务领域宽和区域跨度大的综合性产业体系，其发展涉及经济的各个层面，涉及跨行业管理，涉及多种政府部门。因此只有搞好不同经济层面、不同行业、不同政府部门的沟通与协调才能使物流产业发展得到统一规划和良好发展。解决问题的关键在于站在经济发展战略全局的角度推进现代物流发展，对物流产业进行统一规划、统筹建设，对物流基础设施统筹规划和合理布局。

物流产业作为经济的重要组成部分，具有极强的涵盖范围，对就业影响重大。物流产业涵盖多个行业，系统集成性极强。物流产业由多个行业组成，其性质是第二产业，主要包括了运输业、包装业、装卸业、邮政业、电信业等。物流功能则分散在许多行业中共同构成物流运作。物流产业具有基础性、多行业集成性、服务性和综合性的特点。首先，物流是基础性产业。物流活动需要运用大量的物流基础设施，如前所述，这些物流基础设施是经济发展的主要资本品，对于物流运作是决定性的，由于没有物流手段就不可能进行流通和市场扩展，因此，物流活动是生产、流通和消费活动的基础，物流产业对国民经济的作用是基础性的。物流产业为其他产业提供物料流通服务，涉及国民经济各个领域，横跨多个产业，因此物流产业是综合性产业，是跨地区、跨行业、跨部门的综合性、基础性、服务性产业，具有极强的系统集成性。

三、发展现代物流业，撬动西南经济板块

现代物流是利用先进信息技术和物流装备，整合传统运输、储存、装卸、搬运、包装、流通加工、配送、信息处理等物流环节，实现物流运作一体化、信息化、高效化运营的先进组织方式。

北部湾新区背靠大西南，面向东南亚，联结粤港澳，是我国与东南亚唯一既有陆路又有水路相连的地区。我国东南沿海和北方省区的货物出口东南亚和东南亚的货物进入我国，通过北部湾新区最为便利。优越的区位优势使得北部湾新区将成为中国与东盟之间海陆空最便捷的通道和最重要的交通枢纽。

北部湾新区交通发达，为现代物流提供了有利的交通基础设施保证。南宁大都市圈具有沿边、沿海、沿江的优越地位，它背靠资源丰富的大西南，东联经济发达的珠江三角洲，北接经济实力雄厚的两湖，南向东盟各国，既享受沿边、沿海的优惠政策，又享受西部大开发的优惠政策，还有民族自治的各项优惠政策，为加速发展物流业创造了大好时机。北部湾新区在“海陆空”三方面的地理优势下，有希望成为西南大物流中心，撬动西南经济板块。

目前，广西与东盟国家之间已经基本构建了包括铁路、公路、航空、港口在内的比较完善的物流设施网络；公路方面，广西已建成从南宁通往友谊关的高速公路；铁路方面，在中越边境上拥有由南宁经友谊关通往河内的中越铁路；防城港、北海港、钦州港 3 个沿海港口也已成为中国西南出海大通道的重要部分；空港方面，南宁也开通了一些通往东盟国家的航

线。网络虽然已基本形成，但与自贸区的经济发展相比，物流还显得比较滞后。货物运输渠道不畅，导致货物流动的规模总量较小，物流供给和需求都相当有限。

构建连接广西和东盟铁路网，在构建中国至东盟的3条铁路大通道中，广西是关键的一环。东部沿海铁路应修通环北部湾直至泰国的铁路。路线走向为：南宁—河唇—东兴—芒街—下龙—河内—胡志明市—金边—曼谷。这样就将越南大多数沿海城市及柬埔寨金边、泰国曼谷连上了我国的铁路网。南宁—凭祥—河内—万象—曼谷—吉隆坡—新加坡的路线则是中部主干铁路。北面与中国铁路网相通，西接印度，与南亚、西亚铁路网相通。不仅有重要的旅游价值，更重要的是具有能源运输价值。西部铁路则修建百色—靖西—越南高平—河内铁路。在广西田东、德保和靖西与越南接壤的边境地区，铝土矿储量为中国乃至亚洲储量之最。桂西边境这些重大矿产资源和旅游资源亟待修建一条通往东盟各国的铁路。

在中国—东盟自由贸易区中，北海、钦州、防城港是贸易区的重要港口。有效整合现有资源，联合湛江，接受香港物流产业转移，形成的物流群将独占西南物流鳌头。广西三大港口的建设重点一是继续扩建，加快万吨级泊位的扩建工作，逐步提高吞吐量；二是加快集装箱货运、港口货场等基础设施建设，拓宽出港深水航道；三要增开沿海港口航线，将广西三港航线延伸到东盟各国的主要沿海城市。

公路运输在区域的多式联运中承担着核心作用。在这方面，广西已有南宁通往友谊关的高速公路。近期应重点建设以南宁为中心，通往越南、广东、云南、贵州、湖南的高速公路。由于中国—东盟自贸区大部分国家的地形都比较复杂，发展公路和铁路运输受到制约，所以航空运输有较大潜力。广西可以开辟或恢复6条广西连接东盟国家的航线，即南宁（桂林）—河内—金边、南宁—曼谷、南宁（桂林）—吉隆坡、南宁—新加坡、桂林—雅加达、南宁—胡志明市，形成广西与东盟国家的国际航空网络。

西南地区铁路、公路、港口、航运、通信网络逐渐趋于完善，南昆铁路、西南公路出海大通道成为西南区域经济发展的大动脉，加速了西南地区与世界经济的接轨。青藏铁路已全线开工，南昆铁路、湘桂线黎南段经过配套改造运力大幅度提升。重庆港已成为长江上游物流枢纽。广西沿海港口和西南地区与东盟的越南、老挝、缅甸等多国毗邻，是中国走向南亚、东南亚的通道，具有独特的地理区位优势，广西已经成为中国与东盟物质流、信息流、资金流最为便捷的通道，其战略地位将会越来越重要。

为降低物流成本，应依托重点城市建立区域物流中心，以辐射、带动周边物流的发展。在西部物流集散的重点城市，由政府提供硬件建设，如土地、铁路专用线、公路集货场、水运码头、通讯网络设施等，企业出资建立自己的物流结点，建成区域物流中心。集中大批专业物流服务商，形成现代物流产业集群，共享硬件资源，共用信息网络，实现规模经济，完善社会资本积累机制，减少企业的进入成本和运行成本，创造赢利空间。南宁、重庆、成都、贵阳、昆明是西南地区的中心城市，其物流能力的提高可辐射到周边大部分地区。这些城市也在物流基础设施、物流设备和技术、物流企业数量和质量上有一定基础，以5个城市为中心，连接成物流线和网络向周边扩散，可以带动西部物流的发展，形成畅通合理的西南现代物流走廊，撬动西南经济板块迅速崛起。

依托信息网络，构筑西南物流信息平台系统。物流信息平台作为“电子化西南”中的物流相关部分，包括地区物流服务业、物流管理机构和物流需方的信息管理系统及外部信息网站。物流需方在网上查询物流服务，比较服务水平，了解相关政策，动态跟踪货单等；物流服务业对供应链中的物流各环节进行实时跟踪、有效控制的全程管理，并提供物流咨询和物流系统设计，实现网上交易与支付等服务；物流管理机构作为政府为物流提供服务的组织，介绍物流政策，发布物流发展动态，进行物流培训，还可提供地区物流统计指标和数据，更好地履行服务职能。区域物流服务网络中各方在信息平台上实现资源共享，信息共用，将现已建成的物流业网站纳入到平台规划之中，系统规划，共同建设，共同实现西南物流的透明化①。

第四节　建立全面开放的发展平台

产业“蛙跳”从理论变为现实，离不开制度创新。没有制度的不断创新与变迁，科学技术不可能转化为现实的生产力，当然也就不存在促进经

---

① 况漠：“西南地区物流发展的机遇及对策研究”，《经济体制改革》，2005年第2期。

济发展的技术进步。北部湾新区作为广西区域创新体系的核心和支柱，应实现产业创新和区域创新，培养具有特色的高新技术产业集群，建立创新网络和技术扩散机制，打造新侨创业平台，塑造区域优势，使之成为促进区域经济增长的一个有效途径，实现北部湾新区产业蛙跳。

一、提高产业关联度，打造北部湾新区特色产业集群

产业集群是一组在地理上靠近的相互联系的公司和产业关联的机构，它们同处或相关于一个特定的产业领域，由于具有共性和互补性而联系在一起。产业关联指产业之间存在上下游关系。关联度大，则区域经济凝聚力强，产业之间可以相互促进，取长补短，企业生产成本低，产品在市场上具有竞争力。发展经济学家赫希曼提出，产业关联度应作为选择和确立主导产业的一个基本准则。

提升产业关联度，首先，要积极支持产业集群核心企业、龙头企业发展，培育关联度大、带动性强的大企业、大集团，依托"龙头"企业引导社会资源集聚，提高龙头企业的核心竞争力。其次，积极推动产业集群的专业性外部服务业和配套设施的发展。通过政策鼓励产业集群核心产业主体，不断将一些配套及特定的生产工艺分离出来，形成一批专业化配套企业，支持中小企业进入集群龙头企业的供应网络，成为其供应链的有效环节。同时，要引导帮助企业建立行业、专业组织，推动企业开展基于产业分工的企业间协作等。此外，要考虑产业的相对集中，完善产业链条。

产业集群的创新活力一方面来源于本地企业家精神以及行为主体的互动联系，这些联系又基于对法律规范的遵守，或是对某种文化习俗和人际关系的认同；而知识产权保护等制度、宽容的社会环境等对产业集群十分重要。另一方面，在我国目前发展阶段，外资和对外科技合作在集群中的技术转移和知识溢出等重要性逐渐凸现，产业集群的对外知识联系和技术吸收力应特别值得关注。

对于北部湾新区，一是要着力培育主导产业，按要素向优势区域、优势产业、优势企业集聚的趋势，把主导产业做强做大，构建石油化工、钢铁、现代物流产业集群。二是延长产业链条，提高市场化程度和强化专业化分工。三是拆除区域行政壁垒和产业壁垒，实现要素流动，用产业开放与地域开放打造北部湾新区概念，增强产业关联度，避免"孤岛"式经济结构。

二、打造产业开放、融合共赢的经济综合体

在经济全球化时代，产业活动分离和整合日益在更大的空间尺度上上演，目前中国区域经济发展已纳入全球框架，地方产业集群作为区域经济发展的一种有效载体，正快速地以不同方式嵌入全球价值链。因此，地方产业集群的竞争力提升，不仅需要结合自身区域特色，挖掘内生生长因素和内部联系，更需要在全球价值链中与区域外的经济行为主体积极互动，依据自身已有条件寻找到最合适的切入点或价值环节，形成产业开放、融合共赢的经济综合体。

伴随全球产业分工的发展与产业组织的全球裂变与整合，地方集群产业在更广的范围里整合与分离的现象已是一种常态。因此，在全球价值链视角下考察地方集群发展的一般规律，可以为地方集群接轨国际市场、克服发展锁定、实现持续升级，提供一个理性参照。所谓全球价值链，是指在全球范围内，一项产品或服务从概念开始，经过研发和生产的不同阶段，交付给最终消费者而获取价值的全过程。一般全球价值链包括研发设计、生产、物流、市场营销、售后服务等各个经济环节，其表示在技术、管理、资本、市场、劳动力、自然资源、产品等要素组成的全球经济系统中，在制造、贸易全球化的条件下，诸多企业共同完成一种产品或在国际产业分工中只从事同一产品某些环节的生产，从而建立起一系列相关独立活动的企业间利益纽带的联系。形象地比喻，全球价值链是在企业间连接构成的万维网，而非国家间的连接；利益焦点不但落在企业上，还体现在企业间不断变换的合作关系上。全球价值链表明了处于不同层次分工环节的企业，在获取市场价值中所占的地位和所起的作用，或者说，是企业在国际市场竞争过程中所处的位置。由于经济活动空间组织在不同尺度范围内的整合与分离现象似乎时时刻刻都在发生，因此，相关的产业集群研究近年来也被引入到全球价值链的分析框架中。大量的集群研究文献提出这样的观点：依托某种产业，集群内的大量企业基于价值链和生产过程的垂直分离，各自专注于某个或某几个价值实现环节，并通过集群内各种正式和非正式的网络联系达到产业集群内的地域整合。因此，集群内部包含着相对完整的生产过程和价值实现过程，其产品往往被认为是提供给最终消费者。但是，伴随经济全球化进程的加快，产业活动的分离和整合似乎日益在更大的空间尺度上

上演，集群的发展出现新的特征。地方集群作为区域经济发展的一种载体，正快速地以不同方式嵌入全球产业价值链。

纵横交错、跨智能、跨过程、跨国界的全球价值链成为全球化的一个典型特征，甚至支配着全球经济。与全球价值链相关的还有区域价值链，它在某一区域经济中起着决定性作用。全球价值链中各个价值环节在形式上虽然可以看作是一个连续的过程，不过完整连续的价值链条在空间上一般离散地分布于各地。虽然全球价值链的片断化导致各个价值环节在全球空间上呈现离散分布格局，但是分离出去的各个价值片段一般都具有高度的地理集聚特征，而不是天女散花似地散落一地，毫无头绪可言。正是各个价值环节的地理集聚特性使得很多地方产业集群成了全球价值链条中的一个从属部分。由此也说明了为什么成熟的地方产业集群都是一个高度开放的综合经济系统，而且外部联系对地方产业集群的健康、持续发展也是十分关键的。

全球化背景下集群的发展，不仅要挖掘区域的内部资源、强调内部联系，更要获取外部资源、注重外部联系。不同区域的产业集群，有着各自嵌入全球产业价值链的模式。融入全球产业网络，带给集群更多的机遇，但同时也使集群面临更激烈的挑战和竞争。因此，在全球框架下的区域经济发展，往往表现为地方产业集群结合自身区域特色、挖掘内生生长因素，积极回应全球产业的变化；同时在产业的全球价值链中，与区外经济行为主体灵活互动，嵌入全球价值链某个或某几个“战略性环节”，创造、保持和捕捉价值，并且通过改变自身在价值链中嵌入位置和组织方式，提升产品和改变效率，或迈入新的相关产业价值链而不断升级，实现融合共赢①。

三、吸引复合资本，搭建新侨科技产业区创业平台

新侨复合资本是中外先进文化相互交融和改革开放时代的特色产物。随着中国改革不断推进，这种附加值极高的复合型新资本正在不断地产生，资本存量与规模日趋庞大，在实践中日益显示其重要而独特的作用。这种复合资本并不直接地以货币、证券、固定资本或物质资本形态呈现在人们面前。其几个主要特征是：（1）集合人才资本、知识资本、产业资本、金融资本

---

① 王立军：“嵌入全球价值链与产业集群升级研究”，《中共浙江省委党校学报》，2007 年第 1 期。

和信息资源、人脉资源于一体；（2）具有国际性、流动性、能动性、创造性和可操纵性；（3）为中国改革发展机遇所激活，以自我实现为兴奋点，不把赢利作为唯一的追求；（4）其能量被发达国家和国际资本认可，并具有很强的影响力和带动力；（5）单一的传统资本或人力资本不可对其替代；（6）主要成分为新一代海外华侨华人、留学人员，能决定或影响资本投资和投向的企业家、高级职业经理人、政治家、科学家、领导人、专家学者和专业人士等；（7）以人为载体、以影响力为品级、以个人或团体为单位出现，一个单位的复合资本或是具备复合资本的全部特征和功能，或是具备复合资本的多项特征和功能；（8）中外先进文化交融合璧生成。概括起来说：复合资本至少要集成两个关键的要素，即人才资本加金融资本。同时，拥有或控制着一定规模资产的人才，以及拥有较高人才和资本密度的群体也可视为复合资本。新一代海外华侨华人华商群体兼具多样资本的特征，人才资本与物质资本高度密集，在个人或团体中，以人才资本、知识资本为明显特征或传统资本、物质资本为明显特征呈现的，都各具优势，为此，把新一代华侨华人华商整体也视为复合资本。政府和有关机构如能对这种新型资本进行科学地引导、有效地吸收与整合再造，这种先进、高效、可聚变的复合型生产力一定能为中国现代化创下辉煌业绩。实践已经证明，贯穿中外先进文化特色的复合资本是新世纪中国特色改革与发展不可或缺的重要力量。

由于国际化的新侨复合资本具有的中西文化合成背景，使其更容易迅速而全面深刻的理解中国特色社会主义、科学发展观、构建和谐社会和建设创新型国家的重大意义与丰富内涵，从而使得他们更愿意将自身的事业发展与中国特色的发展与改革结合起来。严酷的事实已经告诉我们，让出市场、土地和股权换不来真正的核心技术，然而改革、创新的舞台却可以引回大量可聚变的复合资本，他们将是中国加快建成强大自主创新体系的先锋力量。

北部湾新区的现代化过程在一定条件下，可以通过产业集聚效应从外部吸取现代化建设所需的人力、技术、资本等以及其他各类资源。企业集聚、产业集群成为今天地区经济发展一项渴求。

利用新一代海外华侨华人华商的复合资本力量，并带动联动国际人才、技术、资金等要素，以独特的蓝海战略的思维和产业投资者的视角，在国内某地方创建一种新型平台，利用这种本土文化与现代管理科学合成的新经济平台发掘、吸纳更多的国际人才、技术、资金、项目和企业，形成国际化的人才、技术、资本、企业集聚和产业集群，以非政府组织、复合资本、政府、跨国投资机构、企业、科研院校等五加一力量的共同作用，进行基于区域创新体系、区域经济发展模式和产业园区的创新，包括运营管理制度、服务和赢利模式创新，从而建立一个全新的具有利益相关者共同价值观的价值平台与价值系统，一个市场经济社会、企业、产业投资者真正认同和需要的、多方共赢的产业平台，一种新型服务业态，并由此建立覆盖中西部各省、横跨各国园区的区际产业超市网络服务连锁，发起一次城市新型服务设施、科技研发加工业制造业环境空间、平台的制度，可称之为平台的革命，产业园区的革命，推动和加快中西部地区区域创新体系和区域特色产业集群的规范化、标准化、专业化建立形成（见图2－1）。

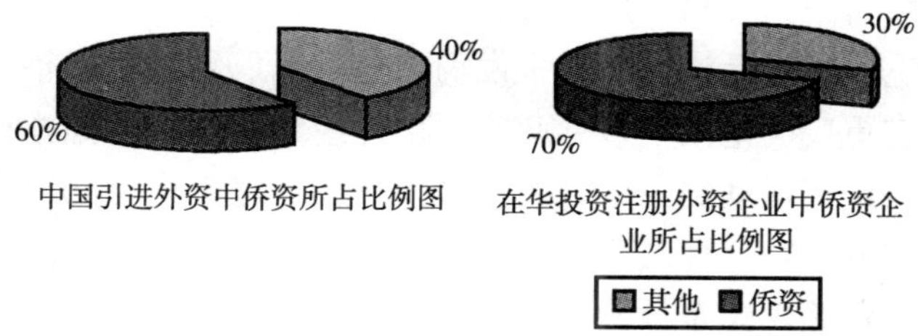

图2－1　中国引进侨资情况

当今世界，国家之间的竞争归根到底是人才的竞争，而人才竞争的焦点主要集中在国际化人才方面。没有人才的操控，任何所谓的引进资金、技术、项目乃至各项事业的发展都将成为一句空话。人力资本的创新优势与金融和产业资本的传统优势的结合将会形成更大更完整的生产力。

目前，在西部地区缺少一个特有的、专门的用环境凝聚人才、用事业造就人才、用机制激励人才、用法制保障人才的最适宜国际化创新资本、国际资源，特别是新侨复合资本力量聚集的特区一样的特殊环境，已经投入的一些新侨复合资本被粗放型地投向了全国各地，使得复合资本的集约化功效不能形成，难以形成真正意义上的人才、知识、技术、项目和资本的集聚效应，结果是利益相关各方都没有达到理想的预期，迟滞了创新资源向先进生产力的有效转化。如果规划一个区域，以新侨复合资本为主导，共同建立一个复合资本直接参与投资实践和创业的旨在孵化政、侨、企、资、研多赢的硬平台，即一个专门的新侨科技产业区，那将更有利于调动、吸引他们回国创业和参与祖国现代化建设的积极性，其中更重要的意义在于可以通过新侨复合资本力量的集聚效应而带动联动更多的国际资本、人才、技术、项目和创新资源的进入[①]。

四、建立产业网络化的社会普遍服务体系

产业网络是在区域内企业间以及企业、科研机构和政府机构间长期合作基础上的稳定关系。它可以进行经济、文化、技术、制度、政治等各方面的交流，使交易费用大大降低。政府、企业、高校、科研院所通过大量的相互作用而融合在一起，是一个庞大的网络体系，可以更好地达到资源和信息互补，增强创新能力，提高产品竞争力，使企业更好地适应不断变化的内外部环境。

产业网络有三大要素构成，即行动者、行动和资源。行动者是产业网络的主体，它不仅包括生产商、批发商、运输商、零售商、消费者、经纪人等，而且在更广的范围上包括政府、中介组织等；行动是指行动者在市场中进行各种经济活动的总称，主要是指行动者之间进行物质资源和信息资源流动的过程，在交换过程中伴随着产品价值的增值与价值链的形成；资源包括物质资源、关系资源、人力资源和信息资源等。

产业网络的形成与发展和新兴产业的产生及产业的发展是息息相关的。在一个新兴产业形成的初期，资源、技术创新、新行动者的加入等因素起着重要作用，产业网络的形成主要表现为纵向产业链的发展，表现为产业内社会分工结构的形成，各种行动者厂商数量的不断扩大，围绕产品的产、供、销及专业服务体系的逐步形成和发展。随着产业中专业分工的不断深入、细化等，产业中从事同一分工的行动者不断增多，它们之间的关系也不断演变，既有相互之间的合作和互补，也有相互竞争和制约，这样，产业中的横向关系逐步延伸和扩大，产生一个产业网络的雏形。产业网络的形成、发展过程相当漫长，是一个产业演化的过程，而且大多数情况下，表现为新兴产业的催生和传统产业的不断升级，新的产业网络不断从原有的产业网络中独立出来，改变着产业结构，不断赋予产业结构以新的内容。

世界各国高技术产业多数在大公司研发组织、大学和公共研究机构密集的地区集聚发展，不仅因为这些地区具有丰富的高素质人才和创新知识源，而且因为它们之间高效的互动，形成强大的知识溢出（Spill Over）效

---

① 该部分内容参考了广西柳州侨联覃毅同志的研究成果。

应。高新技术产业集聚的形成主要着力于外部规模经济和外部范围经济，不同企业分享公共基础设施并伴随垂直一体化与水平一体化，大大降低了生产成本。建立在共同产业文化背景下的人与人之间信任基础上的网络关系，有利于社会资本的积累。此外，企业家精神和新产业的网络可以催生强大的创新活力。较为宽容的社会文化和有弹性的社会结构有利于创新思想传播，促进技术的创新和扩散，实现产业和产品创新。

产业集群的网络结构是由市场关系网络和社会关系网络叠加而成的复合网络。由于网络的自组织功能作用，产业集群的网络结构内含乘数传导创新机制、合作创新机制和创新动力增强机制等创新机制。在产业集群网络结构的创新机制作用下，产业集群内的企业与集群外企业相比，具有新产品乘数倍增加、创新低风险低投入高成功率、创新成果高速扩散、创新周期缩短等绩效和创新优势。

基于产业集群的网络结构在产业集群创新方面的重要功能，在培育和优化产业集群网络方面，应该着力做好以下几方面的工作：

第一，实施区域经济发展专业化战略，营建产业集群网络。产业集聚和分工是产业集群形成的两个必要条件。要实现区域产业集聚必须先实现区域产业专业化；要实现产业内部分工必须先实现区域产业规模化。对于一个相对较小的区域，在人力、财力、物力都相对有限的情况下，如果实行产业发展多元化战略，就无法实现区域产业专业化和规模化，也就很难实现产业集聚和产业内部分工。因此政府应该实施产业专业化发展战略，集中力量发展本区域具有比较优势的产业，并通过税收优惠支持、金融支持、土地支持、技术支持等方法，促进区域内部企业繁衍和区域外部企业迁入，从而实现产业发展规模化。产业规模化必然会自发产生内部分工，并推动产业集群网络的形成。

第二，构建集群网络服务体系。产业集群得以扩张的一个重要因素是产业集群所属的专业市场信息优势和采购、营销成本优势。产业集群“中间生产两头市场”的结构，除了可以降低集群企业原材料采购和产品营销的成本，带动区域第三产业的发展，增加经济总量的好处外，更重要的还有以下一些功能：①两头建有市场纵向拉长了产业集群的纵向结构，增强了产业集群纵向传导创新机制的功能。②两头建有市场使产业集群具有原材料采购和产品营销成本优势、市场信息优势等。这些优势可以不断吸引更多的同类企业迁入产业集群，拉长了产业集群网络的横向幅度。更多企业的加入不仅可以为产业集群带来更多的资金、技术和管理经验，同时产业集群横向幅度的拓展优化了产业集群横向合作创新机制。因此政府应该加强集群专业市场的培育和发展，构建集群网络市场服务体系，强化产业集群网络的创新功能。

第三，提高集群创新能力。虽然由于网络结构创新机制的存在，产业集群内部企业普遍具有较好的创新绩效和创新动力。但是由于产业集群内部企业一般都是民营企业，企业规模小，专职研发人员不多，因此产业集群内部企业的产品创新能力和水平不强。产业集群内部企业的产品创新能力和水平如果不能提高，将直接影响产业集群企业的创新绩效和创新动力的发挥和实现。因此，政府应该发挥行政组织功能，制定各种有效政策和措施，吸引高等院校、科研院所和社会科技中介机构参与到产业集群的创新网络中来，通过技能培训、科技咨询、产品合作研发等形式提高产业集群内部企业的技术创新能力，充分发挥产业集群网络的创新功能和创新动力。政府吸引科技企业加入产业集群可以采取以下一些方法：①成立技术发展基金，通过税收转移支出和行业协会会费等方式筹集技术发展基金，资助关键技术项目攻关、生产技术推广和奖励为产业集群技术创新做出巨大贡献的企业。②定时组织技术合作洽谈会，架构高校、科研院所与企业、政府合作的桥梁，推动企业和科研院所在技术创新方面的合作。③通过税收优惠等方式吸引高校和科研院所在集群区域创办科技企业[①]。

① 黄中伟："产业集群的网络创新机制和绩效"，《经济地理》，2007 年第 1 期。

第三章

系统集成和北部湾新区的全面发展

北部湾新区的发展是一个涉及到多领域、多方面的系统性工程，必须采用系统集成的方法对其进行催生。促进北部湾新区的全面发展，社会资本的积累不可或缺。文化创意产业正成为各地争抢的一张王牌，北部湾新区在新一轮的腾飞中是决不能忽视的。从长远来看，北部湾新区将发展成一个大的城市带，为此，现在就应对整个城市群的发展进行布局谋划。信息正成为现代社会地区间竞争的有力砝码，北部湾新区可借助信息化建设的契机，锻造促进新区隆起的技术加速器。

第一节　以创新发展聚集社会资本

进入21世纪，世界经济政治形势发生了翻天覆地的变化，全球化浪潮扑面而来，国与国之间的竞争愈发激烈。经济增长不同步，地区发展不平衡，社会发展不协调等问题是社会经济发展的必然。专家学者们在研究中发现，社会资本对于促进经济发展、社会进步具有举足轻重的作用，是一个地区持续稳健协调发展的催化剂，尤其是对于欠发达地区而言，社会资本的积累更是其迅速蛙跳，实现攀升的关键。

一、社会资本积累不足是北部湾地区发展缓慢的重要原因

关于社会资本，不同的学者从各自的研究领域和研究对象出发，

给予不同的界定。严格说来，社会资本的概念正式提出最早可追溯到海尼凡（L. J. Hanifan，1916）。1980 年，法国社会学家皮埃尔·布迪厄（P. Bourdieu，1980）正式将其定义为“实际或潜在资源的集合，这些资源与拥有或多或少制度化的共同熟识和认可的关系网络有关，换言之，与一个群体中的成员身份有关。”1988 年，著名的社会科学家科尔曼（J. Coleman，1988）提出“社会资本是一种责任与期望、信息渠道以及一套规范与有效的约束，它们能限制或鼓励某些行为。”在此之后，社会资本的概念逐步引起关注。普特南（Putnam，1993）认为，“社会资本是指社会组织的特征，如网络、规范和信任，它们有助于人们为了共同的利益进行协调与合作。”又如，林南（Lin，2001）强调社会资本是内嵌于社会网络中的资源，行为人在采取行动时能够获取和使用这些资源。因而，这个概念包含两个重要的方面：一是它代表的是内嵌于社会关系中而非个人所有的资源；二是获取和使用这种资源的权力属于网络中的个人。世界银行（World Bank，1998）指出，一个社会的社会资本包括组织机构、关系、态度与价值观念，它们支配人们之间的行为，并有利于经济和社会的发展。经合组织（OECD，2001）认为社会资本包括网络以及共享的规范、价值观念和理解，它们有助于促进群体内部或群体之间的合作。

我们认为，社会资本是指个人或组织在社会结构中所拥有的，能为个人或组织带来利益，并与经济资本（包括物质资本和人力资本等）相区别的非实物形态的资源。它是影响人们行为方式的制度、关系、态度和价值观念的结合体，对于一个国家和地区的经济社会发展发挥着重要的催化作用。

从不同的角度可将社会资本分为不同的种类。如 Woolcock 和 Narayan（2000）将社会资本划分为纽带社会资本、桥接社会资本和联系社会资本①。纽带社会资本是指与行为人有较为紧密联系的人群之间的关系，譬如，家庭成员之间，同一种族之间的关系等。桥接社会资本是用于指不同社会经济之间的人群、不同种族和民族的人们之间的关系。联系社会资本主要是指水平组织与当权阶层之间的社会关系。也可从宏观与微观的层面对社会资本进行分类，宏观层面主要涵盖的是社会组织、制度构架方面的

① 邹宜斌：“社会资本：理论与实证研究文献综述”，《经济评论》，2005 年第 6 期。

内容，例如法律法规、分权水平、政治体制以及政策制定过程的民主参与程度等等。这些内容实际上也是制度经济学研究的主要内容；微观层面则主要是指那些有助于发展的水平组织和社会网络以及内嵌于这些组织和网络内的价值观念与行为规范等等。

考察社会资本的特性，可以初步概括出社会资本的功用：第一，社会资本是一种不同于物质资本、人力资本等有形资本的无形资本。它主要是指人际关系、网络、规范、价值观、习俗、规则、法律等人类认知和意识形态方面的内容。第二，社会资本是内嵌于社会关系之中的，它存在于两个以上的个体与个体之间，个体与团体之间或团体与团体之间。对于孤岛上的鲁滨逊来说，社会资本对他没有任何意义。第三，社会资本能间接或直接地影响个体和团体的行动，为他们提供行为指南并给他们带来利益和互惠。因此，它具有解决集体行动问题和增加生产力的能力，可作为其他形式资本的补充而非这些资本的替代物或竞争对手。第四，社会资本具有非竞争性，这和公共产品有相似之处。人们对社会资本使用并不会从质量和数量上降低网络中的其他人所能享有的社会资本。第五，社会资本的价值不像物质资本一样在使用过程中下降，其价值会随着人们对它的使用而增加。比如人际关系，它会随着互相之间联系的增多而得以加强，也会随着联系的减少而逐步减弱。当然，社会资本也不可以像其他物质资本一样按照拥有者的主观愿望直接转让给他人。

大量的实证分析表明，社会资本具有潜在的经济和社会绩效。在经济发展方面，社会资本可以推动经济增长，促进收入水平的均等，减少贫困等等；在社会影响方面，社会资本可以改善居民的健康状况，降低犯罪率，促进社会稳定和公平。社会资本对于不同的国家，不同层面的影响是差别很大的。对于中国而言，社会资本在宏观层面的影响主要反映在以下几个方面：

从空间的联动来看，社会资本有利于社会稳定，促进社会和谐。对于整个社会而言，一个团体及个体间的信任和协作，社会成员之间的共同理想，信仰和道德规范，使整个社会能够齐心协力为共同的目标而努力，从而减少社会成员及团体间的摩擦和冲突，达到社会的统一和稳定，促进社会和谐。另外，在一个社会资本丰富的社群中，成员联系紧密，对社群的关注与参与程度则相对较高，从而促进社群乃至社会公共事业的发展，间接也促进了社会和谐。

从时间的继起来看，社会资本能有效地节约交易费用，节省大量的时间。社会资本中的社会制度能有效减少市场主体理性的无知，避免或克服人们的机会主义行为和无序行为，增强经济活动的可预见性，从而节约交易成本。此外，社会资本中的社会网络也能有效节约交易成本，这种节约不仅表现在它可以节约信息搜寻费用，而且表现在它有利于成员间的合作与彼此信任，从而节省大量的协议谈判、拟订和执行的时间、精力与费用。

从政府创新的角度来看，社会资本对资源配置具有一定的调节作用，促进政府职能转型。当代中国正处于多元复合转型时期，经济管理模式正从政府主导型向市场主导型转变，传统的依靠行政权力分配社会资源的方式逐渐式微，而通过市场交换关系配置资源的方式又尚未完全建立，此时，社会资本就成为建立和维护信任关系，进行交换和寻求支持的有效形式，能够促进各种资源的合理流动，也就是说，社会资本对资源配置具有一定的调节作用。

从社会进化的角度来看，社会资本是经济社会发展的催化剂。著名学者福山（Fukuyama，1995）在研究中发现，在缺少宏观社会资本的国家，如中国、韩国、法国等，由于信任无法扩展到家族以外的范围，因此经济组织主要以家庭或家族企业为主，很难建立大型经济组织，从而也就难以进一步提高经济效率，增强竞争力。而在美国、日本和德国式的社会中，则以非家庭关系的社会资本为主，陌生人之间能够彼此信任协作，因而能建立起以大规模的现代化企业为核心的经济模式。因此，要实现中国经济发展的大跨越、大繁荣，不可能离开社会资本的支持，必须着力培育和发展社会资本，使其成为社会经济发展的催化剂，为社会经济的繁荣创造条件。

从文明精进的角度来看，拥有良好的社会资本文化是一个拥有持续发展后劲的重要保证。纵观世界经济发展史，那些积累了良好社会资本的地区大都取得了经济的长足发展，而社会资本储备相对不足的地区则经常遇到各种挑战，陷入发展的困境之中。世界上社会资本积累机制比较发达的美国，其在世界500强中所占比例也是最高的。许多亚洲国家由于社会资本积累不够，往往发展到一定程度就很难获得更大的突破，迈上更高的台阶。

社会资本既然对于一个国家或地区具有如此之重要的作用，那么，中国尤其是北部湾地区的社会资本储备或者说积累情况又是怎样的呢？客观地讲，中国，包括北部湾新区在内的社会资本的储备不足是实现跨越式发展的“瓶颈”。目前存在的主要问题和面临的关键挑战有以下几个方面：

法律法规建设滞后，不能适应经济社会发展的需要。中国社会一个重要的转型是从人治社会向法治社会的转型。尽管这些年在法制建设方面已经取得长足进步，但毋庸讳言，与市场经济、知识经济和经济全球化发展相契合的法律法规体系还不健全，公民法律意识和政府依法行政的观念不强，执法体制还不够完善，知识产权保护的力度不够等依然是摆在我们面前需要解决的课题。

社会网络发育迟缓。这里的社会网络指的是个人、家庭、群体在整个社会中所拥有的关系网络，社会网络越发达，社会成员所能够调动的人力、物力资源越多，社会的整合程度也就越高，反之亦然。美国著名社会学家弗朗西斯·福山在其《信任：社会道德的繁荣与创造》一书中划分了三种社会资本类型：美国、日本、德国属于高社会资本存量国家，其典型特征是社会关系网络非常发达，人们可以超出家庭血缘关系的限度建立彼此的合作关系；中国、意大利、法国属于中度社会资本国家，基本特征是有强烈的家族主义倾向，人们主要在家族内部建立合作和信任关系；俄罗斯、东欧等则属低社会资本存量国家，即使在家族血缘内部也难以建立合作和信任关系，是极端的个人主义占统治地位。尽管福山的分析可能有些片面，但仍然为我们提供了一种分析当前中国社会资本状况的一个视角。关系取向和伦理本位是中国社会的特征，这种特征使社会关系网络和互惠规范的产生仅仅限于家庭、家族、单位、同乡等狭小的圈子内，在这个圈子之外，人们之间却是彼此陌生的，戒备和冷漠的，其作用也很难向整个社会扩展。比如，为什么中国的家族企业没有后继性，常常是艰辛的创业史、简短的繁荣史和悲凉的衰落史？即便是能够保持繁荣，却也往往是以牺牲企业的规模和限制企业产业结构的提升作为代价的。有时为了效益，企业主甚至自主限制企业规模，人为阻碍产业结构的升级，客观上使生产资源造成浪费。这种情况在西部地区也是普遍存在的，北部湾新区同样面临这种情况。社会资本不足的另一个突出表现在社会中介组织发展不足，小城镇发育滞后，新型企业网络缺乏等方面。

信用建设尚待完善。良好的信用是社会生活良性运行的保证。从广义的角度而言，信用可以分为人际关系信用、经济层面的信用和政治层面的信用。在日常的人际交往中，信用可以减少社会成员之间的摩擦，促进彼此的合作，并从心理上使社会成员之间产生一种安全感和归属感，有助于社会的稳定；在经济层面，信用可以大大节省交易双方调查对方的资信、采取手段防范对方欺诈行为而产生的交易成本，这在客观上有利于生产性资源的配置，从而促进社会经济的发展；在政治层面，信用可以增加个人和政府、社会之间的和谐程度，从而成就有进取精神的个人和有效率的政府。而在一个社会中，信用的缺失则正好相反，会形成社会的无序、增大了交易成本，加剧个体和政府、社会之间的对立，对社会的经济、政治乃至这个社会的全面进步都会造成一定程度的阻滞。

尽管大多数人都意识到信用是社会生活的基础，但是中国现阶段的信用状况却并不乐观。如在人际信用方面，人们彼此之间的关系疏远，缺乏凝聚力；在经济层面，假冒伪劣横行、呆账赖账丛生，在政治层面，腐败、设租、寻租等行为屡禁不止。这些都是现阶段信用缺失的表征。这些问题严重影响了经济社会的进一步健康发展，因此，形成良好的社会资本积累机制是转型期中国也是北部湾新区跨越发展的关键所在。

二、社会资本推动地区发展的作用机理

社会资本在推动国家或地区发展过程中发挥着一种催化剂的作用，是推动地区发展的关键一环。接下来分析社会资本在对企业的技术创新、产业集群和社会产业升级等方面的作用机理。

（一）社会资本与技术创新

理论上说来，技术创新对于企业生存发展乃至整个国民经济获得竞争优势和可持续发展有着巨大的推动作用。在知识经济时代，科技竞争日趋白热化的条件下，社会资本在推动企业技术创新方面发挥着越来越突出的作用。在传统经济的背景中，企业所拥有的物质资本和人力资本存量的多寡，决定着技术创新的决策以及领先程度；而在以合作为特征并作为要素整合机制的知识经济背景中，技术创新所具有的合作资源，如信誉、关系和网络的多少，即社会资本数量的多少才是企业赖以技术创新的主要途径，见图3－1 。一些经验研究也表明，在物质资本、人力资本和社会资本三种影响技术创新的资源中，以网络、关系、参与和信任为测度标准的社会资本在技术创新某些阶段的影响力已经开始超过物质资本和人力资本（Landry 、Nabil Aamara and Moktar Lamari，2001）。社会资本在技术创新

过程中的作用可从两个方面来理解：

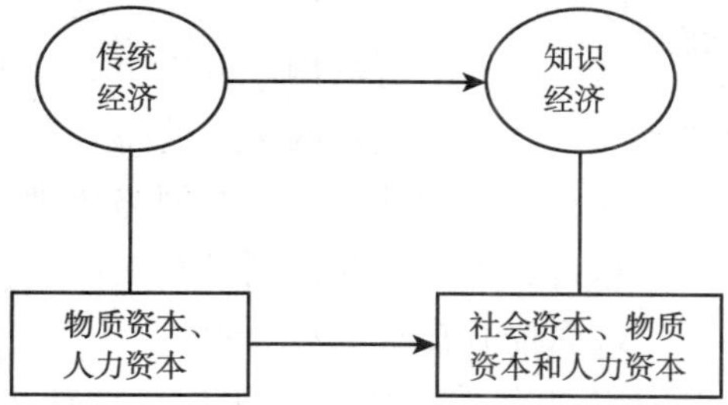

图3－1　技术创新动力机制的转变

一方面，社会资本有助于对技术创新所需各种资源进行整合。技术创新是一项综合的系统工程，需要综合运用人才、资本、信息、知识等多种资源，缺少其中的任何一种资源，创新就很难产生。而社会资本是获取物质资本、人力资本不可或缺的因素，在某种情况下甚至是决定性因素。在社会资本丰裕的情况下，创新主体比较容易获得所需要的有经验的员工、专业化的技术、良好的信息技术的支持、优先享受政府等部门提供的各种政策优惠等资源，在建立了长期合作关系的基础上，企业可以充分利用所拥有的资源实现优势互补，从而提高企业的技术创新能力。

另一方面，随着技术的逐步深化和复杂化，以往的一项技术由一个企业来完成已经变得越来越不现实，即使一个企业能够独立完成的话，也要付出高昂的成本。现在大多数技术创新通常是几个企业分享资源、共同合作的产物。而在合作的过程中，彼此之间的信任就变得必不可少，社会资本的作用也因此而凸现出来。社会资本之所以能够促进信任，其中的奥秘在于社会资本使得信任具有可传递性。举例来说，如果甲信任乙，而乙又信任丙，那么甲也会信任丙。这样，在一个较大的社会网络中行为主体无需个人间的直接接触也可获得相互间的信任。社会资本的这一特性提高了人与人、企业与企业之间的相互信任，降低了彼此之间的交易成本，信息交流和知识扩散的速度因此而提高，进而提高了企业的技术创新能力。

（二）社会资本与产业集群

理论上认为，集群内三个层面产生的社会资本表现为关系网络、信任、集群文化、集群品牌等，这些都将作用于集群内企业，使得企业竞争力得到提升，并最终导致集群本身竞争力得到提升。

从集群内社会资本的本质内涵来看，关系网络是其主要的表现形式之一。产业集群是指在某一特定区域下的一个特别领域，存在着一群相互关联的行为主体，包括关联企业、协会、提供教育、培训、咨询的大学和社会机构，还包括提供公共产品的政府机构。群内企业在发展过程中由个体层面及企业层面建立起的广泛社会关系网络，使得企业与这些行为主体之间更有可能进行业务行为和资源的共享。企业网络化理论认为，单个企业是一个弱体质，必须跨越自身的边界融入到具有韧体质特性的网络中实现优势互补与资源共享，进而提升自身的竞争力。

信任在产业集群中也具有重要作用。比如，信任关系降低了交易成本。由于有限理性和时间空间距离存在，尽管是在产业集群内部，信息不对称也不可能完全消除。在机会主义存在的情况下，如果缺乏信任与联系，就会陷入囚徒困境，为避免出现这种情况，交易费用自然产生（包括信息搜寻、谈判、监督、偏差的纠正等）。而信任关系的存在使得上下厂家以及相关服务机构的关系较为稳定，这样可以降低交易费用。信任关系促进了知识的扩散。大量研究表明，集群内主体间合作关系网络越完善，信任度越高，那么，企业间、科学家与工程师间就能更自由、更充分地分享和传播新技术知识。信任还将促进共同学习。在市场环境中，知识收益的不确定性导致企业在学习上的短期化行为，希望在联合学习中“搭便车”。这种道德风险造成企业联合学习的困难。在企业集群中，由于存在企业之间的相互信任，降低了企业的道德风险，使得企业以非契约的形式共同学习、交流和分享知识。这种长期化的集体学习有助于形成一个良性循环，进而带动整个集群技术能力的增长。

作为集群社会资本重要组成部分的集群文化弥漫在整个集群内，并将对各行为主体的行为模式产生直接影响。优越的集群文化对促进企业持续地学习、行为主体彼此之间的合作产生重要而又积极的作用。除此，统一的文化环境还有利于技术人才流动。拥有共同的文化模式，使得技术人员在集群内的流动不会遇到来自企业文化方面的抵制。企业集群中的员工跳槽到新企业时，调整和适应的成本很低，能够很快融入企业之中，开始新的研发工作。这样的内部流动，一方面能够加速知识在企业间的扩散，同时也防止了技术资源的流失。另外，集群品牌将会影响着企业对外部资源的获取。

（三）社会资本与产业升级

在不同时期，当财富创造机制发生重大变化和调整时，经济增长方式的主体来源也随之改变。农业经济时代，以劳动创造价值为主；工业经济时代，以资本产生价值为主；而在知识经济时代，则进入社会资本主导未来的时期。谁掌握了社会资本的网络资源，谁将充当价值创造的主角。

随着社会经济形态不断向高级发展，企业的科技含量不断提高，资本形式日益呈现出多层次、多元化的复杂结构。当经济发展到知识经济阶段，有形资本在企业价值创造中的地位相对下降，而无形资本尤其是社会资本在企业价值创造中的地位急剧上升，对于技术创新的边际贡献正在逐渐增长。尤其是技术创新和智能化生产推动了新的生产方式的诞生和发展，同时也对生活方式和生活质量产生重大影响，导致了产业本身的升级。服务业的兴起正成为世界经济发展的趋势。中国随着改革开放的不断深入，经济结构也在不断的调整之中，三次产业结构已由传统的“二一三”转变为“二三一”，服务业在国民经济中所占的比重逐步在提高，产业结构正在升级优化。

社会资本中信任度的高低直接影响产业结构。理论上说来，越是信任度高的社会越能够突破空间和时间的限制通过互联网和协作性联盟构建的社会网络进行商业交易。市场对分工的限制也就越能够克服。再加上能够构建大规模的生产企业，这就使得大型资本密集型的产业能够快速成长。产业集群形成的机制就来源于地域分工的社会资本优势包括该区域内的企业家资源优势，基于信任和承诺的合作关系使得这些关联企业和产业以及相关支撑机构在空间上集聚，形成持续长久的竞争优势，从而获得成本低价优势、产品差异化优势、区域营销优势和市场议价能力优势等，获得分工与市场之间的良性循环优势。而那些信任度低的社会，交易费用必然上升，市场交易的链条越长就越容易断裂，这样市场范围的扩大难以保证，市场对于分工的限制很快到来，于是大型的资本密集型产业也就很难得到市场范围和容量的支撑，只能更多地发展小规模的劳动密集型加工工业。而信任度极低的社会，除了短线投机以外，劳动密集型加工工业的发展都很困难，更不用说大型的资本密集型产业。各种经验研究也表明，在信任度高的社会，产业结构的升级比较顺利，而在家族主义倾向强烈和信任度低的社会，容易锁定在劳动密集型产业的陷阱当中。意大利和法国以及拉丁美洲国家的零细加工业很发达，而制造业严重滞后，就与家族主义文化和社会信任的缺乏有关。美国的社会学家弗兰西斯·福山，在其《信任：社会道德的繁荣与创造》一书中指出，任何类型的市场经济都需要一定的社会资本支持，而社会资本的集中体现就是人们之间相互信任的程度，从而影响着一个经济体系的组织结构。通常在那些家族主义文化观念盛行的国家和地区，由于人们很难相信家族以外的其他人，使得跨家庭的信任难以建立，家族制企业的扩张很快就会到达一个限度。而如果不能打破家族主义的藩篱，现代企业制度的形成就会非常困难。

三、意大利北部社会资本积累的成功实践

第二次世界大战以后，东亚国家获得了空前的发展，取得的成就举世瞩目。理论界关于东亚发展成功的原因上有许多解释，这些解释各有其一定的道理。其中，社会资本在推动东亚国家发展方面起到了关键性作用的看法很有说服力，并得到了诸如世界银行等国际组织的支持。这种解释认为，东亚之所以在短期内取得了如此惊人的经济成就，重要的原因在于：整个社会在经济发展目标上达成的共识；以家庭为核心的社会伦理观和社会关系结构；以及国家与社会之间的相对和谐关系。社会资本推动国家或地区发展的作用是不容置疑的。这里我们以意大利为例进行说明①。

12 世纪初，意大利的南部正处于日耳曼王国的统治之下，而此时北部则开始形成了以共同体为基础的城市国家。当时，南方的政治和社会生活打上了相当强烈的专制主义和权威主义的烙印，尽管国王的权势已经削弱了许多，但拥有大量土地的封建贵族垄断着国家的权力并仍然实行着等级统治。这种状况在南部持续了将近七百余年。与此不同的是，北方地区的城市共和国试图以横向的平等关系为基础来解决社会秩序问题，于是市民们积极主动地参与了社会公共生活。不仅如此，威尼斯、热那亚、米兰等大城市的手工业者和商人们逐渐以自律来规范自己的行为。他们不仅在生活中引入了成文的契约，而且还非常关心经济领域的相互信赖。另外，北部地区许多平等的组织逐渐取代了传统的等级组织，这大大地削弱了教会的影响力。

意大利南北部迥异的体制所导致的结果是差别很大的：北方的人们摆脱封建束缚过着市民生活，而南方的人们仍过着臣民的生活；北方的合法权威归属于被选举出来的官僚，而南方的合法权威归属于国王；北部的政治、社会和宗教的稳定是通过市民之间的协作、支援以及市民的义务和权力来保障的，而南部则仍然停留在以往的等级秩序当中。

---

① 吴昌昫：“从意大利南北部的社会差异看社会资本的重要作用”，《太原师范学院学报》，2005 年第 6 期。

进入19世纪以后，随着产业革命的深入发展，各种新型的大众组织开始取代中世纪遗留下来的大部分组织。当时，各种思想组织对意大利统一问题上的讨论是建立在纽带原则基础之上的，而实际上这一原则所贯通的是“互助社会”的发展逻辑。在这个时期，意大利社会的生产者和消费者当中出现了大量的内部合作组织，尽管这些合作组织在思想上区分为社会主义和天主教的两种不同倾向，但这两者都期望成为大众的政党，而且这两者都根基于市民社会所具有的整体依赖原则和平等合作原则之上，因而也都没有脱离“互助社会”发展的逻辑。从这两种合作组织的地域分布看，东北和农村地区占优势地位的是具有天主教倾向的合作组织，而工业化地区占优势地位的是具有社会主义倾向的合作组织。

当时，意大利社会的所有地区都力图建立互助社会、合作组织和市民共同体，不过这些努力也并不是无一例外地都获得了成功。北部和中部地区顺利地继承过去的传统而获得了满意的结果，但专制主义传统比较顽固的南部地区就没能如愿以偿，尤其南部农民的状况更加糟糕，由于他们缺少相互之间的信赖，因而不仅阻碍了横向纽带的形成，而且保持住了非市民社会的家族主义传统。

从现在意大利的发展状况来看，越是具有市民社会传统的地区，其经济发展水平也越高。人们经常把意大利南部经济落后的原因，归咎于远离市场、资源匮乏等自然因素和19世纪地方政府的贸易、财政、产业等方面政策上的失误以及道德积累的贫困。原来意大利统一之际南北地区的经济发展几乎没有什么差距，但到了1911年人均收入差距达到了50%，而到了1989年则达到80%。由此人们把这种经济发展地域性差异的主要原因归结为地理位置和政策上的差异。然而，著名学者普特南（Robert Punam）并不认同这种说法，在他看来，北部地区的市民社会的传统能够有效地应对来自国内外的各种挑战和机遇，而南部地区的等级制度和专制主义束缚了经济的发展。简言之，社会资本积累程度的不同是导致南北地区差距越来越大的关键所在。北部地区由于拥有互助小组、协同组合、劳动组合等契约网络，从而使得互惠性规范和市民参与网络在北方逐渐成为横向联系市民的纽带，并由此推进了政治的稳定和经济的发展。但南部地区却恰恰相反，缺乏市民社会基础，没有形成社会资本的积累机制，再加上该地区的政治和社会参与是纵向的，政治和经济也没能取得应有的成果。

意大利从12世纪形成的南北之间的差异并延续到如今的状况说明，

社会资本的积累无论是对于一个地区还是对于一个国家都是非常重要的，从某种程度上说，社会资本是一个国家或地区发展的催化剂。当然，必须指出的是，社会资本的积累并不是一件容易的事情，没有社会资本的积累就不可能取得经济繁荣和行政的高效。

四、培育社会资本积累机制，推动北部湾新区跨越发展

针对北部湾地区社会资本积累不足的现状，目前一个很重要的任务是形成良好的社会资本积累机制，推动北部湾新区的跨越式发展。形成良好的社会资本积累机制是一项庞大的系统工程，需要发挥各方面的力量，当前可采取以下措施：

（一）完善法律法规体系，为积累社会资本营造良好的制度环境

从理论上讲，社会制度包括外在制度和内在制度，外在制度是由统治共同体的政治权力机构自上而下地设计出来，强加于社会并付诸实施的，具体包括外在行为规则，具有特殊目的的指令和程序性规则，外在制度能有效抑制人类交往中可能出现的任意行为和机会主义行为，对保证社会经济的稳定健康发展，提高社会经济的运行效率具有重要作用。完善的法律法规和良好的制度环境，可使社会的所有实体，包括政府部门、企业和个体，都在法律法规和制度的范畴之内开展活动，并对自身行为有明确的预期——正当的行为将得到支持和保障而违规的行为将受到惩罚。

因此，北部湾新区应以依法治国为契机，大力加强外在制度建设。首先，充分利用中国加入世界贸易组织和中国—东盟战略合作伙伴关系健康发展的大好机遇，完善地区性法律法规体系，使得本地区的经济社会活动做到有法可依。其次，北部湾地区的政府要依法行政，把政府的各项活动纳入法制轨道，约束政府权力的使用范围，限制其对社会人际关系的渗透，发挥权力的正当作用。再次，应建立和完善司法体制，做到有法必依，执法必严，违法必究。最后，还应加强宣传教育，普及法律法规知识，增强全体公民的法律意识，自觉运用法律武器保护自己的合法权益，从而使公民的权利落到实处，公民意识、公民精神得以加强。

（二）建立和完善社会信用体系

信用、法制和公平竞争共同构成市场经济的三大基石。良好的社会信用能增进社会的秩序，促进市场经济的健康发展。社会资本作为一种

非正式制度虽然对人们也有一定的约束力，但是这种约束力还不足以阻止一小部分企业为获取超额利润而采取的对他人有害的机会主义行为。只有建立正式制度的保障，人们才更容易相互信任，社会资本也才更容易积累。

构建和完善社会信用体系，当前应采取的措施：一是培植政府信用，建立信用政府。这对北部湾地区的政府最基本的要求是办事有章，言而有信。二是探索建立区域联网的个人征信体系和企业征信体系，开展信用信息的征集联网和评估评级，做好资源整合和信息共享。三是增大失信成本，加大惩罚力度，使不讲信用的个人和组织难以在北部湾乃至全社会立足，让有不良行为者付出相应代价。着力建设社会网络，为社会资本的建设培育新载体，网络是一种高度信任的、把资源的不同所有者连接起来的合作机制，是社会资本的重要内容。北部湾新区要实现跨越式发展，必须培育社会资本建设的新载体。大力发展不以赢利为目的的社会中介组织。社会中介组织亦称非营利组织或第三部门，特指处于政府与企业之间的社会组织。因为一般来说，市场中介组织具有许多重要功能，如社会服务功能、社会沟通功能、社会评价功能、社会裁断功能、社会证明功能、社会调节功能等等，尤其由于它填补了政府机构改革后留下的真空，因而对当前中国经济体制的转轨具有十分重要的作用，从某种意义上来说，培育和发展市场中介组织是中国经济体制从传统计划经济转向社会主义市场经济的必经途径，是实现党的十六大报告提出的“完善政府经济调节、市场监管、社会管理和公共服务职能”的重要战略保障。

引导企业建立与新经济和经济全球化发展要求相适应的新型企业网络，按照新经济社会学的观点，企业网络是企业创新的关键因子。故而，发展新型企业网络是新经济和经济全球化条件下增强企业创新能力的核心所在。北部湾新区政府应引导企业建立适应新经济和经济全球化要求的跨企业网，如鼓励和引导企业建立与其他企业之间的战略联盟，建立虚拟企业等，使企业之间既竞争又合作，达到双赢的目的。

（三）政府在社会资本积累的过程中应发挥主导作用

北部湾新区要实现跨越发展，政府在其中仍需发挥重要作用，因为社会资本的积累不可能在完全自发的条件下进行。为形成社会资本的积累机制，政府部门的作用仍然是十分重要的。首先，政府应为民众创造一个横向交流的环境。大力提倡横向联合，允许民众创办各种形式的非公有制的中小企业、允许民众创办合作制中小银行，建立各种社会中介机构，组成各种行业协会和商会组织，全面激发民众创业的热情。其次，政府应为民众创造一个改革的环境。在高度集权的传统体制下，尽管民众并没有生产生活的创业权，但是民众通过承包经营责任制等制度的自发性创造充分体现了它们所具有的积累社会资本的潜能，农村改革的成功就是很好的例证。面对新的战略机遇期，北部湾新区政府应为民众创造出一个适合改革、允许失败的环境，为民众进行社会资本积累提供制度保障，充分释放民众积累社会资本的能力。再次，从政府本身来说，应提高政府工作透明度，增强政府与公民的互动，增加信任和理解。政府在政策制定过程中不断征求各方面的意见，充分考虑到不同阶层、不同民族、不同宗教的群体的利益，消除各方面的矛盾和冲突，增强公民共识，树立民众的主人翁意识，这对社会资本的积累有着积极的意义。

（四）重视教育在社会资本积累中的作用

随着现代社会结构的变化，父母工作压力增加，邻里关系淡漠，成年人对孩子关注越来越少，降低了儿童所获得的社会资本，不利于他们的成长。从长期来看，社会资本积累也不具有可持续性。反过来，正是因为社会结构的变化，儿童在学校的时间增加了，教育对他们成长的作用更加显著，因此，教育仍然是社会资本积累最明显的途径。福山（Fukuyama，2001）提出政府最有效的提高社会资本的方式是教育，经济合作和发展组织（OECD，2001）也认为教育具有促进社会资本水平的作用。在发挥教育对资本积累的促进发展，首先必须尽快普及义务教育，构建教育的社会普遍服务体系，使所有的适龄儿童都能接受知识的启蒙。这是一项艰巨的工作，必须通过长期不懈努力来予以实现，但这一工作的成效和意义，将在若干年后得以全面的显现。其次，务必改变教育中重知识，轻德育的现象。教育不仅是知识教育，还应包括道德教育，而道德品质是后天培养的结果。因此，教育部门要不断探索德育教育的新模式并付诸实践。第三，要树立全民教育，终生教育的理念，在有条件的地区积极创办社区学校，成人学校，民工学校，扫盲学校等，使更多的人有机会接受文化和道德的教育和熏陶。第四，由于单亲家庭和核心家庭的普遍化，孩子更多时间是独处，陪伴他们的通常是媒体工具，电视、网络等等，所以媒体对提升教育水平，对社会资本的形成也是至关重要。应进一步发挥影视、广播、报纸、书刊包括互联网等媒体在教育中的作用，为社会资本积累打下良好的基础。

（五）加大北部湾新区的交通等公共产品的提供力度，扩大社会资本涵盖范围

贫困与闭塞是孪生姐妹，生活在欠发达地区的人们，交流和活动的范围大都局限于家族或村落之内，跟外界很少交流。因此，他们一般具有很强的以血缘关系为纽带的微观的社会资本，而缺乏宏观的社会资本。造成这一现象的关键原因在于交通、通讯等基础设施建设滞后。因此，加大在这些地区的交通和通讯设施的建设力度，扩大生活在那里的人们的活动半径和网络范围，开阔他们的眼界，帮助他们了解社会的发展进程，对在全社会范围内建设宏观社会资本有重要的作用，对于带动北部湾新区的腾飞也将发挥重要的催化作用。

第二节 发掘文化创意产业的优势

在当代社会，一个国家或区域的经济和社会的命运会紧密地联系，其协调发展在很大程度上取决于文化资源和文化产品形式的创意能力。文化创意理念的推出，文化创意产业在全球的蜂起，文化创意阶层的崛起，是全球经济重新崛起的象征。

中国是个以劳动密集型、缺乏核心技术、低附加值的制造业、加工业为主的大国，资源消耗大，生态平衡破坏引发了一系列社会问题。调整经济结构、转变增长方式、提高国家竞争力，把中国建设成为创新型国家已经成为必须面对的重大战略。在未来几十年里，文化创意产业理论将使中国制造业创造实现历史性飞跃，向创新型发展模式转变提供理论依据。文化创意产业是区域发展的最持久引擎，除直接的产业经济效益外，还具有很强的衍射效应，是区域文化传播的重要形式，也是区域经济发展的耦合器。

一、文化创意产业是一种新型经济运行模式

（一）文化产业与文化创意产业

“文化产业”的概念最早出现在20世纪30年代德国人瓦尔特·本雅明的《机械复制时代的艺术作品》一书中。“文化产业”的说法大约在20

世纪80年代传入中国。2003年9月，文化部制定下发的《关于支持和促进文化产业发展的若干意见》，将文化产业界定为："从事文化产品生产和提供文化服务的经营性行业。文化产业是与文化事业相对应的概念，两者都是社会主义文化建设的重要组成部分。文化产业是社会生产力发展的必然产物，是随着我国社会主义市场经济的逐步完善和现代生产方式的不断进步而发展起来的新兴产业。"2004年，国家统计局对"文化及相关产业"的界定是：为社会公众提供文化娱乐产品和服务的活动，以及与这些活动有关联的活动的集合。

创意产业的概念最早出现在1998年出台的《英国创意产业路径文件》中，该文件明确提出，"所谓创意产业，就是指那些从个人的创造力、技能和天分中获取发展动力的企业，以及那些通过对知识产权的开发可创造潜在财富和就业机会的活动。"创意产业具有三大特色：第一，文化创意产业活动会在生产过程中运用某种形式的"创意"；第二，文化创意产业活动与象征意义的产生与沟通有关；第三，文化创意产业的产品至少有可能是某种形式的"智能财产权"。欧美称之为创意产业，在东亚则被称为文化产业，我们将其称之为——文化创意产业。

也可以这样认为，所谓文化创意产业，就是要将抽象的文化直接转化为具有高度经济价值的"精致产业"。换言之，这就是要将知识的原创性与变化性融入具有丰富内涵的文化之中，使它与经济结合起来，发挥出产业的功能。显然，这是一种使知识与智能创造产值的过程。文化创意产业包括广告、建筑、美术和古董交易、手工艺、设计、时尚、电影、互动休闲软件、音乐、表演艺术、出版、软件，以及电视、广播等诸多部门。

我国文化产业主要从产出的角度、从所提供的产品及服务的精神文化性质着眼，只要是为社会公众"提供文化、娱乐产品和服务"、满足人们精神文化需求的产业，都是文化产业。而文化创意产业，除了服务于个人的精神文化消费需求外，还服务于生产领域提升产品附加值、经济发展中提升产业结构的要求，明显突出"生产性服务业"的性质。从外延来看，我国的文化产业与文化创意产业的外延比较接近，与英国等国家和地区的创意产业相比较，主要差别有三点：一是英国等国家和地区的创意产业包括整个设计业，而我国的文化产业则在设计业方面只包括"工艺美术设计服务，美术图案设计服务，展台设计服务，其他与文化有关的设计服务"，而不包括"工业产品设计服务，包装装潢设计服务，模型设计服务，其他专业设计服务”；二是英国等国家和地区的创意产业不包括旅游业，而我国的文化产业则在“文化休闲娱乐服务”中包括“旅游文化服务”；三是我国文化产业的“相关文化服务”中还包括文化用品、设备及相关文化产品的生产和销售。

（二）文化创意产业是知识经济时代背景下的经济运行新模式

文化创意产业与知识经济所涵盖的发展对象相互重叠的地方多，但不是一种包含关系。知识经济是以高新技术产业为第一产业支柱、以智力资源为首要依托的智能型经济，是一种区别于过去以传统工业为产业支柱、以稀缺自然资源为主要依托的新型经济。因此，知识经济比较重视科学技术方面的创新。文化创意产业指的是文化资源与其他生产要素紧密结合，文化、科技与经济互相渗透、互相交融、互为条件、优化发展的经济模式。因此，文化创意产业的创新更多是体现在文化产业化和产业文化化上。文化创意产业和知识经济的运行模式虽然都要以创新为灵魂，都强调人的主体地位和主导作用，使经济运行建立在文化、知识、智慧、价值观念、精神动力、人文环境以及高科技和文化发展所形成的巨大创新能力和高素质人力资源之上，但两者还是存在重大区别。因此，文化创意产业在知识经济大背景下，成为一种新的运行模式。

（三）文化创意产业在经济社会发展中的主要功能

国内外很多学者认为，21 世纪全球最有前途的产业，一是高新技术产业，二是文化创意产业。在许多发达国家，居民文化消费已经占据总消费额的30%上。文化创意产业不仅在发展速度上超过传统产业，而且在产业规模和财富创造能力上也日益显示出强劲的增长实力，成为其不断扩张对外贸易的主导型产业和国民经济与社会发展的重要支柱。1980 年到1998 年文化创意产业世界贸易额从 953.4 亿美元增加到 3879.3 亿美元。有关资料显示，美国400 家最富有公司中，有 72 家是文化企业，其视听产品已成为仅次于航天航空产品的第二大出口产品；英国文化创意产业的平均发展速度是经济增长的两倍；日本的娱乐业产值早已超过汽车工业。在我国，经过29 年改革开放的洗礼，尤其是近10 年来的迅猛发展，文化创意产业在经济发展全局中也日益凸显出其战略价值。2003 年，我国文化及相关产业从业人员 1274 万人，占城镇从业人员的 5%，城乡居民直接文化消费支出总额为 5800 亿元。从就业总量而言，文化服务业就业人员规模已经超过批发和零售业；从经济总量而言，文化服务业的经济总量与房地产业大体相当。因此，在下一步的发展中，应树立战略思维，以文化创意产业为耦合器，推动北部湾新区整体竞争实力的提升。

第一，优化升级区域经济结构。在经济指标评价体系中，第三产业产值占 GDP 比重是反映经济发展水平和产业结构变化的重要指标，同时也反映经济结构的优化升级程度。与发达国家相比，我国第三产业比重小。文化创意产业在我国区域经济中的地位按照目前我国已经达到人均 GDP1000 美元计算，恩格尔系数应该是 0.44，文化消费在个人消费中应该占到 1.5%，总量应该达到 10900 亿元，因此，我国城乡居民文化消费还有 4000 亿元左右没有实现。如此巨大的市场，无疑为我国文化创意产业和文化消费市场的崛起奠定了坚实的物质基础。文化创意产业将成为我国区域经济的主导产业。根据国际经验，人均 GDP 达到 1000 美元时，第三产业占 GDP 总量的 40% 左右，而目前我国在人均 GDP 超过 1000 美元后，第三产业占 GDP 比重低于这一标准 6 个百分点。主要原因是在第三产业内部，商业及低水平的服务业占了相当大的比重，文化创意产业在第三产业中的比重太小。而文化创意产业是智能化、知识化的产业，它以几十倍、几百倍的增幅升值其产品价值，能迅速提高第三产业在“三产”中的比重，它是三大产业比例趋于合理的途径。首先，文化创意产业扩展了就业渠道。其从业人员在一些发达国家已经占全部从业人员的 3%—6%。近几年，美国加强对信息科技投入，创造就业岗位近 8000 万个；日本 1990 年的文化创意产业就业人员就占总就业人数的 58%。可见，文化创意产业是一个巨大的就业“蓄水池”，未来解决就业问题的关键是发展第三产业。其次，文化创意产业是增强区域中心城市综合实力的基础。区域中心城市综合实力包括经济实力和文化实力，区域中心城市综合实力主要依赖于文化创意产业的发展，文化创意产业促进区域中心城市经济实力，经济实力又影响区域中心城市的文化实力。再次，文化创意产业在区域经济中的战略地位还表现在对其他行业的带动上。一方面，文化创意产业直接带动信息服务业、旅游业、体育产业、科技教育业等产业的发展。另一方面，文化创意产业对信息产业的吸收利用，反过来为信息产业的发展开辟了一个又一个新兴的市场。在发达国家，文化创意产业的带动作用已经非常明显。文化创意产业对这些国家已不再仅仅是提供娱乐产品的普通行业，其影响力已渗透到许多领域，与其他产业相互交融。比如，文化创意产业进入以网络业为主的科技产业市场，诞生了信息文化创意产业；进入旅游市场，形成了旅游文化创意产业进入教育领域，创造了新型的教育娱乐产业进入体育、城市规划、建筑、装潢、广告、美容美发、摄影、环艺、餐饮、工业设计等形象领域，形成了新的产业形态和产业分支。

第二，启动区域文化资本。我国幅员辽阔，有5000多年的文明史，文化类型极其丰富，积累了难以估价的文化资本。启动这些文化资本，就有可能形成具有区域特色的文化创意产业，从而在市场经济的舞台上占有一席之地。但由于种种原因，我国区域文化资源的价值远没有体现出来，文化资源的商品转化率低，文化产品的精神内涵和艺术精致程度不高，经营管理水平不高，很难适应日趋激烈的市场竞争。以数字技术革命为表征的新经济为激活文化资源实现空前规模的产业整合准备了条件。在高科技、数字化的条件下，资本的形式已经发生变化，单一的货币资本已经转化为货币资本、文化资本、社会资本和象征资本等多元资本形式。因此，文化资本的加入，为一些经济资本相对较弱而文化资源比较丰富的地区提供了新的机遇。2001年，中国证监会发布的新版《上市公司行业分类指引》中，传播与文化创意产业已经进入上市公司13个基本产业门类前列，一些重量级媒体已经拉开了进入资本市场的架势。如广州日报集团、广东有线电视台、文汇新民报业集团等都纷纷酝酿进行股份制改造，准备挺进证券市场；一些从事其他行业的上市公司，如上海强生通过投资入股方式进入文化传媒领域，希望通过资本与媒介的结合来分享行业的高收益。

第三，规避区域经济竞争风险。文化创意产业的形成在于它有强大的市场需求。我国文化创意产业的发展在沿海经济发达地区，特别是大城市尤为迅猛。以长沙市为例，2006年其文化创意产业总产值360亿元，占全市GDP的10%，成为经济发展的一大支柱。随着新出台规划和政策的全面实施，文化创意产业在带动地区经济增长、提高地区经济综合竞争力方面的重要性将日益突出。在体制性改革滞后的情况下，区域文化创意产业竞争将在各个方面全面展开，区域文化创意产业发展的自主性选择倾向将更加明显，若干个区域文化创意产业发展中心，将最可能在那些最先发动并且已经获得占位优势的省份和大城市出现。由于文化创意产业具有很强的宣传诉求功能和资源吸纳功能，这些挟新经济之势蓬勃于世的文化“巨无霸”，将对周边地区的经济发展产生无法估量的影响。因此，积极发展文化创意产业能为区域经济的快速发展提供强劲的动力，从而规避竞争风险。

二、发达国家发展文化创意产业的主要经验

在中国社会多元复合转型的大背景下，发展文化创意产业对于促进经济增长方式的平稳转型，推动产业升级和知识产权的保护都具有重要的作用。世界上文化创意产业发展较快的国家对此已有充分的认识，也采取了一系列政策措施对文化创意产业进行引导和规范，他们的做法和经验对我国文化创意产业的发展具有一定的借鉴意义。

（一）政府高度重视是各国文化创意产业发展的前提

在十多年前，世界上没有几个国家意识到文化资源和文化创意对于一个国家经济和社会的重要性，但当英国率先提出“文化创意产业”的概念以后，一切都迅速改变了。许多国家和地区在很短的时间内就意识到了文化创意产业对于一个国家的重要意义，开始把发展文化创意产业作为提升产业结构、提高国际综合竞争力的主要手段，政府给予了高度重视，并结合各自的具体情况制定了相应的发展战略。

为振兴英国经济，英国首相布莱尔在 1997 年 5 月提议并推动成立了文化创意产业特别工作小组，召集来自文化创意产业、教育界和政府部门的重量级人物，从战略角度出发思考如何通过投资和项目驱动，最大程度地促进和支持文化创意产业部门。该小组于 1998 年和 2001 年分别两次发布研究报告，分析英国文化创意产业的现状并提出发展战略。

韩国在 1997 年金融危机之后，政府将大量的资源投入到资讯、娱乐产业等与文化相关的产业，尤其注重向电子游戏、音乐及电子网络等新产业倾斜支援，2003 年韩国影视、音乐、手机及电子游戏产业增长速度都达到两位数，出口额首次超过钢铁。韩国自称已跻身世界文化产业 5 大国之列。2001 年，韩国设立文化产业振兴院，致力于文化产业的发展。

新加坡早在 1998 年就将文化创意产业定为 21 世纪的战略产业，出台了《创意新加坡》计划。2002 年 9 月，新加坡又全面规划了文化创意产业的发展战略，宣称要树立“新亚洲创意中心”的声誉，要成为“一个文艺复兴城市”、“一个全球的文化和设计业的中心”、“一个全球的媒体中心”。

在丹麦，政府也特别关注文化创意产业的发展。政府选定电影、音乐、新兴媒体的内容生产作为其文化创意产业发展的四个重点领域，并针对欧洲过去文化福利化的政策推动文化创意产业的企业化。为促进文化与

商业之间的互动，政府提出文化创意产业发展的政策方向。

（二）政策扶持是各国文化创意产业发展的保障

文化创意产业作为一种新型的经济运行模式，在其发展、成长过程中，来自政府及社会各方面的支持是不可或缺的，各国在这方面也皆有其独到的做法。

澳大利亚政府投入大量的经费与学校、商界合作开发创意产业特区，通过澳大利亚商业艺术基金会（ABAF）这一具有半官方色彩的机构作为公私部门沟通的平台，引导创意产业的发展。传播、信息科技暨艺术部给中央政府提供具有策略性的政策建议，引荐一系列澳洲联邦奖助金、支付款项和奖励方案，以支持传播、科技、文化和运动各部门创意产业的发展。

丹麦政府选定了一批具有示范意义的重点项目，如欧洲文化城、文化桥梁、奥瑞桑桥梁等项目进行重点投资，大力强化哥本哈根的文化优势，使之成为国际瞩目的文化产业旅游名城。

韩国通过设立多种专项基金，扶持相关产业的发展。如文艺振兴基金、文化产业振兴基金、信息化促进基金、广播发展基金、电影振兴基金、出版基金等，并运作“文化产业专门投资组合”。这是以动员社会资金为主，官民共同合作的投融资运作方式，按照“集中与选择”的原则，有目的、有重点地实施资金支持，在经费上确保文化产业的发展。在预算方面，韩国对文化创意产业的支持力度也不断加大，1997 年前，韩国政府对文化产业投入的资金不过 1000 万美元，占当年政府总预算的 0.02%，此后逐年增长。2003 年，此项投入已达到 1.58 亿美元，占当年政府总预算的 0.17%。

英国文化创意产业以中小企业为主，这些企业在发展中往往会面临资金短缺、研发投入不足等问题。因此，政府积极支持那些有创新能力的个人或企业，为其提供发展所需的资金。目前英国对创意企业或个人资金扶持主要采用两种措施：一是提供信息支撑，为企业提供各地创意资金支持的相关机构；二是通过英国科学、技术及艺术基金会（National Endowments for Science，Technology and Arts，NESTA）为具有创新点子的个人提供发展资金等。

（三）知识产权保护是文化创意产业发展的关键

知识产权是文化创意产业生存和发展的生命线，对原创性的产品的承认和保护，其实就是尊重和承认个人创造力的价值。通过完善知识产权保护政策，保障文化创意企业和个人的创造性劳动及其合法权益，才能为文化创意产业发展提供良好的制度环境。美国、英国、日本、澳大利亚、韩国、新加坡等国对文化创意产业的知识产权保护都表现出高度的关切。

随着美国版权产业的崛起，美国为了维护其经济利益，促进其版权产业发展和全球竞争力的提升，开始全面实施版权战略，加强版权保护。在政府机构中设有版权办公室（隶属于国会图书馆，主要负责版权的登记、申请、审核等工作，以及为国会等行政部门提供版权咨询）；美国贸易代表署（负责知识产权方面的国际贸易谈判）；商务部国际贸易局和科技局；版权税审查庭；海关（主要负责知识产权的进出口审核）等相关的行政部门。除此之外，随着版权产业发展的需要，美国政府还成立了一些直属政府部门的工作小组，加强版权的监督与保护。美国政府先后通过了《版权法》、《半导体芯片保护法》、《跨世纪数字版权法》、《电子盗版禁止法》、《伪造访问设备和计算机欺骗滥用法》等一系列版权保护法规，形成了全球保护范围最广、相关规定最为详尽的知识产权法律系统。美国近年来不断修改版权法，推出了包括数据库保护在内的众多立法议案，不断完善版权保护制度，为版权产业的繁荣提供法律保障。美国国际知识产权联盟（IIPA）在《美国经济中的版权产业：1999 年报告》指出，1997 年美国版权产业净产值为 3484 亿美元，占美国国内生产总值的 4.3%。在 2001 年，美国的核心版权产业为国民经济贡献了 5351 亿美元左右，约占国内总产值的 5.24%。

（四）人才的培养和引进是文化创意产业发展的源泉

一切创意都来自于人的头脑，文化创意产业特别强调发挥个人的创造和创新能力，一大批真正具有创造和创新能力的创意人才是文化创意产业繁荣的根本保证。因此，各个国家和地区政府都非常重视创意人才的培养和引进。

英国政府为了解决文化创意产业人才不足的问题，在 1999 年启动了名为“创造性的伙伴关系”的文化项目，由国家文化主管部门和地区文化主管部门共同负责，制定项目方案，通过创意机构（电影院、电视工作室、艺术中心、历史建筑、图书馆、博物馆、网站设计组织等）与学校合作从事一些长期文化项目，为 5 ~ 18 岁的学生和教师提供开发创意的机会，提供时装设计、电视广播、互联网、舞蹈、电视和戏剧的指导和制作等新技能，从而为创意产业的未来发展造就一大批潜在的产业人才。仅在伦敦，目前约有75000名学生在各高等教育机构里学习与创意相关的主题。

目前，美国有30多所大学开设了艺术管理专业，培养了一批高质量的创意产业经营和管理人才。此外，美国还凭借其强大的综合国力优势，利用各种条件，在全球范围内吸引一大批杰出的创意人才进入美国，使美国的创意产业发展始终走在世界各国领先行列。

2000—2005年，韩国共投入2000多亿韩元，培养文化产业复合型人才，重点抓住电影、卡通、游戏、广播、影像等产业高级人才的培养。韩国文化振兴院还建立文化产业专门人才库和“文化产业人才培养委员会”，负责文化产业人才培养计划的制定、协调等，设立“教育机构认证委员会”，对文化产业教育机构实行认证制，对优秀者给予奖励和提供资金支持。此外，韩国还通过设立相关高等院校和专业、加强职业培训、增加与外国的人才交流与合作等多重形式加快创意人才培养的步伐。

（五）良好的配套政策为文化创意产业发展提供重要支持

英国注重加强对文化创意产业的基础研究，除《英国创意产业路径文件》和《英国创意产业专题报告》两份报告之外，英国又相继进行了相关的基础性研究：1998年，出版的《出口：我们隐藏的潜力》研究了创意产业的出口政策与做法；1999年，发布的《地区的规模》研究了创意产业的地区发展；2005年，《下一个十年》从教育培训、扶持个人创意及提倡创意生活三方面，研究如何帮助公民发展及享受创意；2004年，《创意产业经济评估》则公布了创意产业产出、出口、就业等统计数据，介绍了产业的发展现状。这些研究为英国政府制订创意产业政策提供了完整的信息支持，从而保证了政府产业政策的有效性、连贯性和一致性。

为应对数字化技术的快速发展对创意产业产生的深远影响，英国政府采取一系列的措施，积极推动创意产业数字化发展：1998年对下议院特别委员会所提出的“多媒体革命”做出响应，开始积极计划应对数字化潮流；2000年，研究数字化对音乐消费的影响及知识产权保障的重要性；2002年，研究了数字科技对电影生产及销售的影响，并提出应对数字化发展趋势的电影产业政策。数字化技术不但大大缩短了创意产业的创作过程，降低了创作成本，提高了创意产品的创作质量，而且也促成了创意产品销售渠道和消费者消费习惯的深刻变化。此外，政府利用数字化技术丰富民众生活，开发多家博物馆并将所有数据档案数字化，并通过教育培训等方式，支持民众的创意发展，提供公民与创意接触的机会，使人们享受创意生活。

同时，各国还纷纷制定和完善法律法规，加大对文化创意产业的保护支持力度。1997 年起，韩国制定《创新企业培育特别法》，针对数字内容等产业进行激励。1999 年，韩国国会通过《文化产业促进法》，明确推进文化、娱乐及内容产业的发展。同时，韩国还制订了与特定领域相关的政策法令，如制订电子游戏产业的相关政策法令，修改与之相关的声音、录像、电子游戏产品的相关法令。丹麦政府为新媒体的内容制作拟定相关条款，以建立一套欧洲的基本框架。政府通过相关措施，为电影和媒体争取创投资金。推动建立区域化的电影基金，鼓励电影产业发展。丹麦政府还为丹麦文化创意产业的出口企业争取信用贷款，并为文化产业全国性国际性会议、事件或活动积极筹措基金。日本根据文化产业发展的新形势，制订出多部新的法律，如 IT 基本法、知识产权基本法、文化艺术振兴基本法等。

三、北部湾新区文化创意产业的现实考察

当前，由文化创意产业化所构成的“软实力”及其发展前景越来越为许多国家和地区所看重。因而，如何契合文化体制改革契机，迅速建构高科技含量和文化附加值为核心竞争力的文化创意产业主体及其集群，在国内、国际两个市场推出经由高科技和民族意味的文化符号包装的文化产品，提升北部湾新区的竞争力，将北部湾新区的文化创意产业发展战略作为中国经济增长第四极的重大战略之一。

建国 50 多年特别是改革开放以来，北部湾地区文化创意产业得到了长足发展，成果喜人，在艺术教育、文物保护、文化市场管理以及群众文化活动等方面，均取得了巨大的成绩。尤其是近年来，全地区文化创意产业迅速兴起，文化创意产业意识明显增强，涌现了一批面向市场、创新发展、具有一定经济实力和社会影响力的文化企业和文化创意产业集团，成为发展壮大第三产业的一支文化生力军。到目前为止，北部湾文化创意产业门类比较齐全、初具规模，在全区经济发展中的战略地位日益提升，成为新的经济增长点。

1. 文化创意产业发展迅速，总量不断增加。近年来，全区部分文化

单位率先闯入市场，尝试企业化经营，文化产品和服务的社会生产属性初步显现。与先进省市相比，广西文化领域的市场取向改革起步较晚，但发展潜力巨大，如今全区文化创意产业发展即将进入快速积累期，电影院改革的推行，出版、报业、广电集团的建立，文化事业单位的改制试点等，一系列新举措成为激活文化创意产业的"催化剂"。北部湾文化创意产业发展具有以下四个鲜明特点：（1）文化创意产业总体发展状况良好，对经济增长的贡献提高；（2）传统文化创意产业发展空间较大，新兴文化创意产业逐步崛起，文化与相关产业的关联度增强；（3）文化用品类生产、出版发行类、文化休闲娱乐服务大幅增加；（4）文化创意产业投资增长较快，高于社会固定资产的投资。

2. 丰富的文化资源和文化事业持续健康发展为文化创意产业孕育了充足的营养和坚实的基础。第一，北部湾新区的文化事业单位门类比较齐全，人员队伍比较整齐，尤其是经过近三十年的改革开放，文化系统的干部职工数量和质量得到大幅提高，无疑为促进文化创意产业的发展打下了良好的基础。第二，各项文化事业顺利发展，文化创意产业市场体系初步建立。文化体制改革试点工作取得了新突破，按照市场化原则，各主要文化事业单位进行了改革，初步建立了适应社会主义市场经济体制要求的文化事业及管理体制。包括文艺演出、电影电视、图书音像、文化娱乐、文化旅游、艺术培训以及艺术品市场等在内的文化市场体系，文化市场逐渐成为近年来成长较快、极具发展潜力的市场之一。文化设施建设投入力度持续加大文化基础设施的建成，增强了文化事业发展的后劲，艺术创作成果显著，演出市场繁荣，推出了一批既有较高艺术水准、又深受群众喜爱的文化精品，取得了良好的社会效益和经济效益。通过建立长效稽查监控体系，完善管理制度，实施文化市场行政执法，维护了文化市场良好的发展秩序，民族民间传统文化保护和发掘工作开始展开，弘扬了北部湾地区的特色文化，为北部湾新区文化创意产业迈向全国、走向世界打下了较好的基础。

3. 丰富的北部湾新区的历史和浓郁的民俗文化是文化创意产业发展的源泉。北部湾新区是祖国南疆的璀璨明珠，与瑰丽的青山秀水一样，勤劳勇敢的北部湾儿女在历史长河中，留下了多姿多彩的文化资源和光辉灿烂的文化瑰宝，具有明显的独特性、丰富性和完整性。北部湾新区的文化土壤十分厚实，是文化底蕴、文化传统与文化创新资源丰富的文化地区，文化遗产数不胜数，文物古迹、文化典籍、历史文化名人是北部湾新区珍贵的文化资源。波澜壮阔的发展历史、改革开放的辉煌成就、绚烂多彩的社会生活、乡土浓郁的民间文化，是取之不尽、用之不竭的文化源泉，为挖掘传统文化资源的现代经济价值提供了巨大的潜力。通过市场运作机制的激活，巨大的资源优势将会转化为丰富的产业优势。

4. 经济持续快速增长，文化市场加快培育，为文化创意产业发展创造了广阔的市场空间。随着经济快速增长和消费观念的更新，人们的审美情趣多元化，娱乐休闲活动时尚化甚至另类化的消费格局逐步形成，享受型、发展型的消费方式悄然兴起。数字电视、数码电影、宽带网络、视频点播、彩信业务、电子商务等逐步进入寻常百姓生活圈，以及假日经济带动着相关文化服务业的全面增长等等，这些都预示着文化消费能力提升的空间很大，文化市场将成为最具魅力的市场之一。

四、树立战略思维，以文化精进催生竞争力

文化创意产业是一个知识密集型、高附加值、技术含量高、低成本、无生态污染、可重复开发的相对独立的产业，又是一门由众多产业多元组合的整合性产业。文化创意产业作为21世纪最具发展潜力的产业之一，其在区域经济增长和区域产业结构调整中的重要作用已为越来越多的人认识。与全国相比，北部湾新区的文化创意产业具有一定的发展基础，这就为北部湾新区紧紧抓住机遇发挥后发优势，积极发展文化创意产业，加快形成文化创意产业链，促进文化与经济的紧密融合奠定了良好的基础。在未来的发展中，培育一批市场竞争主体、打造一批著名品牌形成门类齐全、运转有力的文化创意产业体系，使城乡居民文化消费支出占全消费性支出的比重明显提高，文化市场规模进一步培育壮大，文化创意产业增加值在生产总值的比重较大幅度提高，成为北部湾新区经济发展的新的支柱产业和新的经济增长点。因此，在下一步的发展中，应树立战略思维，充分发挥文化创意产业在北部湾经济发展中的“耦合器”作用，以文化创意产业提升北部湾新区的综合竞争能力。

1. 建立统一的文化创意产业管理机构，加紧制定文化创意产业发展的各项政策，完善现行管理和运作体制。在北部湾新区成立统一的文化创意产业发展委员会，统一规划、管理和协调现隶属于文化、旅游、文学艺术、新闻出版、广电、工商、科技、教育等部门的各类文化创意产业，制

定文化创意产业发展规划和战略目标，拟定文化发展的项目政策、投资政策、产业组织政策、技术政策、公共文化消费政策、市场准入政策，以整体推进北部湾新区文化创意产业的发展。

2. 建立和完善产业发展指标体系。目前，对于北部湾新区文化创意产业的发展状况，并没有一个准确的量化判断。究其原因，一是国家对文化创意产业尚没有统一的统计指标体系，在统计年鉴中，没有单列的“文化创意产业”数据；二是学术界对文化创意产业的界定尚未统一。因此，对同一区域、同一时期文化创意产业的发展水平（如占 GDP 的比重），由于所统计的行业不同，往往出现多种相差很大的结论。尽管统一的指标体系最终要经国家统计部门认可，但在学术探讨和供政府决策的过程中，可以先建立起“本地化”的指标体系。没有这种指标体系的初步确立，就难以把握这一产业的概貌、发展趋势、影响判断和决策，这对文化创意产业的发展极为不利。

3. 确立以高等教育产业为龙头的文化创意产业发展思路。高等教育的基础产业地位决定了其具有先导性产业的特征。一方面，高等教育产业是国民经济发展的基础，为其他各类产业提供人力资源支撑，这就要求高等教育产业发展要先于其他各类产业的发展，具有一定的战略优先性；另一方面，滞后性或延迟性是教育包括高等教育产业的一个显著特征，即人才培养具有自身的独特的规律性，需要一个比较长的周期，今天的高等教育培养的人才是为明天的社会经济发展服务的。在北部湾新区发展高等教育产业是北部湾地区经济发展的先导性产业，为将来北部湾新区作为中国经济增长第四极提供智力、科技和人气的支持。

4. 提高文化创意产业的科技含量。中国的文化创意产业的科技含量从整体上说与国外先进国家相比是非常落后的，北部湾新区的文化创意产业的科技含量更低。有的还处于初级阶段。因此，一是要引导科技的参与，扶植科技创新，推动文化创意产业的科技进步，使文化自身的科技水平不断提高。二是要加强对其他领域新技术的研究，注意运用其现代高科技手段，加大文化制作、包装、传播等环节的科技含量，使文化创意产业发展始终与科技进步同步。三是建立科技与文化的对应沟通机制，文化部门和科技部门要加强协调、相互促进，加快推进文化创意产业科技管理信息网络系统建设。

5. 增加文化投入，加强文化创意产业的硬件建设和管理。文化的发展离不开文化设施，因而要强化对文化基础设施等硬件方面的投入。首先，要加大财政支持，对导向性、标志性、基础性设施加大投入力度；其次，开拓文化创意产业投资渠道，鼓励社会各种融资手段的运作，注意吸引社会各方力量来投资建设文化设施，引导非文化企业办文化创意产业，建立起多渠道、全方位的投资机制；最后，文化企业要注意文化设施的保护和使用，在长期效益和日常效益兼顾的原则下使其尽快产生出更大的经济效益来。

第三节　构建区域特色的大城市带

改革开放以后的中国经济发展史实际上就是一部各地区不断创新，争先恐后发展本地区经济的历史。其中，城市带的作用是不容忽视的。城市带是一个地区经济发展的增长极。北部湾新区在新一轮的发展中，应审时度势，构建起一个新的大城市带，锻造出北部湾地区的发展引擎。

一、大城市带已是国家竞争力的所在

随着地区经济的发展，城市体系的空间组织形式也正在发生质的变化，城市间的联系，将由分散状态向聚集状态发展，一些地区将出现生产力布局和人口向有条件的大城市集中，向自然条件优越、经济发达地区聚集。这一聚集必然导致一些城市群的出现。这样的城市群体是一个高密度、关联紧密的城市空间，实质上就是走向区域一体化，谋求城市群和区域经济的协调和共同发展。同时，在固有的行政关系的基础上，以强势产业、强势园区的联动为纽带更紧密地实现城市联结的城市圈，也将是增强城市竞争力的一个重要思路。城市圈是城市群的战略支持，是承接城市群核心城市辐射力和影响力，并向城市群末梢传递信息，产生带动效应的枢纽。而从分工效益、规模效益以及获得比较成本优势出发，按以专业化原则确定城市发展目标，以城市带发展加强区域内的分工协作，则应是中小城市采取的城市发展战略。中小城市应着眼于依托城市群，服务城市圈，特别是在城市功能上，要利用城市群和城市圈的辐射带动效应，避免重复

建设和贪大求全。换句话说，大中小不同规模的城市有着不同的地位和作用，在城市化进程中应当协调发展，而不是互相排斥，也不是孤立地强调某个方面。大城市直接承接国际化全球化的影响，对中小城市产生辐射带动；中小城市的发展可为大城市缓解过度膨胀的矛盾，减少城市病的压力。逐步形成大中小城市彼此促进、协调发展的完善的城市体系，这是我国城市化发展的理想布局。

（一）大城市带引领区域竞争

城市带，又称城市群，是指在特定地域范围内具有相当数量的不同性质、类型和等级规模的城市，依托一定的自然环境条件，以一个或两个超大或特大城市作为地区经济的核心，借助现代化的交通工具和综合运输网以及高度发达的信息网络，发展城市之间的联系，共同构成的一个相对完整的城市"集合体"。城市带理论的研究源于欧美，在国外的文献研究中，从1910年美国学者库恩最初提出都市地区的概念，到1915年英国学者帕特里克·格内斯提出组合城市的定义，以及20世纪30年代，英国学者弗塞特提出城镇密集区的概念，迄今为止，国际上比较公认的，也是最先明确提出城市带概念的是法国地理学家戈特曼。1957年，戈特曼提出了最初的城市带概念 – Megalopolis。戈特曼把美国东北部沿海地区的城市密集区域用原意为巨大城市邦的希腊语 Megalopolis 来命名，用以说明这一北起波士顿、南至华盛顿，由纽约、普罗维登斯，哈特福德、费城、巴尔的摩等一系列大城市组成的功能性地域，在这一地域，城市沿主要交通干线连绵分布，城市之间联系密切，产业高度集聚，形成主轴长600公里，人口3000万的城市密集分布地带。在戈特曼对于城市带概念的表述中运用两个指标来界定 Megalopolis，即较大的总人口规模和高密度的人口分布。首先，戈特曼将城市带的总人口规模下限定为2500万人；第二，戈特曼认为城市带的人口密度至少应达250人/平方公里，核心区密度应更高。此外，戈特曼还指出了城市带应具有高稠密的城镇基础设施和高效率网络流通体系的鲜明特征。他认为，随着城市化的发展，城市将会沿着主要交通干道不断延伸。也就是说，城市交通干道越发达，城市会不断演化成为一个巨大的社会经济组合体，而周边的城市带是一个连续性很强的以内部作用为主、多中心的云状结构，他同时指出"城市核"是比较明显的，"城市带"则在外形上是比较模糊的。

由于中国是发展中国家，城市化水平相对滞后，因此，在国内对城市带的理论研究中，基本上是继承了国外对城市带的概念界定，并且在此基础上逐渐衍生出对“大都市圈”、“经济带”的研究。国内学者是在20世纪90年代初开始推广大都市圈理论的，城市地理学家周一星先生对城市带的概念提出得比较早。他认为，将我国沿海地区出现的城市带与发达国家大都市连绵带和相类似的新型城市带空间组织形式相比较，可以称之为大都市城市带或都市连绵区（简称MIR）。他认为MIR是“以若干城市为核心，大城市与周围地区保持强烈交互作用和密切社会联系，沿一条或多条交通走廊分布的巨型城乡一体化区域”。此外，我国学者周起业、刘再兴等人在《区域经济学》一书中认为，大都市圈是“按经济中心来组织管理地区经济，即以大城市为依托，有计划地发展中小城镇，在各大城市周围形成若干以中小城市为主的中小型经济中心。通过它们使大城市同中小城镇和农村相联系，大中小城市与其分别联系着的农村相交织，组成了全国的经济网络。经济网络是以大城市为依托，组成大城市经济圈，按大城市经济圈来安排地区生产布局。”

城市带一般以某一交通干线为轴线，空间上呈带状形态。城市带一般沿一条或多条交通走廊分布，这些交通走廊构成线状交通设施束，渐次扩散，并形成社会经济流；经济活动以城市带为中心沿轴线两侧集聚，形成产业密集带。在城市带内，各个城市主导产业间建立起密切的前后向联系，一个产业、一个城市的发展往往会在整个区域内引起强烈的“连带效应”，从而使各个城市的联系更加密切，发展也更趋密集化。城市带沿交通干线分布，地域相近、联系密切。这种联系包括有形的联系和无形的联系，如物质联系、经济联系、人口移动联系，信息与技术联系等等。

城市带的形成一般可分为以下几个阶段：首先是点的形成阶段。其突出的特点是集聚或核化，受城市的向心作用，人口和产业向城市集聚。城市在一定区域经济和政治发展要求下形成以后，在集聚规律的作用下空间向四周扩散。这种扩散最初表现为同心圆状扩散特征。接下来是点-轴空间结构形成阶段。随着空间距离的延伸，同心圆扩散的边际效益下降，出现了沿交通轴线鸭蹼状的生长形态，城市空间的扩展表现为明确的空间指向，交通轴线沟通了中心城市之间的联系。当交通干线上地域相邻的城市都沿交通干线形成一定的扩散，城市之间就会发生较强的空间相互作用，形成密切的社会经济联系，并引导各种资源沿线集聚，最终形成城市带这样一种发育较为成熟、空间集聚形态良好的点－轴结构。最后是都市带的形成。两个或多个都市之间由于引力加强及影响空间的临近，会出现互为影响区、互为空间环境的局面，由此形成城市连绵带。这种都市连绵带并不是单一的大城市或都市区，而是集聚了若干个都市区并由人口和经济活动等密切联系而形成的一个巨大整体。

（二）世界主要城市带

城市带是伴随着工业化的发展而出现的，因此，它主要分布于先进的工业化国家和地区，包括美国、日本和西欧等国家和地区：

美国东北部大西洋沿岸城市带。从波士顿到华盛顿，包括波士顿、纽约、费城、巴尔的摩、华盛顿几个大城市，共40个城市（指10万人以上的城市）。该城市带长965公里，宽48－160公里，面积13.8万平方公里，占美国面积的1.5%，该区人口6500万，占美国总人口的20%，城市化水平达到90%以上。

该城市带是美国最大的生产基地和商贸中心，世界最大的国际金融中心。北美五大湖城市带。该城市带分布于五大湖沿岸，从芝加哥向东到底特律、克利夫兰、匹兹堡，并一直延伸到加拿大的多伦多和蒙特利尔。该城市带集中了20多个人口达100多万以上的大都市，是美国、加拿大工业化程度最高、城市化水平最高的地区。该城市群与美国东北沿海城市群共同构成了北美的制造业带。

日本大城市带即日本太平洋沿岸城市群，也称为东海道城市群。一般指从千叶向西，经过东京、横滨、静冈、名古屋，到京都、大阪、神户的范围。该城市群一般分为东京、大阪、名古屋3个城市圈。这个区域面积3.5万平方公里，占日本全国的6%。人口将近7000万，占全国总人口的61%。

英国以伦敦为核心的城市带。该城市带以伦敦、利物浦为轴线，包括大伦敦地区、伯明翰、谢菲尔德、利物浦、曼彻斯特等大城市，以及众多小城镇。这是产业革命后英国主要的生产基地，该城市带面积为4.5万平方公里，人口3650万，是英国产业密集带和经济核心区。

二、构建北部湾城市群落，铸就北部湾新区腾飞的跳板

构建北部湾新区城市带，把北部湾新区打造成中国与东盟的区域性物

流基地、商贸基地、加工制造基地和信息交流中心，是西部大开发特别是云贵川地区对外开放的迫切需要。

北部湾城市带的核心城市包括南宁市、钦州市、北海市、防城港市。在具体城市分工上：

（一）南宁应着力文化创意产业、教育产业。南宁简称“邕”，距今已有1680多年历史。全市总面积22293平方公里，其中，市区面积6476平方公里，建成区面积152平方公里；现辖6个城区和6个县；全市总人口为659.54万人，其中市区人口为249.67万人，聚居着壮、汉、苗、瑶等36个民族。

南宁市的经济一直保持持续、快速、健康发展，产业结构日趋合理。南宁具有沿江（邕江）、沿海（距防城港172公里、北海港204公里、钦州港104公里）和沿边（距友谊关200多公里）地缘优势，拥有发达的航空、铁路、公路、水路立体交通运输网络。

作为自治区的首府，南宁拥有丰富的文化和教育资源。在未来的发展中，南宁应着力发展文化创意产业，提升传统产业附加值。如前所述，文化创业创意产业在地区经济发展中的作用将会越来越重要，而南宁在这一领域的发展还有很大的提升空间。与钦州、北海、防城港相比，占有的文化资源也相对较多，具有更好地发展文化创意产业的基础。因此，南宁可将文化创意产业作为产业发展的重要抓手，进而带动其他产业的发展。

不可否认，教育正成为一个重要的产业，教育发达的地区，经济科技一般也较为发达，两者之间是一种正相关关系。与其他几个城市不同的是，南宁拥有的高校数量在自治区是最多的，是自治区的人才高地。故而，南宁应以北部湾新区开发开放为契机，给予教育产业额外的扶持和照顾，将其建设成为自治区的人才高地，发挥向其他城市输出人才的作用。

（二）钦州市以石化能源为支撑。钦州市现辖二县四区，即灵山县、浦北县、钦南区、钦北区、钦州港经济开发区和钦城管理区，总人口310多万，总面积10843平方公里，小岛屿303个，陆地海岸线长520.8里。有海外华侨同胞38万人，分布在46个国家和地区。

“南方第二大港”钦州市区位优势非常突出。已建成的铁路有南（宁）—钦（州）、黎（塘）—钦（州）、钦（州）—北（海）、钦（州）—防（港）、钦(州)—钦州港等5条铁路和高速公路在钦州交汇。交通枢纽的格局已经形成。钦州港的对外开放，加快了钦州市对外开放步伐，又带来商品经济的繁荣兴旺。钦州人开拓国际市场，取得了成功的经验，出口市场现扩大到美国、俄罗斯、加拿大、荷兰、埃及和阿根廷等23个国家和地区。

（三）北海侧重于发展港口产业和旅游经济。北海市位于广西壮族自治区南端，北部湾东北岸，是中国5个少数民族自治区中唯一的沿海开放城市。北海市辖一县三区，行政总面积3337平方公里，陆地面积3310平方公里，其中市区面积957平方公里（含涠洲、斜阳两岛），城区约40平方公里，海岸线长500.13公里，总人口135.4万人，其中市区人口47.95万人。

北海港全港所辖海岸线东起英罗湾，西至大风江，岸线总长500多公里（其中大陆岸线468.2公里，岛屿岸线31.93公里），全港共分为石步岭港区、铁山港区和大风江港区等几个港区，全港共有泊位43个，其中万吨级以上泊位7个，设计吞吐能力为710万吨，北海港口岸资源十分丰富，可以建设大批不同形式的港口泊位。近期建设主要是石步岭港区和铁山港区。

石步岭新港区：岸线长4000米，现已建1万吨级泊位2个，2万吨和3.5万吨级泊位各1个。石步岭新港区拟建三突堤四港池形式，充分利用港口岸线，可建万吨级泊位25个。铁山港区：铁山港区现在建两个万吨级泊位，该港区水深浪静岸线长，建港条件良好，从湾口顺车槽经湾内，自然水深5米以上水域217000米，其中自然水深10米以上的有9000米，作长远规划可建大批深水港。

北海在未来的发展应着眼于港口经济和旅游经济。在港口的发展方面，其天然优势众所周知，无庸讳言，应继续将其做大做强。在旅游方面，北海也曾积累了丰富的经验，再加上北部湾开放开发的重大战略机遇期，旅游产业必将获得更大的发展和提升。

（四）防城港是全国四大水泥出口基地和十大接粮口岸之一。防城港市大力实施“工业强市”发展战略，已初步建成了以临海工业、制粮工业、林产工业为支柱的工业体系。在下一步的发展中，防城港仍应扭住工业这个龙头，加大科技的投入力度，提高传统产业的科技水平和创新能力，成为北部湾的重要工业基地。

三、构建北部湾城市带的政策建议

当前，构建北部湾城市带，锻造区域增长极，可采取如下战略措施：

第一，在构建原则上，应坚持立足北部湾新区，带动西南，辐射东南亚国家。务必跳出北部湾看北部湾，从整个国家的长远发展的角度来审视北部湾城市带现在的战略定位。带动西南是指北部湾城市带要发挥自身在西部大开发中的示范作用，以中国－东盟博览会为契机，带动整个西南地区如贵州、云南、四川等省市相邻地区的发展，对其形成强大的吸引力。辐射东南亚国家，是指构建北部湾城市带要充分考虑国家的政治战略，以经济促政治，以经济促文化，以经济促和谐，进一步稳固中国与东南亚各国的关系。

第二，构建北部湾城市带，制度创新必不可少。过去由于体制原因，北海、钦州、防城港 3 个海港，多年来各自为政，同质化竞争，其结果是优势互抵而不是互补。可以采取“错位竞争”的发展思路，从而使北部湾各级政府能够充分利用各自的区域优势，给新生制度以成长发展的空间，持续不断地进行制度创新，顺利实现新财富的原始积累。当前应该开展的一项工作是成立统一的管理协调机构，统筹规划建设北部湾新区的城市带发展、重大产业布局、重要资源整合以及岸线资源的开发利用等重大事宜。这些制度的不断创新，可以为北部湾新区构建城市带打下良好的公共基础。

第三，构建北部湾城市带当务之急是大力推动交通基础设施建设。目前，基础设施滞后是制约北部湾新区经济发展的瓶颈，因此，改善基础设施建设已成为北部湾乃至整个大西南走向东盟市场大通道的必要条件。大力改善铁路、公路、水运、航空等基础设施。交通的畅通便捷将有力地改善北部湾周围的发展环境，带动大批工业的建设，降低交易成本，促进旅游经济的发展。2006 年 10 月，铁道部与广西签署纪要，计划 5 年内投资 1000 亿元，改造和新建 2500 公里铁路，这将使广西提前 20 年赶上发达地区铁路运输水平，广西铁路也将从“神经末梢”变为“路网枢纽”。

第四，抢抓先机，真诚合作，共同推进北部湾及周边城市经济社会的和谐发展。构建北部湾城市带，必须充分认识到北部湾新区的龙头带动作用，积极推动中国－东盟合作关系，进一步发挥城市带在西南以及整个东南亚地区的带动作用，让城市带成为该地区发展的有效载体。比如，在信息化建设领域，以电子政务和企业信用信息资源共享为重点和切入点，共同开发建设综合性或专门的共同信息交换平台。在科技教育领域，制定更加优惠的政策，采取更加有效的措施，推进人才交流、人员培训、联合办学，通过高校合作和网上技术市场等渠道，开展技术联合攻关，共同推进科技进步和创新。

第五，完善的合作机制，是加强经济合作、推动区域经济健康有序发展的内在要求和重要保证。要从政府、企业、民间等多方着手，健全合作机制，建立北部湾新区党政主要领导定期会晤机制，尝试探索经济合作与发展座谈会制度，建立有组织、可操作的专项议事制度，积极推动各类经贸活动的开展。要加强政策的统一性和协调性，着力消除市场壁垒，规范市场秩序，为要素的自由流动和各类经济主体的合作与竞争，提供良好的政策环境和发展条件。进一步加强与东盟的合作，强化政府、企业和民间的沟通，不断巩固和发展全方位、多层次的交流与合作，实现以“经济促政治”的战略目的。

总之，构建北部湾城市带，是北部湾新区乃至中国未来一个时期社会经济发展的大战略，应当得到各级政府的高度重视，一方面中央政府应当通过经济资源、优惠政策等进行相应的支持；另一方面北部湾地区的城市之间应当相互合作，增加内在动力。通过内外互动，带动北部湾城市带的快速发展，为整个社会经济的发展做出更大贡献。

第四节　信息化推动技术加速发展

当今世界，信息对于经济发展和社会进步的影响日益凸显，从某种程度上讲，人类已经进入了信息时代。信息时代的到来，是信息革命的结果，而信息革命不单是简单的技术革命，还是产业革命，并进一步引发社会革命。北部湾新区要实现跨越式发展，成为中国经济增长第四极，必须抓住信息化的机遇，采取有效的信息技术战略，提高信息化程度，解决信息障碍和知识差距，在西部地区率先实现信息化。

一、信息差距是导致地区差距拉大的重要诱因

世界银行在其报告《知识与发展》（1998/1999 年）中指出，国与国

之间尤其是发达国家与发展中国家之间的发展差距，主要表现为信息差距和知识差距。而这两种差距的存在，同信息技术推广应用和信息资源开发利用的程度，即信息化发展程度密切相关。目前，占世界人口20%的发达国家拥有80%的信息量，而占世界人口80%的发展中国家却只占有20%的信息量，已形成了严重的数字鸿沟。

信息化是影响地区差距的一个重要因素。它可能使地区差距缩小，也可能反而扩大。我国西部地区与东、中部地区的发展差距在信息化差距有着明显的反映。20世纪80年代以来，西部地区的信息资源丰裕系数（指人均信息产品生产量和信息设施拥有的综合数值）一直低于东部和中部地区，这种趋势一直没有得到改观。西部地区的信息差距主要表现在：

（一）人们对信息的作用认识不够

西部地区由于经济发展相对缓慢一些，很多人还没有认识到信息也是一种重要的商品，没有认识到信息在现代市场经济中的重要作用，没有把信息业当作产业去发展。西部地区的政府对信息市场的认识也有待提高，没有采取各种有力措施促进信息市场的发展，因此导致西部地区信息市场发育还很不成熟。

（二）信息获取水平有待提高

21世纪是知识经济的世纪，也是信息的世纪，尽管随着经济的发展和科技的进步，落后地区的信息获取已经较以前相比有了很大的改观，但是由于经济活动日趋复杂，产品和服务正在以更快的速度更新，人们要想在浩如烟海的信息中获得有用的信息难度更大，要求也更高，仍然必须付出较多的时间和精力，西部地区由于信息技术发展的相对缓慢，信息人才相对匮乏，要实现综合系统性提升，必须提高信息获取的水平。西部地区由于经济发展滞后，信息质量普遍不高。信息量较小，信息重复情况比较突出，信息的更新也不及时，信息过于庞杂，需要人们认真甄选。

（三）从事信息业的机构和人员严重缺乏，教育力量薄弱

西部地区的信息机构较少，门类不全，包括科技信息服务企业、商情信息服务企业、管理信息服务企业和金融信息服务企业等各种类型的信息咨询服务体系尚未形成，从业人员少；而且信息业是知识密集型产业，长期以来，西部地区的知识分子主要集中在科研机构，很少从事信息行业，信息业缺乏高层次的从业人员，人们使用信息产品的经济回报不明显，这

也在相当大程度上制约了信息市场的发展。西部地区的教育投入远低于全国的一般水平，在教育信息的投入上虽然呼声很高，但落到实处的很少。教育信息化的基础相当薄弱，许多学校还没建立学生机房。大城市一些院校虽在网络系统上有一定的投入，但普遍存在重硬件、轻软件现象。由于硬件的设备贬值速度很快，投入较大，许多系统建立后成为“摆设”，不能及时发挥作用，造成教育资源的严重浪费。

（四）信息基础设施落后，管理制度不健全

与东部地区相比，西部地区的信息基础设施建设还是相对落后的。信息基础设施建设规模小、层次低，信息网络发展分散，应用水平偏低，没有统一的平台和强有力的信息枢纽；信息资源开发滞后，信息的组织工作和内容跟不上实际发展的需要；信息产品制造业、计算机制造业、信息服务业的现状还差强人意，没有构成地区经济发展的骨干行业；在涉及企业和国民经济运行状况综合信息的开发利用、有效传输与社会共享方面，基本上还处于空白状态。《第十七次中国互联网发展状况统计报告》显示，西部地区的网民数占全国网民数的 20%，网站数仅占全国网站总数的 8.6%，域名数占全国域名数的 9.5%，与东部地区相比还存在明显的差距。在管理上，信息产品的质量没有统一标准，信息业的经营活动缺乏必要的法律和政策规范，导致西部信息市场比较混乱、信息服务整体水平低、价格不规范、无序竞争的情况严重，甚至出现大量的虚假信息，欺骗和坑害信息产品的消费者，抑制了信息市场的发展。

二、信息化是北部湾新区蛙跳的突破口

信息化是促进地区间的均衡发展的有效手段之一，也是有效地开发区域经济的新手段之一。当前各个地区的开发都需要新的具有支配力的方式和手段，在发展战略中必须纳入以信息化为基础的新手段。另外，各地区产业结构的趋同化现象越来越严重，各地区的地方主义和封锁式发展是当前经济发展的一大问题，要解决这一问题，信息化手段是必不可少的。据分析，区域间信息化发展差距缩小 1 个指数点，相应地能带动可持续发展能力差距缩小 0.413 个指数点。信息化可以为各个地区的均衡发展提供一个坚实的基础，开启人们的心智，提高各地区居民的生活质量，促进一个地区经济社会的协调发展。

（一）信息化是北部湾新区经济腾飞的助推器

大量研究表明，经济发展在很大程度上受到信息化程度的影响，信息化程度与经济发展水平基本上是呈正比的。从信息和信息技术本身的特点来看，信息已经成为一项重要的生产资料，它可以增强其他生产要素的信息含量，进而提高社会生产力的综合水平和利用效率。同时，信息技术也已经成为一种新的生产工具，它的发展和运用，加快了各种新知识和新技术的传播，使生产要素和各种资源获得更高效的配置，从而极大地提高社会劳动生产率。

一方面，市场经济的本质是竞争，竞争必然会导致优胜劣汰。能否保证每一个市场主体都能在平等的条件下进行竞争，是经济环境是否公平的重要标志。保持社会经济条件的公平，除需要健全的法制和完善的市场管理之外，还必须依靠市场信息发挥沟通、协调、公证和监督作用，只有这样才能保证公平竞争。便捷的信息缩短了供求之间的距离，减少了经济波动的幅度，延长了经济的扩张期，也推动了经济的稳定增长。另一方面，信息为企业提供了减少成本，增加市场占有率以及实现规模经济的机会，而且也促进了电子商务的发展，从而能为商品和服务提供更广泛的市场和更高效的信息。通过构建信息平台，引入信息中介组织，将给供、需双方带来极大的便利，不仅避免经济摩擦的发生，而且加快市场交易的速度和广度，从而大大降低交易费用。

（二）信息化促使思想观念转变，实现北部湾新区经济增长方式的升级

思想观念和科技文化的落后已经成为西部地区发展的瓶颈。信息化能够使北部湾新区在短时间内迅速掌握大量的知识资源，加速新思想、新观念的普及，加快观念更新的进程，改变抛弃封闭、保守的思想观念和僵化的体制，加快与发达地区的接轨，消除地理位置、社会文化基础而形成的差异。

随着经济规模的扩张和经济增长的推进，要求经济增长方式由粗放型向集约型转变，转到依靠科技进步和提高劳动者素质上来。实现这种转变的根本途径就在于发展科学技术，依靠技术进步和技术创新。依靠信息化，可以充分发挥信息对资本和资源的替代和优化作用，降低自然资源的耗费，提高科技对经济的贡献率，减少经济发展和人口增长对环境的压力。从而使西部地区实现人口、资源、环境和经济的可持续发展。

（三）信息化建设是北部湾新区经济和社会可持续发展的重要环节

信息化可以减少物质和能源的使用与消耗，通过最大程度的利用信息

资源的共享性和再生性，借鉴世界先进的科学知识和经验，走经济发展的捷径，以最少的传统资源投入实现最佳的经济效益。同时，通过信息化进程的加快，使人们获取信息的能力持续增强，进而根据已知信息做出的判断也更有预见性，从而能大大减少经济行为中的不确定性和盲目性，为更好地实施可持续发展提供保证。当前，随着北部湾开发开放的逐步深入，国家将在资金、技术、人才和政策等方面进一步倾斜，这种优越的大环境，将为北部湾新区加快自身发展提供极为有利的条件，大力提升经济和社会信息化水平，能为北部湾新区的可持续发展提供持久的动力源泉。

（四）信息化是促进政府创新的催化剂

政府的信息化增强政府本身的竞争力，提高执行力。比如，如果政府与企业间的电子商务得以广泛实现，各种申报、申批及执照发放等工作的透明度就能够得到增强，而且可以减少纳税的不合理性，并有效地防止偷税漏税以及各种不动产的投机等。同时，也可以将政府所掌握的行政情报及时地反映到各种经济活动中，使社会各行业迅速而又准确地得到信息，从而提高各地区的竞争力。通过充分利用信息技术，实现政府网上办公、远程教育和电子商务，可以节省能源，降低政府的运行成本，实现机构的扁平化，缓解社会压力，促进和谐社会的构建。

（五）信息化可以促进社会文化的精进

信息化不仅对于促进经济发展具有不可替代的支柱作用，而且对于社会文化的精进也有促进作用。信息化可以开启人们的心智，提高整体教育科研水平。比如，远程教育系统的形成，使学生不局限于地理场所的位置，就能得到最高水平的教育，从而使整个教育水平得到极大的提高，双向性教育可得到普及，并且通过影视系统，可以直接收视国内外的课程，可以自由提问。在科研方面，由于科研人员能够从超精密的影视系统及三维空间的模拟设施中得到大量的信息，使科研水平和效率得到极大的提高，而且通过全世界各大学和科研机构的联网，可以得到最新的研究资料，进行共同研究和开发，提高国际交流的灵活性。教育和科研水平的整体提升，反过来又对信息化的建设有正向的促进作用，从而形成良性循环。

三、推进信息化建设，锻造北部湾新区技术加速器

从前面的分析可以看出，信息化对于北部湾新区的全面协调发展和快

速隆起发挥着关键性作用。因此，在未来的发展中，应将信息化建设纳入北部湾新区发展的整体战略之中，以信息化带动其他领域的发展。

（一）开发建设区域性公共信息交换平台和信息安全保障体系

公共信息交换平台应整合并及时发布南宁、北海、钦州、防城港4个城市的政务、社会、经济贸易、技术咨询、商品供求、招商引资、旅游、交通等各方面政策法规、办事信息和动态信息，以同一门户网站的形式面向企业和公众提供一站式的信息服务，促进省会城市政府之间的信息交换和共享，实现跨省区的信息互动与合作。在此基础上，逐步建立跨省区的、全方位的、统一的政务协作服务平台和电子商务应用平台。

信息与网络安全不仅关系到信息化的健康发展，而且关系到国家的政治安全、经济安全、国防安全和社会的稳定。北部湾新区面向东盟开展多个领域的开发合作，不能不考虑信息的安全问题。把信息化纳入规范化、法制化轨道，积极防御、加强防范，是保障信息安全的一种办法，但信息安全的最终实现是由核心技术所决定的，只有掌握了核心信息技术，才能全面提高信息安全防护能力，保障基础网络和重要系统的安全。北部湾新区各城市有必要出台相关法律，明确认证机构的法律地位和电子签名的法律效力，实现区域内数字认证互联互通和资源共享，为加快贸易往来提供法律基础。

（二）充分发挥政府作用，加大政策支持

显而易见，信息资源是国民经济和社会发展的重要资源，涉及国民经济的各个部门、行业以及广泛的社会政治和文化领域。信息化建设具有高投资、高风险的特点。如果没有政府的大力支持和投资等方面的政策倾斜。仅靠某一个地方分散地、无序地投资，难免走重复分散建设的老路。为此，北部湾新区的政府部门应树立全局观念，以开发北部湾为契机，制定信息化建设的统一规划，出台统一的优惠政策，切实改善投资软环境，树立重商、亲商的良好氛围，为招商引资创造良好的环境，为信息化建设创造出良好的外部环境，锻造北部湾新区信息化的统一平台。此外，政府还应加大宣传力度，使信息化的重要性深入民心，提供公共上网设施，提供培训机会，降低上网费用，让人人都能享受到信息带来的便利。

（三）以信息技术改造传统产业，促进西部地区产业结构的调整与优化经济合理布局的核心问题，是根据各地区的资源优势，确立发展有本地特点的主导产业和重点产业。推进北部湾新区经济发展的信息化，先要积极发展本地区的信息产业及与信息有关的高新技术产业。根据北部湾新区信息化发展的实际情况，采取有效措施和优惠政策加以支持和扶植，发挥其示范和带动作用，然后再由点到线、由线到面、逐步扩展、不断提高。同时，运用信息技术对本地区的传统产业进行改造，特别要利用信息技术对丰富的资源进行开发利用，以资源优势为依托，发展有本地特色的重点产业和主导产业，变资源优势为经济优势促进西部地区产业结构的调整与优化。此外，还要充分利用广西民族自治政策的优势，结合西部大开发政策和东部沿海开放区政策的优势，在培育和促进信息产业发展方面，制定出更优惠的政策，吸引国内大公司来北部湾投资设厂。从税收、投融资政策、产业发展资金等方面给予更宽松和优惠的政策，重点开拓面向东盟的市场。

（四）建设区域性电子政务网络

通过区域性电子政务网络，可以强化政府服务职能，借助一站式电子政务的先进技术手段，可以逐步实现政府从管理型向服务型的转型。基于已有的电子政务建设，区域性电子政务网络要实现信息资源的统一开发利用，要采取标准的信息化业务协作模式，带动区域信息化协同发展。北部湾新区的电子政务网要为各个城市的政策资源、土地资源、自然资源实现优化配置创造环境，提高区域竞争能力，着眼于经济社会发展的关键环节，消除“信息孤岛”，实现资源共享，不断促进区域经济与社会的可持续发展。

（五）加强信息集成，建立信息的普遍服务体系

网络社会的崛起为落后地区提供了实现赶超的契机，但信息资源的分散性、无序性，内容的杂乱性和交互性，导致了信息资源利用的低效性。任何一个信息机构都不可拥有能满足自身需求的全部信息。因此，应对分散性、自治性、差异性和交互性的信息资源进行集成，对分散性系统信息有效控制，构建信息资源和服务平台，实现信息的普遍服务。北部湾新区可以借鉴国际通行做法，建立普遍服务基金，对承担普遍服务的企业实行补偿。为了提高信息公共服务水平，北部湾新区政府应该对北部湾地区的小城镇、边远地区提供电话、电脑网络安全以及无线通讯技术专项补助基金，以提高这些地区的信息化程度。

（六）培养信息人才，为推进信息化建设奠定基础

提高北部湾新区的信息化水平，离不开人才，人才是根本。没有大量的人才，一切美好的设想都无法付诸于实践。客观地讲，信息人才的匮乏是制约北部湾快速腾飞的原因之一。要推进北部湾新区的信息化，必须培养造就和吸引一批高层次专门人才。一方面，要充分尊重人才，在社会上营造一种重才、选才、用才的良好氛围，创造出一个有利于人才引进、有利于人才创业发展的环境。充分利用好战略机遇期，吸引大批高层次的信息人才来北部湾，加快推进信息化建设。另一方面，应从本地实际情况出发，以项目留人，以发展机会留人，给人才有用武之地和发展的空间。据不完全据统计，广西大专院校（如桂林电子工业学院、广西大学、桂林工学院等）和电子技工学校每年可培养近万名的信息技术方面的大中专生，这些大中专毕业生目前大多数都流向广东等东部省市。只要能够积极创造条件，给他们有发展的机会和空间，这些毕业生大都会选择留在广西发展，成为广西信息产业发展的中坚力量。

第四章

以高绩效的政府推动高效率的发展

目前，我国已形成了若干个经济合作区域或经济发展核心区，如环渤海地区、长江三角洲、珠江三角洲等。在此背景下，作为西部唯一临海的广西，特别是西南出海口的北部湾地区的开发建设，成了学术界研究的热点。一方面，它面临着中国—东盟自由贸易区和泛珠江经济圈的构建所带来的新发展机遇；另一方面，由于该区域内产业同质竞争激烈，区域经济发展一直滞后于东南沿海其他地区，有必要采取国际上先进的管理理念对北部湾经济发展战略进行整合，使原有战略转轨，进而将原有的实施方式优化和完善。同时采取具有相对高效的可行性区域经济发展模式，以部分相对发达的城市为区域经济增长点，形成区域增长极，进而促进北部湾地区的经济高速发展。

第一节　政府绩效是区域竞争力核心

在现代市场经济条件下，如何提高政府绩效一直是一个焦点话题，将绩效管理引入政府，就是出于提高政府绩效的目的。所谓政府绩效管理，是指通过制定政府的长期和近期目标、达成目标策略和评估绩效标准，而对行政机构运作进行管理的一系列活动的总称。根据国外学者的归纳，政府绩效管理以实现政府管理的经济、效率和效益为目标，这是一种将过程管理和结果管理相结合的新型的政府管理模式。我国在深化行政管理体制改革的过程中，一方面变革观念、转变职能、调整组织结构、改革行为方式，另一方面也注意借鉴和引进国际流行的新的管理机制、管理技术和工具来提高政府效能。但是，由于我国的政府绩效管理起步较晚、规范化程度不够，因此，加快建构科学和完善的政府绩效管理模式势在必行。

一、强化政府绩效管理，提高政府效率

政府绩效是指政府的工作成就或管理活动所产生的积极效果。政府绩效可以从经济性、效率性及效益性三个方面考核。政府绩效的经济性，表现为在投入水平一定时，成本最低；或者利用现有资源，获得最大量和最佳比例的投入；政府绩效的效率性，表现为行政管理活动的产出同所消耗的人力、财力和物力等要素之间的比率较高；政府绩效的效益性，表现为产出质量好、产出导致了所期望的社会效果、公民或顾客满意程度的出现。

绩效管理是指提高政府组织绩效的一套具体操作程序和过程。绩效管理有三层含义：绩效管理是一项系统工程。它是组织围绕提高绩效这一目标而做出的制度安排和实施的一系列管理措施、机制和技术。绩效管理是人力资源开发的一种手段。绩效管理体现了“以结果为本”的公共管理新理念。因此，研究政府绩效管理的意义有两点：一是绩效管理有助于树立“顾客至上”的现代管理知识；二是绩效管理有助于建立政府与社会之间的良性关系。

（一）政府绩效评估的内容与方法

政府绩效评估包括经济测定、效率测定和效益测定三项主要内容，每项测定都要借助于一系列的绩效指标。所谓绩效指标是指公共管理活动中某一特定方面效果的规范化的量的显示。如人均开支是经济指标，差错率是质量指标等。经济测定一般采取如下形式：成本与投入的比率测定；行政开支和业务开支的比率测定；人均开支测定；单位成本测定；经济改进余地测定。

效率测定除了单位成本、平均个案处理时间、反应速度等效率指标的应用之外，还包括一些量化分析（技术），如工作荷载分析、要素分析、产出评估等。

效益测定则分为：产出质量测定；社会效果测定；顾客满意度的直接测定；顾客满意度的间接测定。

（二）社会服务承诺制度

社会服务承诺制度诞生于20世纪90年代初的英国。1991年英国首相梅杰发动了“公民宪章”运动，就是用宪章的形式把政府公共服务的内容、标准、责任等公之于众，接受公众的监督。在梅杰的推动下，公民宪章在英国公共部门得到了广泛应用，大幅度提高了公共服务的水平和质量，各发达国家纷纷效仿。

我国社会服务承诺制度的实践始于1996年的山东烟台市建委系统，实现承诺的内容多达81项，服务标准117条，几乎覆盖了城市建设、管理维护和居民生活服务的方方面面，收到了良好效果。这一经验在中宣部和国务院纠风办的推动下，很快在全国各地许多公共部门普及开来。

简言之，社会服务承诺制的主要内容就是通过公开承诺和社会监督，形成对公共行政部门的外部压力，进而将它转变为内部动力，实现服务水平和质量的持续改善。面向公众的承诺一般包括以下方面：服务内容承诺；服务标准承诺；服务程序和时限承诺；投诉、监察与责任承诺。

就本质而言，社会服务承诺制只是竞争不充分的一种补救机制。因而服务承诺制的内容和标准能否兑现，在很大程度上首先取决于部门内部的管理水平；其次是需要建立内部连环承诺制；最后是社会服务承诺制的技术保障。

二、建立科学的政府绩效评估机制，提高政府竞争力

（一）树立正确的政绩观、科学的发展观是我们全面建设小康社会的根本指针

解决中国的发展问题，实现又快又好的发展，必须坚持以科学发展观统领经济社会发展的全局。但是，科学发展观要由各级党委、政府和各级干部来落实。这里，就有一个树立什么样的政绩观的问题，有一个如何评价政绩的问题。现实生活中，一些地方政府部门及领导干部为了追求“政绩”，盲目攀比、不切实际地铺摊子、乱上项目；有的热衷于标新立异、贪大求奢或急功近利、做表面文章等等。这些问题，不仅影响了政府部门的形象，而且影响了经济社会的持续协调健康发展。可见，政绩观的问题关系我们发展的指导思想，也关系政府管理的指导思想，这个问题不认真加以解决，实施“十一五”规划，用科学发展观统领经济社会发展全局就

很难办到。

（二）加强政府绩效管理和评估是转变政府职能的迫切要求

现代政府履行经济调节、市场监管、社会管理和公共服务职能，其根本目的是满足人民群众日益增长的物质文化需要，提供优质的公共产品和公共服务，而绩效管理与绩效评估则是衡量政府公共服务是否满足公共需求的重要手段和尺度。也就是说，政府对公民负有公共责任，政府的支出必须获得人民的同意并按正当程序支出，公共资源必须有效率地利用并达到预期的效果。要落实这些公共责任，就必须对政府的作为进行绩效评价，以准确了解政府是否承担起了公共责任。绩效管理的重要特点是公民导向的绩效观，它所追求的是效益、服务质量和公民满意程度；公共部门以提供公共产品与公共服务为基本职责，以公民导向为基本特征的绩效管理有利于提高政府绩效、改善政府形象、提高政府权威，推动经济发展与社会进步。政府绩效评估所采取的界定政府职能、提高服务质量、强调顾客至上和以顾客需求为导向等措施，有利于改进政府公共部门与社会公众之间的关系，有利于建立和发展社会公众对政府公共部门的信任，增强政府公共部门的号召力和凝聚力。

（三）加强政府绩效管理和评估是改进政府管理方式的重要手段

绩效管理有利于建立以结果为导向的公共管理机制。政府绩效管理以提高政府绩效为最终目标，结果为本的绩效意识是绩效管理的基本前提。当代公共管理认为程序和规则固然重要，然而，更为重要的是是否产生好的结果、是否满足公民需求。实践证明，政府绩效管理与评估带来了一系列以绩效为本、以结果为导向的新的管理措施的运用。例如，政府围绕其使命进行绩效管理，采用了目标管理、全面质量管理等手段；实施顾客导向的管理，增加顾客选择的机会，调查和审视社会公众对公共服务的要求和满意程度；建立以绩效为基础的预算制度、实行绩效与财政预算拨款挂钩，从而降低行政成本；改革公务员制度，实行业绩奖励制和绩效工资制，从而增加了政府管理公共事务、提供公共服务的效率与活力。因而，政府绩效管理与评估是改革政府管理的重要环节和有效工具。同时，绩效管理有利于提高行政效率、降低行政成本，通过绩效评估，使政府部门和公务员的激励约束机制有了依据。

三、国外政府绩效管理与评估的实践与经验

在传统行政模式下，发达市场经济国家早期对政府绩效的研究主要受

到科学管理运动和一般管理理论的影响，大多采用基于技术效率（机械效率）的研究方法。第二次世界大战以来至20世纪70年代，发达市场经济国家对政府绩效的理论研究和实践进入了一个新的阶段，政府绩效问题的焦点由组织特别是由结构与过程转移到公共项目及其所产生的结果上来。政府绩效评估在20世纪80年代进入了一个新的高潮，绩效管理成为发达市场经济国家行政改革的一个重要组成部分，战略管理、全面质量管理、标杆管理、目标管理、绩效预算、人力资源开发与管理技术等绩效管理技术纷纷得到应用。进入20世纪90年代，政府绩效评估的焦点逐渐转向了效益和“顾客满意”，质量被提到了重要地位。目前，各主要发达国家都在政府管理和市政管理中实行了绩效评估的技术和方法，绩效管理评估的理念、方法和技术已经成为一种世界性的潮流。

发达国家政府绩效管理与评估具有一些值得借鉴的做法与经验：

（一）注重完善政府绩效管理与评估的法律体系

发达国家在全面实施政府绩效管理与评估的过程中，很注意完善政府绩效管理与评估的法律框架，用法律手段规范政府绩效管理与评估体系。如英国1983年颁布了《国家审计法》，把审计中央政府资金的职责和权限授予了主计审计长，并规定成立国家审计署以确保主计审计长履行其职责，首次从法律的角度表述了绩效审计。1997年颁布的《地方政府法》也规定，地方政府必须实行最佳绩效评价制度，各部门每年都要进行绩效评估工作，要有专门的机构和人员及固定的程序。美国于1993年7月颁布了《政府绩效与结果法》，规定“每个机构应提交年度绩效规划和报告”，财政预算要与政府部门绩效挂钩。1999年4月，日本内阁会议根据《中央省厅等改革关联法案》的相关措施为内容，制定了《关于推进中央省厅等改革的基本方针》，将总务省的行政监察局改为行政评价局，行政评价局可超越各府、省的界限，行使包含政策评价职能在内的行政评价和检查职能；2002年他们又出台了《政府政策评价法》，在整个政府范围内实施。根据这项法案，内阁和政府的各个部都被要求在其权限范围内实行政府评价。

（二）注重完善政府绩效评估的指标体系

美国政府早在20世纪40年代就着手构建政府绩效评估体系。20世纪60年代，美国会计总署率先把对政府工作的审计重心从经济性审计转向了经济性、效率性和效果性并重的审计（即“3E审计”），后又扩展到

"5E 审计"。2002 年，美国总统管理及预算办公室提出了针对联邦行政机关和部门的通用绩效指标，为五个跨部门的政府职能开发了统一的评价指标或称"通用衡量标准"。2003 年预算中，总统管理与预算办公室制定了评级制度（红、黄、绿）来评价联邦机构执行总统管理议程的工作成果。

（三）将绩效管理与战略规划及公共预算改革结合起来，注重形成政府绩效管理的制度体系

发达国家在实施绩效管理的过程中，注重将政府战略规划与绩效管理过程结合起来，力求形成制度化、规范化与科学化的绩效管理与评估体系。如 1993 年，美国政府颁布了《政府绩效和结果法》，要求联邦政府各机构制定五年战略规划，制定实现战略目标的绩效管理年度计划，定期测定部门工作绩效并向国会和公众提供绩效报告。1993 年 8 月 3 日，在时任总统克林顿大力支持并在美国管理与预算局（OMB）和国会的推动下，《政府绩效和结果法》顺利通过立法，从而使美国政府绩效管理走上了制度化轨道。另外，许多国家将绩效管理与公共预算改革结合起来，推广绩效预算管理。改革的方向是在资金分配上强化绩效，将公共预算拨款与各机关单位的绩效联系起来，按效果而不是按投入拨款；在公共预算执行上将效果与拨款挂钩，根据绩效来分配预算。同时，在公共预算管理过程中，变传统的"过程管理"为"结果管理"，对绩效好的部门给予奖励，对于指标完成不好的部门，则在议会中公布、撤职、削减，直至取消这项公共预算。目前，绩效预算已成为发达国家主要的公共预算管理模式，世界上近 50 个国家采用了绩效预算，如英国、瑞典、日本、加拿大、法国、巴西、印度等国。

（四）以公共支出评价为手段，注重政府绩效审计

加强对政府公共支出的评价，是当代政府改革的重要内容。公共支出评价是随着绩效管理和绩效预算而出现的，它是政府公共管理的重要工具之一。公共支出评价就是评估政府支出是否有效，效果在哪里，在哪些方面应当改革，以进一步提高绩效。发达国家公共支出评价的主要目的是为政府工作和议会公共预算案的讨论和通过提供基础材料；同时，在支出评价中，还能发现政府工作漏洞并加以改进。另外，发达国家普遍重视发挥独立审计机构在政府绩效管理中的作用。

1997 年，英国国家审计署（NAO）首次发布了《绩效审计手册》，其目的是确保绩效审计能够遵循审计标准。2003 年，又对该手册进行了修

订，指出：国家审计署“要对议会（从而对纳税人）负责。通过绩效审计，确保公共资源得到合理运用。绩效审计的根本目标在于促进审计单位改善管理，提高效益”。具体目标则包括：促进审计单位提高服务质量、以较低的成本实现既定目标、节省资金、改进工作方法、避免浪费等。

（五）将全面质量管理的理念融入绩效管理，确立以质量为核心、以顾客为导向、以服务为目标的绩效管理模式

20 世纪 90 年代，全面质量管理运动引入公共行政领域，其核心特征是顾客信息反馈与评估、雇员参与质量改善、目标管理等等。它强调顾客导向在公共行政中的重要地位，强烈关注行政活动的质量与效果，这也导致人们对绩效的强烈关注。如美国商务部于 1987 年设立了国家质量奖；1988 年，联邦质量学会开始对政府部门颁发总统质量奖。总统质量奖的七项原则是：领导水平、信息分析、战略质量规划、人力资源发展和管理、过程质量管理、质量及运行结果、顾客焦点和满意度。

（六）不断完善绩效评估的方式与方法，提高绩效评估的质量与水平，在绩效管理实践的过程中，发达国家绩效评估的主体逐步多元化

在评估过程中有公民和服务对象的广泛参与，由单纯的政府机关内部的评估发展到由社会机构进行评估。如美国民间机构锡拉丘兹大学坎贝尔研究所自 1998 年以来就与美国《政府管理》杂志合作，每年对各州或市的政府绩效进行评估，并发布评估报告，引起了政府和民众的广泛关注。一些州政府在对其部门年终业绩进行评估时，也往往请专门的社会评估机构参与。2001 年 1 月，日本设立了政策评价和独立行政机构评价委员会，对行政评价局实行政策评价进行必要的协商并将意见提交给总务省和邮政省等部门。这一委员会由民间的独立专家组成，行政评价局充当政策评价和独立行政机构评价委员会的秘书处。20 世纪 90 年代以来，有关质量和顾客满意度指标在评估指标体系中大幅度增长，加拿大等国家还进行大范围的政府顾客满意度调查，将提升顾客的满意度作为政府绩效的目标。同时，政府绩效评估技术不断成熟，信息技术、量化技术、针对不同部门不同的评估方式和方法技术广泛应用，绩效评估的科学化水平不断提高。

四、我国政府绩效管理与评估的实践、问题与对策

我国自改革开放以来，一直非常重视政府的行政效率问题。党的十六大、十六届二中、三中、四中全会，对深化行政管理体制改革进一步提出

了要求，这就是按照完善市场经济体制和推进政治体制改革的要求，坚持政企分开，精简、统一、效能和依法行政的原则，进一步转变政府职能，改进管理方式，推进电子政务，提高行政效率，降低行政成本，形成行为规范、运转协调、公正透明、廉洁高效的行政管理体制；强调落实科学发展观、提高党的执政能力，必须树立正确的政绩观，并且要求建立政府绩效评估的指标体系。党的十六届五中全会把推进行政管理体制改革放到了更加突出的位置，并且作为全面深化改革和提高对外开放水平的关键，强调实现“四个分开”、履行“四项职能”、建设法治政府和服务型政府，切实解决政府部门之间职责不清、管理方式落后、办事效率不高的问题。

从政府绩效管理和评估的实践看，近年来，随着我国行政体制改革的不断深入，一些地方政府及部门开始进行政府绩效的管理和评估活动。如福建等地进行的机关效能建设、南京等地进行的“万人评议政府活动”等。一些地方将绩效评估作为政府管理机制中的一个环节，运用目标责任制、社会服务承诺制、效能监察、效能建设、行风评议等方式对政府进行绩效评估，如河北省实行的干部实绩考核制度，对干部实绩的考核包括经济建设、社会发展和精神文明建设、党的建设三大方面，其中经济建设下列 9 大项指标，社会发展和精神文明建设下列 12 大项指标，党的建设下列 5 大项指标。一些政府部门在政府组织内部开展了绩效评估措施，一些研究机关还对政府绩效管理的指标体系进行了探索，提出了政府绩效评估的指标体系。

但是，我国政府绩效管理与评估还很不成熟，目前存在的主要问题包括如下方面：一是绩效管理与评估尚未全面推开，还只是停留在个别省市、个别部门的分散试验阶段，没有一个统一的规划和安排。二是绩效管理与评估缺乏法律规范，尚未形成一种法治化、系统化、科学化的绩效评估制度与体系。三是还没有建立全面科学的政府绩效评估指标体系，往往将经济指标等同于政府绩效的评估指标。四是绩效管理与评估尚未与公共支出评价、绩效预算管理结合起来，缺乏独立的绩效审计。五是绩效评估的科学化程度不高。绩效评估的主体主要是上级行政机关，社会公众、社会组织还没有真正成为评估的主体；评估的操作过程没有规范化和程序化，存在很大的随意性；评估的方法多为定性方法，较少采取定量方法，多为“运动式”、“评比式”、“突击式”评估，而对政府绩效的持续性测定较少；评估的过程具有封闭性、神秘性，缺乏透明度、公开性与公平性，缺乏媒体监督。

针对我国政府绩效管理与评估中存在的这些问题，迫切需要我们加快政府职能转变步伐，完善政府绩效评估指标体系，实现政府绩效管理与评估的法治化、制度化与科学化。

（一）全面建立法治化、制度化与科学化的政府绩效管理体系

1. 完善政府绩效管理与评估的法规体系。要尽快将我国目前的各种绩效管理与评估措施纳入到法治化的轨道，切实加强对绩效管理与评估的立法保障工作，加强对政府绩效管理与评估的统一规划和指导，逐步形成标准化、系统化的绩效管理与评估体系，从而使政府绩效管理与评估工作走向法治化、制度化与科学化。

2. 完善政府绩效管理的制度与机制。有效的绩效管理，以有效的绩效管理组织、绩效管理机制为前提。在深化行政管理体制改革中，要逐步建立和完善政府绩效管理制度，有专门机构和人员负责绩效管理。同时，健全绩效管理机制，包括目标管理机制、标杆管理机制、质量管理机制、顾客导向机制等，特别要将质量管理机制引入我国政府管理，在政府部门中推行全面质量管理。

3. 提高政府绩效评估的科学化水平。政府绩效评估的主体应多元化，绩效评估的方式应该多样化。要建立多重绩效评估机制，要将政府自我评估、上级评估与专家评估、社会公众评估相结合。政府绩效评估要贯彻顾客导向的原则，评估的内容、标准和指标体系的设计要从为公民服务的立场出发，同时在评估过程中要有公民的广泛参与，建设人民满意的政府；要通过社会调查、民意调查等方法，定期调查公众对政府施政的满意程度，以此作为政府绩效评估的重要依据。政府绩效评估要公开透明，要做到内容标准公开、过程公开、评估结果公开；同时要科学地使用评估结果，将政府绩效评估与奖惩制度结合起来，建立以绩效评估结果为基准的奖惩制度。

（二）探索完善我国政府绩效评估的指标体系

要结合我国国情，从有利于改进组织管理、改造业务流程、关注绩效结果三个方面入手，建立我国政府绩效评估的经济指标、效率指标、效益指标相结合的指标体系。我国地区差异较大，政府绩效评估的指标设计也应有所不同，要根据不同地区、不同层级、不同部门设计出最能测量政府工作成果的指标体系。

我国政府的宏观效益指标应包括：一是政府部门为社会经济活动提供服务的数量和质量，包括政府直接投资兴建的基础设施数量，政府颁布实施维护经济秩序的法令法规，政府对主导产业的支持程度等。二是政府管理目标的实现情况，包括是否充分就业，物价是否稳定，经济是否持续增长，收支是否平衡，资源配置是否合理，国民财富是否增加等。三是财政政策的公平程度，如税收总收入、直接税、间接税、社会保险缴款占 GDP 的比重、员工的社会保障缴款占 GDP 的比重等指标。四是政府管理效益，包括税收总额占 GDP 的比重，政府支出占税收总额的比重，政府支出增长率与经济增长速度之比，人才吸引情况，外地企业和外资企业投资总额等。五是政府管理社会的效果，包括公民对社会公平和公正是否充满信心，每 10 万居民中严重犯罪人数，人们对人身、财产安全受到保护的程度是否满意等。

我国政府的微观效益指标主要包括：一是效益技术指标。产出质量指标，如差错率、准时率、合格率、优秀率；社会效果测定，如缉毒效果指标中的与吸毒相关的死亡人数、吸毒入院人数指标等等；顾客满意度指标，如抱怨与投诉率、公共服务网点的分散程度和服务半径等等。二是公共部门行为合理化水平指标。如公共决策是否科学；民主监督是否有效；是否廉洁、勤政、高效；政府能否将政策有效运用于经济；立法活动能否满足经济和社会发展的要求；政治体制能否依据经济与社会的需要而及时变革等等。三是公共部门机关效能指标。包括是否有合理而完善的制度，如岗位责任制，首长责任制，服务承诺制，限时办结制，同岗替代制，联合办公制，效能考评制和失职追究制等；能否依法行政；是否推行政务公开，是否公示机关各部门的职责、权限、审批程序、时限、承办人姓名和审批结果等；能否提高办事效率，用科技手段提高办公自动化程度等等。

（三）加快建立绩效预算制度与绩效审计制度

要建立绩效审计制度，从而更好地对政府绩效进行监督。当前，我国政府管理效率低下问题突出，政府成本过高，成为阻碍经济社会发展的主要障碍。政府成本过高，突出表现在行政管理费用不正常增长，浪费型公共支出过多。因此，必须采取坚决的措施加以抑制。要实行政府支出绩效审计制度，实行财政财务收支的真实合法审计与效益审计并重，逐步加大效益审计分量；要压缩和控制行政事业费支出占政府总支出的规模，力争将行政事业费支出的规模控制在占政府总支出15%的水平（中等收入国家水平），确保政府支出更多地用于公用事业与教育、社会保障事业。同时，要建立和完善以公共服务为取向的政府业绩评价机制和公共服务责任机制。

第二节　北部湾新区优惠政策的反思

目前各种形式的区域合作在全国各地开展得如火如荼，各种跨地区、跨流域的区域合作组织更是方兴未艾。在经历了最初的热烈、喧闹之后，不少区域合作组织都归于平淡。有的偃旗息鼓，有的组织机构虽在，却成了有名无实的“空壳”，有的“城头变幻大王旗”，颇有点“你方唱罢我登场”的味道。

北部湾同样也面临着这样的境况，优惠的政府政策支撑，却未能使经济得以加速发展，值得反思。

一、“北部湾经济”缘何日趋式微

设想中目标远大，启动时热火朝天，5年后却演变成增进友谊的“喝茶会”。这是对北部湾经济合作组织的一个描述。环北部湾广东、广西、海南部分城市为主结盟成立的“北部湾经济合作组织”却日趋式微。

位于中越之间的北部湾，面积近13万平方公里，北面是广西沿海诸港口，东面是广东的湛江市和海南省。同时北部湾享有着优越于其他地区的优惠条件，由于种种原因，北部湾地区发展远远落后于我国其他沿海区域，成为沿海经济的“洼地”。20世纪90年代后期，随着国家西部大开发战略实施、我国加入世界贸易组织，面向东南亚、背靠大西南的北部湾地区战略地位大大提升，沿海的湛江、海口、防城、北海等港口既是滇、黔、滇、蜀等西部腹地省区出海的便捷通道，又是我国距东南亚各国最近的口岸，北部湾作为中国东西部、中国与东盟两个“结合部”的地缘优势被普遍看好。

抓机遇谋发展的冲动，催生了“北部湾经济合作组织”：2000年11月，湛江、北海、海口3市发起，“北部湾经济合作组织”在湛江宣告成立，成员还包括了广西的钦州市、防城港市，海南的东方市、儋州市、洋浦经济开发区和临高县，以及湛江港务局、柳州铁路局、海南海航集团公司3个经济实体，形成“9+3”的格局。

5年前的“北部湾经济合作组织”，操作之规范、影响之广泛即使放在今天也绝不逊色：在民政部门正式注册，设立常设机构，制定详细的组织章程、管理办法，设计有会徽，参加成立大会的成员单位“一把手”发表了《北部湾经济合作组织千年宣言》，这一宣言还立石铭碑安放在成立地湛江。

但热热闹闹的开场戏后仅两三年，这一被普遍看好的机构就成了明日黄花。一年一度的年会，参加的领导级别越来越低，内容越来越务虚，在成员单位眼里，成了一块不折不扣的“鸡肋”。综合各方面的看法，大致有三个原因导致了北部湾经济发展与优惠政策的强烈反差：

（一）互不相让的“老大”心态

成立“北部湾经济合作组织”初衷之一是借助“北部湾区域”概念的冲击力，以联合舰队的方式参与国际竞争，为此有两个设想：一是打北部湾的牌子到国际上招商；二是到北京举办一个北部湾区域经济研讨会。在无法解决“谁牵头”的情况下，国际招商未能成行，拟在北京举办的研讨会也不幸搁浅。

（二）缺乏共同关注的议题

“北部湾经济合作组织”成立后，曾确定了旅游合作、广播电视节目互动、打击车匪路霸保障人员货物流通安全等议题，但“9+3”成员中，经济实力不一，各自当务之急不同，任何一个议题都很难成为普遍共识。到2003年，有的成员每年5000元的会费也不交了。

（三）人事变动兴趣转移

几年来，湛江、北海、防城港、钦州、海口等主要成员单位一把手均变动，继任领导兴趣不同，参与热情大不如前。除了湛江市仍保留编制、设有办公室外，其他成员单位基本没有专人负责有关事务，一年一度的年会，随便派个人“应卯”，由最早的市长亲自参加到现在一般由副秘书长带队，级别越来越低，而且失去了连贯性，落入了“无可奈何花落去”的境地。

二、北部湾城市“龙头”之争加剧竞争

区域合作组织徒有其名，区域内交通互不衔接，港口间争夺货源，招

商引资“让利比拼”，行政藩篱使“金三角”陷入竞争“泥潭”。

“谁牵头”看似小事，却成了整合资源、加强协作的极大障碍。湛江市一位官员说，北部湾各城市的“龙头”之争从未停止过，这个宣称自己是北部湾中心城市，那个说我是最大的出海通道，不乐意分出个座次来，争当“老大”的心态使合作只是停留在口号上。

北部湾是西南腹地最便捷的出海口，尽管成立了区域合作组织，但各城市间却暗中较劲，互不相让，纷纷提出要建设“北部湾中心城市”的口号，“不让他人”的心态，使湛江、防城港和海口市形成的“金三角”城市港口群陷入了竞争泥潭。

人们常说，“两省交界处的路最难走”，这句话在北部湾地区再次得到验证。广西4年前就把渝湛高速公路修到了与广东湛江市高桥镇接壤的北海市山口镇，但广东迄今没有将由桂入粤后到湛江路段修通，山口镇成为渝湛高速公路西部进入东部的卡点。贵州、云南、四川、广西和河南、江西等内陆省份开往广东或海南的货车途经此地，运输的货物以水果、蔬菜居多，从山口出高速公路进入广东湛江境内，经过的仍是沥青路面的325老国道。

港口之间恶性竞争战火不息。目前，湛江港、防城港、北海港、钦州港都提出要打造大西南面向东盟市场最便捷的出海口，各个港口都想尽办法争取货源。铁矿石是北部湾各港口吞吐量最大的货物，为了获得货源，各港口大打价格战，装卸费从每吨40多元降低到20多元，一些小型码头甚至降到10多元，恶性竞争导致北部湾港口群陷入“吞吐量大，利润率低”的怪圈。2005年湛江港港口集团完成货物吞吐量首次突破3000万吨大关，达到3124万吨，同比增长30.6%，增幅高于全国沿海港口平均水平，但是，湛江港港口集团的年度利润却只有1000多万元。

北部湾沿岸城市都把重化能源工业当作未来的发展重点，在新一轮激烈的招商引资竞争中，相同的城市定位造成港口资源的浪费。湛江的东海岛、防城港的企沙工业区、北海的铁山港正瞄准我国钢铁、石油化工、电力等重化工业加快向沿海港口转移的趋势，纷纷提出要建立“国内外重化工业转移基地”。新一轮招商引资的热潮正在北部湾地区兴起，政府主导下的招商引资，使本应在成本导向下的企业投资行为与追求地方利益的政府行为合二为一，扭曲了市场信号，如听任这种现象持续下去，不仅损失地方财政，而且导致港口资源和土地资源的巨大浪费。

三、区域合作组织不是谋求地方利益的工具

GDP 崇拜、画地为牢的行政区划，将自然、历史形成的经济区域割裂开来，区域合作组织成为谋求地方利益的“另类”工具。表面上看，许多区域合作组织走向没落的原因是“龙头”之争，是贫富差异等问题，但问题的根本却在于“画地为牢”的行政区划观念。行政区划把自然、历史形成的经济区域割裂开来，每个行政区划都有自认为应该选择的行政目标，出于自我确定的这种目标，彼此不是以邻为友，而是以邻为祸，认为自己要做大做强，才能在竞争中占据优势压跨对方。参加区域合作组织的行政官员不是从区域统筹发展的角度考虑问题，而是奔着“政绩”而去，希望利用这个组织来壮大自己。

经济区域合作组织的形成是必然的，从我国区域合作的现状看，一个大的经济区域往往横跨很多行政区划。而目前在省级、各地级市、县域经济中，强化行政区划的观念都强烈地存在着。为了留住企业，可以出台地方政策进行补贴，挖来别人的企业可以由财政给予高额奖励，富裕地区一方面抱怨自己的土地资源不足，呼吁扩大行政区域，另一方面又想方设法“留住企业”，以行政的手段扭曲价格机制和产业转移的市场需求。

通过以上分析，北部湾的经济发展程度与政府优惠政策的强烈反差，我们不难看出一些问题，没有一个特定的专门机构，缺少组织战略、使命和发展目标，没有先进的管理理念做支撑，没有对组织进行考核的指标体系，也就没有对组织进行很好的绩效管理等等，所有这些因素都严重制约着北部湾新区经济的腾飞。

四、努力开创北部湾新区经济发展新局面

看一个区域的投资硬环境，主要有以下几项标准：土地、政策、劳动力成本、基础设施、创业投资的机会成本、交通条件、市场拓展空间等。以此衡量，北部湾新区投资硬环境具有明显的比较优势。看一个区域的投资软环境，主要有以下几项标准：经济基础、发展起点、人力资源、管理底蕴、文化底蕴、办事效能、行政效率、服务质量、观念思维、协调沟通和管理流畅程度等。以此衡量，北部湾投资软环境具有一定的相对优势。区位优势、港口优势、交通优势、土地优势、成本优势、市场优势、政策优势明显，具有打造区域经济发展新区的充分条件。

北部湾新区具有良好的发展机遇。从国际看，经济全球化与区域经济一体化进程加速、亚太地区经济增长提速、中国—东盟自由贸易区建设加快、“两廊一圈”区域经济合作加强；国际产业大转移趋势不可逆转。从国内看：我国已进入全面建设小康社会的关键阶段；国内产业加速转移；时逢三大合作潮流：长江三角洲、珠江三角洲竞合潮流、泛珠三角区域经济合作潮流和大湄公河次区域经济合作潮流。从全区看：自治区党委、自治区人民政府做出加快北部湾新区开放开发的重大战略决策，广西与东盟构建“一轴两翼”区域经济合作新格局。

（一）打造北部湾经济发展新区的对策措施

一是必须树立科学发展观，坚持规划先行，突出重点，环保优先，立足当前、着眼长远，高起点、高标准地搞好规划建设。二是必须树立正确的政绩观。切忌急功近利，要注重可持续性，为子孙后代着想，既要“金山银山”，更要“绿水青山”，决不能竭泽而渔，搞短期行为。三是必须增强率先发展的紧迫感。要以只争朝夕的精神，牢牢把握发展这个第一要务，坚持以经济建设为中心。四是努力打造投资创业新高地。要全力推进沿海基础设施建设大会战，尽快完成沿海基础设施建设大会战一期项目，加快二期项目。加强口岸、通讯、城市供排水、电力等基础设施建设，创造良好的投资创业环境。五是努力打造物流新高地。六是努力打造现代临海工业新高地。

（二）为打造北部湾经济发展新区创造和谐环境

一是强化和谐社会的建设能力。以人为本是构建社会主义和谐社会的基本原则。构建社会主义和谐社会离不开“活力”与“合力”两种动力。要使社会充满活力，就必须进一步深化市场取向改革，通过体制机制创新，制定适合先进生产力、消除阻碍生产力发展的条条框框，形成公平与效率相协调、创新活力充分涌流的新机制，尽快提高各级领导干部建设和谐社会的能力，最大限度地凝聚建设和谐社会的合力。二是尽可能地消除影响公平的不和谐因素，让广大群众共享改革与发展的成果。三是更加关注民生。要坚持以人为本。真正做到权为民所用、情为民所系、利为民所谋。要加快社会主义新农村建设，加大扶贫帮困力度，建立健全社会保障体系，努力关心干部职工生活。要努力营造和谐的氛围，消除一切不和谐因素，创造宽松和谐的工作环境、创业环境，充分发挥各级各部门的主动性、积极性、创造性。要努力营造安全的、稳定的、有序的发展环境。要从全局与战略的高度认识和把握可能出现的新情况、新问题，善于见微知著。要根据矛盾和问题的发展规律，善于防微杜渐。

第三节 建立新型政府绩效指标体系

政府绩效评估是市场经济和社会进步对政府绩效管理提出的必然要求。在现代政府公共活动的管理中，基于结果的绩效管理在整个政府管理中占据了十分重要的地位，它既是提高公共部门运行效率、增强公共部门责任意识的需要，又是提高公共部门信息透明度、加强公众监督和推进社会民主建设的需要。对政府绩效而言，绩效评估是其整个绩效管理的核心和重要手段，也是政府编制绩效预算的前提。一个有效的绩效评估系统不仅能向公共服务的提供者揭示公众的满足程度和公共预期目标的实现程度，而且也能指明绩效决策的改进空间和应采取的行动。

一、建立符合政府绩效评估特性的指标体系

正是由于政府绩效评估在整个政府管理中的重要地位和作用，从20世纪50年代起，许多国际组织、决策研究机构和国家在公共管理中研究和推行政府绩效评估制度。

然而，回顾我国政府绩效评估理论和实践发展的历史，我们不难发现，尽管理论界和实践部门在相当长的一段时间内都意识到在政府管理中引入绩效评估的重要性，但真正关注对政府进行绩效评估还是近几年的事。究其原因，除了受计划经济管理体制和粗放型管理模式的影响外，主要是由于以下两点原因：

一是对政府绩效评估的内涵难以把握，致使政府绩效评估在讨论和实践中往往走样，从而难以深入下去。事实上，政府涉及的面十分广泛。一般认为，凡是涉及政府及其政府类机构的范围，应当界定在政府绩效评估的范围内。与此同时，从绩效的角度看，绩效的内涵也十分丰富，既有能够以货币价值衡量的绩效，也有各种无法以货币价值衡量的社会性绩效。并且，社会性绩效的具体内涵有时也难以把握，诸如心理性的收益、安全感收益、消费者或居民满意状况、社会秩序的改善等等。

二是政府绩效评估本身的复杂性。从原理上讲，既然是评估，它和一般的评估应没有太大的区别，需要有评估的对象、原则、方法、内容和评估的指标体系、评估标准的确定以及评估的计分方法等。但尽管如此，作为对公共部门公共服务绩效的评估，在评估的具体方法和内容上与一般的评估又存在很大的区别。这主要是由于评估对象的特殊性造成的，即评估对象的成本和收益一般无法完全用一些量化的指标进行衡量，在评估时，我们也就无法按照常规的成本收益的评估方法进行准确评估。因此，绩效评估作为政府管理的一个重要部分发展还很不成熟，特别是对政府综合绩效的评估还只是停留在探讨的阶段。

实际上，从国外政府绩效评估的实践看，同任何绩效评估一样，政府绩效评估的复杂性主要表现在绩效的度量上。由于绩效的度量直接关系到绩效评估的结果和工作目标的实现程度，科学地度量绩效对绩效评估工作的科学性和有效性非常重要。

如何才能科学地度量政府的绩效？要科学地度量政府的绩效必须要有一套科学可行的指标体系。因为，只有能找到一套科学度量绩效的指标体系，才能准确地度量出一项政府绩效的实际效果。所以，选择科学的指标体系也就成为整个绩效评估工作的核心和评估目标实现的关键，这也是政府绩效评估工作的特性所在。建立一套绩效评估的指标，首先要界定绩效评估内涵。

因为绩效评估的内涵本身就蕴含着绩效评估的内容和目标，而绩效评估的内容和目标又是我们绩效评估指标选择的依据和原则，如果不能对评估的内容和目标有深刻而又全面地把握，我们就不能针对政府绩效评估的特殊性选择恰当的指标。

从字面上看，政府绩效评估实际上已经向我们说明其评估的基本对象和评估的内容，即评估的对象就是政府，评估的内容就是政府的绩效。

实际上，通过对绩效内涵的揭示，我们看出绩效评估就是对一项活动的效益、效率和有效性的评估，既然如此，我们也就不难理解如何选择评估的指标了。即绩效评估的指标从选择的范围看，主要包括效益类指标、效率类指标和有效性指标三个方面。然而，在实践中，有时由于这些指标的数据很难直接获得或直接度量，这时就需要通过一些与这三方面有关的间接指标来实现。间接指标包括活动的两个阶段四个方面的内容，即活动的投入、活动的过程、活动的产出以及活动的效果。

评估要有标准，不同的内容和类别又有不同的评估标准。对于政府而言，绩效评估的标准是政府的目标。例如，根据公共财政的思想，政府的目标就是提高整个社会的福利水平，但社会福利水平是一个难以量化的指标，所以在实践中往往用纳税人的满意度来表示。纳税人的满意度越高，则政府的效果就越好，政府就越有效。但纳税人的满意度又是一个很主观的概念，在实践中需要问卷调查的配合等。在具体的实践评估中，有必要同时使用初始指标和终极指标。

二、科学的政府绩效评估指标体系

在分析了政府绩效评估的特性后，我们对如何构建政府绩效评估的指标体系就有了一个明确的思路。如前所述，在政府绩效评估中，所评估的内容就是政府活动的经济性、效率性和有效性。但这些指标本身都是相对的概念，无法直接度量。要评估出政府活动的三性，在具体的评估中，我们还必须要寻找其他间接指标。

显然，在政府绩效评估的指标体系中，指标的选择分为两个层次：一是终极指标，包括效益类指标、效率类指标以及有效性指标；二是初始指标，包括投入类指标、过程类指标、产出类指标以及效果类指标。

根据上述的说明，在整个政府绩效评估指标体系的构建中涉及到这样几个概念，即投入、过程、产出和结果。所谓投入指为资助项目所投入的资源，包括人力、物力和财力。需要说明的是，这里的投入还可能包括无法用货币度量的一些社会成本。所谓过程，指项目执行过程中项目的质量控制以及实施者对项目规划的遵从度。所谓产出，指以数量或质量表示的为资助项目或活动所进行的努力，比如一项就业培训活动，其产出就是开设了多少课程，多少人接受了培训以及有多少人通过了结业考试等。所谓结果，项目预期目标的实现程度。但这里需注意的是，由于是针对目标，在计算结果时还必须首先考虑目标的合理性和正确性，同时结果的度量必须尽可能全面，即考虑经济性、社会性以及可持续性等。仍以就业培训项目为例，所谓结果就是在所有接受培训的人当中，有多少人能找到并保持工作达 6 个月以上，多少人将获得和原有工作一样或更多的工资收入，又有多少人认为就业培训中所学到的技能是其能找到工作的关键因素。明确了度量对象的内容，便可对不同指标进行说明了。下面以公共就业培训计划为例，对各类指标进行解释和说明。

所谓投入类指标：用于反映政府部门提供公共服务所投入的人力、物力和财力的变量。例如，可以用来说明投入一项工作的总成本、投入资源的组合或者数量。对就业培训计划来讲，此类指标的例子有：投入的教师数量；投入的培训场地；投入的日常费用。

所谓过程类指标：指政府在提供公共服务的过程中，对质量的控制和对预算制度的执行情况。显然，过程类指标也就是用于反映公共部门在提供公共服务工程中质量控制的程度和执行预算计划的变量。例如，说明公共服务提供工程中，是否按计划进行，财政资金的使用是否有浪费现象等。此类指标的例子有：培训是否按计划进行；根据管理指导方针设立的错误允许程度；培训支出预算调整的程度。

所谓产出类指标：用于反映政府部门提供的产品或服务的数量或完成的工作量等变量。简单地说，是反映项目产出了什么和产出了多少。通过这类指标的历史比较，可以反映出工作的变动性或稳定性。此类指标的例子有：开设了多少班级；开设了多少门培训课程；开展了多少实习活动。

所谓结果类指标：用于反映一项工作、一种做法或计划达到预期目标的程度的变量。结果反映了达到的真实效果和相应的影响。结果指标是从服务对象的角度来衡量的。例如，人力服务计划的效果可以和行为、技能、知识、态度、价值、条件、地位或其他方面有关。结果是参与者在完成计划后在认知、思想或行为等方面发生的变化。此类指标的例子有：有多少人通过了结业考试；有多少人通过培训找到了工作；再就业后收入提高的程度。

仅有上述的初始指标还不能对政府直接进行评估。要想对政府绩效进行评估，还需使用这四类指标相互间的关系来考核政府的效益性、效率性和有效性，这样才能最终对政府进行绩效好坏的评估。因此，有了这四类指标还不够，评估绩效还得在这四类初始指标的基础上，根据政府绩效评估评估的内涵构建效益性指标、效率性指标和有效性指标。

所谓效益性指标：用于反映公共提供单位成本的变量，它往往可以通过投入类指标、过程类指标和相应标准的比较得出。比较的目的就是通过效益性指标考评为完成既定质量和数量的公共服务，财政的投入是否最低。例如，公共服务的各项投入是否以最低的价格从市场中获得，公共活动过程是否存在浪费等。此类指标的例子有：一个接受再就业培训的人员所花费的公共资源；投入的培训设施的购买价格与市场平均价格的差异程度；培训计划的机会成本与实际成本的差异程度。

所谓效率性指标：用于反映既定的资源投入是否获得了最大的满足公共需要的公共服务产出，它往往是通过投入类指标和产出类指标比较得出。此类指标的例子有：单位公共资源投入所培训的人员；培训计划完成的程度；培训支出超预算的程度。

所谓有效性指标：用于反映政府目标的实现程度，但不仅仅如此，它还考虑相应的财政投入，并往往是将效率因素和效果因素放在一起考虑。例如，“所有修理的单位成本”是一个效率指标，“满意的修理的单位成本”则是一个有效性指标。通常，有效性指标用公式表达有一定困难。正因为如此，新接触绩效评估的部门喜欢首先强调效果和效率的评估，等对绩效评估熟练之后，才会进行一些有效性的评估。有效性指标的例子有：培训后找到工作的人员与预期的培训目标的差距；培训计划给地方经济带来的影响程度；培训计划改善居民的贫困的程度。

上面只是从体系上完善了指标体系的构成，但在实际的政府绩效评估中，每类指标实际上还是有许多具体指标组成，这些具体的指标在不同的评估对象中可能千差万别。正如前面所分析的，由于政府层次不同，形式又多种多样，这样政府绩效评估的具体对象也就多种多样。所以，尽管指标还是来自于这几类，但每类指标选取对于不同的评估对象并不一样。因此，对具体评估对象来说，指标选取在以上述体系为根据的基础上，还必须遵循一定的原则，才能保证绩效评估结果的科学性、准确性、可靠性以及全面性，达到预期的评估目标。

一般来说，对一个具体的评估对象，其绩效评估指标选取应坚持以下原则：（1）指标的相关性。衡量指标与政府部门的目标及项目目标有直接的联系，不能因为容易收集就使用，例如投入或产出的衡量相对容易，但如果与项目成果目标的相关性存在问题，单纯的投入指标或产出指标就不能很好地反映项目的实际影响。（2）指标的经济性。指标的选取要考虑实现条件及可操作性，数据的获得应符合成本效益原则，在合理成本的基础上收集信息。这就要求指标在满足评估目标的前提下要尽量精简，减少指标之间的信息重复，选定的指标应承载尽可能大的信息量，从而可降低指标信息收集的成本。(3) 指标的可比性。在相似目的的项目之间有共同的指标，不同项目之间的衡量结果可以相互比较。(4) 指标的重要性。根据指标在整个体系的地位和作用进行筛选，选择最具代表性、最能反映评估要求的指标，注意指标的兼容性问题，不要对指标进行杂乱无章的罗列。

实际上，根据国外的经验，在指标的选择上除了坚持上述的原则外，我们认为还应坚持以下几项原则：所选指标在评估内容的度量上要具有精确性，不能模棱两可；指标的选择应尽量充分，也就是指标能充分的对绩效进行评估；选出的指标应具有可监控性，即指标应具有独立性，减少人为因素对指标的修饰；最后，也是最主要的一点，政府的绩效评估指标体系应建立在符合社会发展的客观需要的标准之上。

三、构建社会发展绩效指标体系

目前，中国正在经历传统社会结构逐渐离析、现代社会秩序加速建立的社会转型时期。改革开放 20 多年来，中国的经济增长取得了举世瞩目的成绩，但经济增长并没有伴随着同样程度的经济发展，经济结构的调整和优化尚未完成，社会结构的转型才刚刚开始。高速增长的 GDP 背后隐藏着许许多多的社会矛盾亟待解决和转化。从社会形态的发展历史来看，世界范围内，已经经历了从农业社会到工业社会，再到知识社会的两次现代化升级，现代化的实践早已突破国界，在全球扩展蔓延。尤其在当前以全球化、知识化为核心的新一轮现代化浪潮当中，各国政府都在努力寻求适合本国国情的现代化路径，朝着高度知识化、信息化的社会迈进。中国，走到了自身社会发展的转型关口，同时又置身于全球社会现代化升级的浪潮之中，无论是谋求自身发展的动力，还是适应现代化潮流的压力，都使得我们已经走在了社会转型的风口浪尖上，因此，建立社会发展绩效指标体系成为衡量政府管理绩效的重要途径。

(一) 以城市化为衡量标准的指标体

城市化现象涉及范围广泛，对城市化进行测度并非易事。综合各方面的研究成果，目前确定城市化指标及测度方法主要有两种，即主要指标法和复合指标法（参见表 4 - 1）。

表 4－1　　以城市化为衡量标准的指标体

目标层	准则层	指标号	指标层
社会发展绩效指标体系	城市化为衡量标准的指标体	1	城市人口比重
		2	城市人口增长率
		3	土地利用率
		4	城市人口数量
		5	土地转化率（非城市向城市）

主要指标法是选择对城市化表征意义最强的、又便于统计的个别指标，来描述城市化达到的水平。这种指标主要有两个：人口比例指标和土地利用状况。其中，城市人口占总人口的比例是最常用的城市化测度指标。因为人口比例指标比土地利用指标在表达城市成长状态方面更典型深刻，更便于统计。然而，必须指出的是，这种量度方法存在着很大的局限性。

首先，城市定义的不同，将直接影响城市人口数量的统计，进而影响城市化水平的计算和比较。

其次，城市人口的定义不同也将影响城市化水平的计算。一般认为，城市人口应指城市市区中的非农业人口和一部分近郊区的农业人口，农业人口的比例不应超过城市总人口的 30%。然而，我国各城市郊区范围不一，造成农村人口占城市总人口的比例差异很大。在这种情况下，一般只能将城市市区非农业人口数作为城市人口规模，并以此计算城市化水平。

第三，以城市人口比重衡量城市化水平只是测度了农村人口向城市集中的数量过程，它不能反映城市化的其他性质，如非城市型景观向城市型景观的转化过程，更不能反映城市生活方式向农村地域的扩散过程。因而，在国际上它无法辨别真假城市化。以城市人口比重衡量不同国家和地区的城市化，可能水平相同，但现代化设施和生活质量相距甚远。在我国，如仅用城市人口比重衡量省际城市化的差异，会出现西北某些省区的城市化水平高于江苏、浙江、广东等省。显然，这与实际情况不符。

第四，城市化水平用城市人口比重表示，只能反映城市化发展的相对水平，不能反映城市化发展的总体规模。例如，我国虽然是一个城市化水平很低的国家，但城市总人口数却位于世界前列，城市化水平每增加一个百分点就意味着要增加数百万城市人口。

为了克服其局限性，国内外学者在分析城市化问题时，还辅以其他指标反映城市化的进程，如城市人口的增长动态，城市数量的增长情况，不同规模城市的数量及人口的增长动态等。

土地利用指标是从土地性质和地域范围上来说明城市化水平的一个指标。测度方法主要是统计一定时间内非城市用地（如农业、草原、山地、森林、海滩等）转变为城市用地（如工厂、商业、住宅、文教等）的比率。这个指标因为统计困难，使用不广泛。随着今后航空遥感技术的提高和普及，这个测度指标将会显示出一些新的前景。

复合指标法是选用与城市化有关的多种指标予以综合分析，以考察城市化的进展水平。然而，指标多，必然与具体地域结合紧，针对性强，通用性差。所以，复合指标法多半是对具体城市地域，或者具体国家地区作城市化分析时使用，而无法进行国际间的比较分析。

（二）以市场化为衡量标准的指标体

我国正处在由传统的计划经济和残存的自然经济向现代市场经济转型的历史性转变过程之中。始于 1978 年的经济体制改革，以“市场化”为基本取向，从培育市场主体、建立市场体系入手，开始了从未有过的经济市场化进程。

中国经济市场化历经三个阶段：体制外市场化阶段，体制内局部市场化阶段及全面展开与纵深推进阶段。目前改革的重点转移到市场经济基本制度的构成、运作以及市场主体相互间的博弈行为与过程上。在此过程中，深入理解市场化的内涵、设置科学的市场化测度指标、改善市场化测度方法应当引起重视（参见表 4－2）。

表 4－2　　以市场化为衡量标准的指标体

目标层	准则层	指标号	指标层
社会发展绩效指标体系	市场化为衡量标准的指标体	1	产品的市场化程度
		2	要素的市场化程度
		3	企业的市场化程度
		4	政府对市场的适应程度
		5	经济的国际化程度

如果能够借鉴国外的研究方法和经验，结合我国的实际进行调查和分析，就能够对我国各个地区和各个产业以及总体经济市场化程度做出全

面、系统、连续的分析和测度，这对于中国的市场化进程将地起到积极的推动作用。

（三）以社会结构扁平化为衡量标准的指标体

管理的宗旨是为了提高效率，企业管理以提高利润为直接目的，公共管理致力于实现社会整体的高效率。决策是管理的中心环节，管理决策的依据便是信息，但在经济运行日趋复杂的社会里，却普遍存在信息失真与信息传导障碍，它导致了大量的管理失误；另外，面对信息爆炸的压力，组织的结构也变得纷繁复杂。随着信息时代的到来，计算机和互联网得到普遍运用，信息的获取、加工和整理更为便捷，管理的组织构架也因“信息化”而“扁平化”。

所谓“扁平化”就是指各类组织的中间层被大量削减，因为信息的传递和加工不再需要中间层去承上启下，通过光缆和计算机终端，组织的高层便完全可以与基层部门乃至某个成员进行信息沟通、交流，进而组织的控制也相应地更具成效。尽管组织的层次被削减，但管理的幅度却大大提升，这样既降低了部门之间和组织成员之间的“摩擦成本”，又减少了信息的沉淀，由此形成的组织架构简洁化必然大大削减产生于组织内部的各种“信息干扰”，提高沟通的速度和质量（参见表4－3）。

表4－3　以社会扁平化为衡量标准的指标体

目标层	准则层	指标号	指标层
社会发展绩效指标体系	社会扁平化为衡量标准的指标体	1	信息获取速度
		2	组织间沟通的质量
		3	信息化覆盖率
		4	组织间沟通的速度
		5	组织的层级数

（四）以工业知识化为衡量标准的指标体

从生产要素角度来看，人类社会自产生发展到现在已经历了4个时期，即原始社会时期、农业社会时期、工业社会时期和知识社会时期。人类文明伴随着农业社会的出现而诞生，工业革命及新技术革命促成了两次显著的现代化，即社会经济形态由农业社会快速工业化、工业社会面临知识社会的剧烈冲击。经济时代的转换是由科学技术的突破引起的，纺织技术和蒸汽技术的突破促成了农业经济时代转变为工业经济时代；信息技术的突破引起了工业经济时代转变为知识经济时代。

知识经济时代向人类社会提出三个方面的根本性要求：一是要求社会经济中的知识含量和科技含量越来越高。知识经济是以知识为基础的经济，它是新技术催化产生的，又是以高新技术产业集群为支撑的，科技对经济的贡献率不断提高。在知识经济时代，一个国家或地区的创新能力，包括知识创新和技术创新的能力，是决定其在国际竞争和世界格局中的地位的重要因素。

人类由传统的资本经济、技术经济时代向知识经济时代迈进的时候，仅仅停留在原有技术上的改进已经无济于事，必须要有较大的质的突破，这种质的突破就是在知识经济时代中进行的科学技术创新活动（参见表4－4）。

表4－4　　以工业知识化为衡量标准的指标体

目标层	准则层	指标号	指标层
社会发展绩效指标体系	工业知识化为衡量标准的指标体	1	科技对经济的贡献率
		2	技术创新能力
		3	知识创新能力
		4	人才培训回报率
		5	人力资本贡献率

（五）以国际化为衡量指标的指标体

国际化是全方位的开放，也是分步骤、分阶段推进的过程。国际化是当今中国最大的改革，首当其冲，对外开放成为中国迈向市场经济的巨大推动力量。经济特区、开放城市、开放地带率先进行了以市场为取向的改革，形成了与国际市场接轨的开放经济。

从封闭型经济转变到开放型经济，最困难的事情是难以冲破思想意识方面的封闭。这是因为，在长期封闭的环境里，封建体制所形成的根深蒂固的“天朝中心论”思想，产生和发展了阐述封闭合理的理论；还由于我国长期处于半殖民地地位，加以解放后的孤立处境，很自然地会形成经济独立的自豪感和反压迫的排外情绪，并且在理论上有所反映。不冲破思想封闭，便难以从封闭转向开放。所以，对外开放的推进必然是由思想解放推动的（参见表4－5）。

表 4-5　　以国际化为衡量标准的指标体

目标层	准则层	指标号	指标层
社会发展绩效指标体系	国际化为衡量标准的指标体	1	进出口总额
		2	技术创新能力
		3	经济增长速度
		4	引进资金额度
		5	对外贸易程度

中国打开国门的策略是"多层次和多渠道"。多层次是指形成由南到北、由东到西、由外到内的梯次开放格局，即第一层次为深圳、珠海、厦门、汕头和海南5个沿海经济特区；第二层次为广州、上海、青岛、天津、大连等14个沿海开放城市；第三层次为闽南三角地带、长江三角洲、山东半岛、辽东半岛等经济开发区和一批经济开发区；第四层次为内地即中西部地区。20世纪90年代以来特别是实行西部大开发战略以来，对外开放的战略格局又发生了新的变化，西部开始成为对外开放的工作前沿和工作重点。这一战略格局的变化将有力推动中国对外开放的进程。多渠道是指采取多种形式扩大对外经济贸易和经济合作。从输入角度看，有引进资金、引进设备、引进技术、引进管理人员和管理经验等形式；从输出角度看，有商品出口、技术出口、劳务出口等形式。多渠道的对外开放极大地促进了我国的对外经济贸易。从1978年到2004年，我国的进出口贸易总额呈跨越式增长态势，进出口总额从1978年的355.0亿元猛增至2004年的11547亿元。

（六）以经济循环为衡量指标的指标体

循环经济是一种建立在物质不断循环利用基础上的生态经济。它倡导的是人类社会、经济发展与生态环境和谐统一的发展模式，把经济活动组成一个"资源——产品——再生资源"的反馈流程，所有的物质及其价值在这个不断进行的经济循环中得到合理持久的利用，从而使经济活动对自然环境的负面影响降低到最小。循环经济要求遵循生态学规律，合理利用自然资源和环境容量，在物质不断循环利用的基础上发展经济，使经济系统和谐地纳入到自然生态系统的物质循环过程中，实现经济活动的生态化；它还要求把人类对自然资源的索取量控制在自然环境的生产能力之内，把排放到环境中的废弃物量压缩到自然环境的消纳能力之内，在环境资源不退化甚至改善的情况下促进经济发展，实现环境与经济双赢。

循环经济要求从物质和能量流动的基本关系出发，把经济系统看成是自然生态大系统的一个子系统。自然规律是社会可持续发展的根本要求，经济规律是经济运行的内在机理。在现实中，政府的政策、制度和规范是引导社会经济发展方向的重要力量，而发挥市场机制的作用则符合经济运行规律的内在要求。因此，循环经济中自然规律与经济规律的协调统一问题，实质上就是如何把握和处理市场与政府的关系问题（参见表4－6）。

表4－6　　以循环经济为衡量标准的指标体

目标层	准则层	指标号	指标层
社会发展绩效指标体系	循环经济为衡量标准的指标体	1	再生资源利用率
		2	市场竞争力
		3	经济活动的生态化程度
		4	资源的循环利用率
		5	循环经济的目标达成率

（七）以新技术产业化为衡量指标的指标体

随着世界经济全球化的发展，原创产业不仅成为国家经济发展的原动力，而且也是决定国家乃至世界产业结构和经济发展方向的重要因素。自1993年3月以来，美国经济呈现低通货膨胀率、低失业率和持续增长的态势，被誉为“新经济”。无庸置疑，克林顿政府卓有成效的宏观经济政策和美国组织跨世纪的改革为美国经济持续增长奠定了坚实基础。但从根本上说，以信息技术为基础的原创产业日新月异的发展是“新经济”产生乃至美国经济持续增长的根本动力（参见表4－7）。

表4－7　　以新技术产业化为衡量标准的指标体

目标层	准则层	指标号	指标层
社会发展绩效指标体系	新技术产业化为衡量标准的指标体	1	技术创新速度
		2	信息产业比重
		3	经济结构高级化程度
		4	消费增长率
		5	新技术产业投资增长率

（八）以文化转型为衡量指标的指标体

当前中国正经历着一场深刻的社会转型，在这个转型中，文化的作用日益显现。文化转型是社会转型的重要动力与内在机制，它关系到社会转型的主体——人的新形象的确立，我们必须正视文化转型在社会转型中的地位与作用，促进中国社会的成功转型（参见表4－8）。

表4－8　　以文化转型为衡量标准的指标体

目标层	准则层	指标号	指标层
社会发展绩效指标体系	文化转型为衡量标准的指标体	1	社会成员受教育程度
		2	全民素质提高率
		3	社会和谐程度
		4	教育覆盖率
		5	公共服务认可度

社会转型是一个内外兼修的过程，远远不只是外在形式或框架上的调整和转变。只有伴随着精神内涵的社会转型才是有意义的，才能持久下去。而且，随着经济、文化等多方面社会转型的推进，社会意识的转型也将成为必然的趋势。在传统体制与特定的社会环境中，社会意识在传统的熏陶和计划氛围的影响下，表现出内敛的倾向，更多的体现着国家的意愿而非个人意愿，形成一种超越性社会价值系统。当市场取向的发展方向确立后，多元社会主体的地位与权力在市场经济环境中重新确立并获得，超越性社会价值系统开始失去原有体制的支持，并开始培育起个体乃至整个社会市场取向的价值观和行为模式，市场经济的巨大张力牵引着传统的社会意识走向消解。社会意识的现代化与城市社会、工业文明乃至知识文明、市场经济、民主意识和先进文化等语境密切相关，是整个社会转型的精神内涵。只有伴随着社会意识现代化转型的跟进，社会多元复合转型才能达到“形与灵”的结合，才是成功有效的转型。

八大转型彼此渗透、彼此依赖、相互交织，充分显现出社会转型的整体性和复合性。这是我们进一步推进经济社会发展的战略背景，所以构建以八大转型为标准的指标体系将成为衡量政府区域绩效的主要指标。

第四节　国际化借鉴和政府绩效管理

从20世纪末开始，国际上众多的组织在不断地尝试和追求在绩效管理方面的成功。高绩效管理还是一个新的管理方式，还没有统一的定义和理论体系，通过综合数百组织在高绩效管理方面的实践，我们认为政府高绩效管理有以下要点：

一、政府高绩效管理，引导政府高绩效运行

高绩效管理的核心思想从三个高绩效管理模型得到体现：高绩效管理总体思想理论模型、基于流程与指标体系相结合的高绩效管理模型和高绩效管理的解决方案模型。

所谓高绩效管理就是以战略为核心，以流程为基础，以信息系统为支撑，以人为本，集成多种管理举措，通过提高组织的采纳率，不断改进和加强组织的核心能力，有效实现组织价值最大化。

简而言之，就是以人为本，协同流程，提升能力，实现战略。

高绩效管理总体思想理论模型包括两个循环和一个基础平台（如图4－1所示）。两个循环是战略管理循环和绩效管理循环。战略管理循环包括4个基本过程：确定政府组织的使命和战略定位，制定政府部门的战略目标，制定战略实施计划并进行预算，进行战略评估。绩效管理循环包括4个基本的步骤：绩效计划、绩效执行、绩效评估、绩效反馈。其中，战略管理循环主要针对组织层面，绩效管理的循环主要针对个体层面。一个基础平台是指：流程是高绩效管理的基础平台，当组织绩效出现偏差时，85%的原因来自系统，而员工个体的原因只有15%，而流程作为组织系统的重要组成部分，是员工行动的重要准则，因此建立以流程为核心的全方位科学的绩效体系，围绕发展目标，关键成功因素、关键驱动流程和关键绩效指标的分析和设计，树立标杆，建立持续改进流程绩效的机制和规划，促进政府整体绩效不断改善（如图4－2所示）。

政府的高绩效管理不仅需要科学的理论体系，而且更应注重实效，必须有一个全面解决高绩效的方案去支撑：即在高绩效管理中，做到“以人为本”，以对公众的全面发展具有肯定性、实质性的现实客观结果，作为政府绩效评估的客观依据。通过培训等途径，培养公务人员解决问题的方法和能力，提高公务人员业务素质，建设高绩效政府文化，增强公务人员对高绩效管理的认识和氛围，运用国内外先进的管理软件、管理理念及高绩效管理平台对政府绩效管理进行全局管理，真正实现政府管理的高绩效，如图4－3所示为高绩效管理的全面解决方案模型。

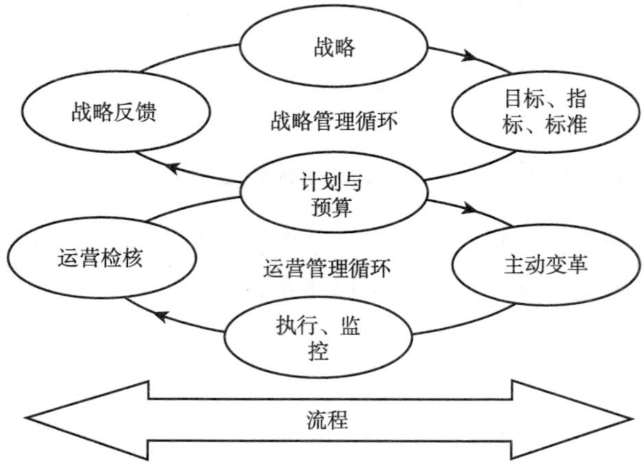

图 4－1　高绩效管理总体思想理论模型

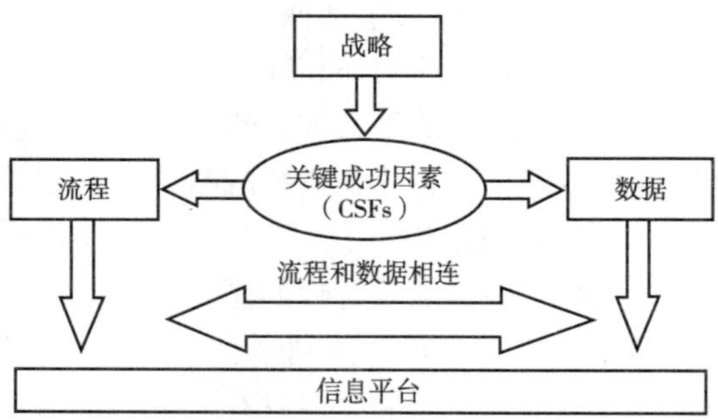

图 4－2　基于流程与指标体系相结合的高绩效管理模型

（一）关注组织绩效与个人绩效的有机结合

高绩效管理模型（HPM）为政府部门建立高绩效组织提供了思考和实践的理论框架。马克·G. 波波维奇等人认为“高绩效组织就是用相同或更少的资源生产或提供较高质量的所要求的产品或服务的一组雇员”。在高绩效组织中，“雇员的生产率和质量逐日逐年不断提高，从而完成组织赋予他们的使命”。因此，高绩效的组织必然由高绩效的员工组成。吴琼恩（2006）认为“公共部门绩效管理的目标在于通过改善公务员努力的结果，提升组织绩效，达成组织目标。通过公务员附加价值的增进及组织预期行为的完成，增进公务员的努力程度，进一步提升组织整体绩效的过程，就是绩效管理模型的核心概念”。在高绩效管理模型（HPM）中，

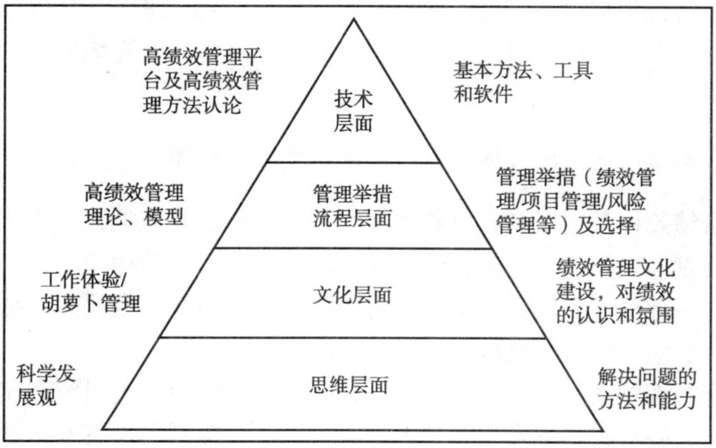

图 4－3　高绩效管理的全面解决方案模型

战略管理循环关注的是组织绩效，通过战略管理循环可以不断提升组织的绩效水平；而绩效管理循环关注的是个体的绩效，即通过绩效管理循环可以不断提升个体的绩效水平。因此，创造高绩效的政府组织一方面要着眼于制定有效的战略目标，并建立战略评估机制，另一方面需要着眼于培养高绩效的公务员。

（二）关注绩效评估与绩效改进的有机结合

高绩效管理模型（HPM）中包括基于组织战略层面的战略评估和基于员工个体层面的绩效评估。通过战略评估可以对战略目标的执行情况，以及战略目标本身的有效性进行检验；通过绩效评估可以对员工个人的绩效目标完成情况以及绩效标准的可行性进行检验。绩效评估的结果可以通过绩效反馈与员工进行沟通，并帮助员工制定新的绩效计划和绩效改进方案，个体的绩效改进有助于推动组织层面战略目标的达成，并进而推动组织进行整体的绩效改进。在现实中，政府部门公务员的绩效水平受制于许多限制性因素，与个人相关的限制性因素主要有自身的技能、能力、态度，与组织相关的限制性因素则有系统、结构和流程等。因此，高绩效管理模型（HPM）首先强调上级管理者要和下级员工一起制定能够达成“共识”的绩效计划，因为绩效管理的前提是达成共识的绩效目标和标准。“如果客观的绩效标准是通过管理者和雇员共同参与某个目标设定过程而在这两者之间建立起来的，那么，雇员能清楚地认识到与其工作职位的相关的特定的行为期望。”其次，要通过对绩效结果的评估，分析员工自身绩效不佳的原因，提出改进措施，制定改进计划，从而将绩效提高到一个新的水平。

二、实践政府高绩效体系，打造区域发展新局面

政府绩效体系关系到政府能否完整准确的履行其职能，关系到国家经济与社会发展以及每一个公民的福祉。政府绩效体系的构建是整个政府管理创新的一部分，关系到科学发展观的落实和和谐社会的构建。如何建立科学的政府绩效体系值得深入探讨和实践探索。

政府绩效体系的制定从根本上讲，是一个长期的理论研究和实践的过程。首先，要对科学的发展观的精神实质有一个深刻的理解和把握，要以科学的发展观为指导；其次，要紧密地结合中国的国情，对各地区经济、社会发展的状况进行认真的研究；第三，对现在的政府职能有一个恰当的定位，要体现政府职能转变的要求；第四，要借鉴国外先进的政府绩效评估的理论和方法。

高绩效体系的构建是一个系统工程，既是一个技术问题，也是一个制度、体制问题，要从这两方面来完善，建立符合中国国情的政府高绩效体系。

（一）绩效管理的思想体系

绩效管理思想体系的核心就是以政府愿景、使命为引导，战略为核心，流程为基础，以信息系统为支撑，以人为本，集成多种管理举措，提高组织的采纳率，不断改进和加强组织的核心能力，实现组织价值最大化。简而言之，就是以人为本，协同流程，提升能力，实现战略的政府绩效管理思想。流程是组织的经络、骨骼，是高绩效管理的基础平台，通过流程完善和指标体系相结合，形成系统化的不断完善的管理过程。流程是实现高绩效管理的本质性和基础性工作。如果没有将流程作为管理对象，没有与不断完善的流程本身协同，那就不能实现高绩效管理。

绩效管理是一个完整的系统，在这个系统中，组织中的全部人员都参与进来，通过沟通的方式，将组织的战略、目标、管理的方式和手段、各项业务运营的流程以及每个岗位人员的绩效目标等管理的基本内容确定下来，在持续不断沟通的前提下，帮助组织中的成员清除工作过程中的障碍，提供必要的支持、指导和帮助，与组织中的成员一起共同完成绩效目

标，从而实现组织的远景规划和战略目标，如图 4 – 1 所示为高绩效管理框架。

（二）绩效管理的组织体系

绩效管理的组织体系是一个典型的系统，整个体系是由相互关联制约且独立的机构组成（政府机构、学术机构、企业），每一个机构在组织性质上各有不同，这种三方协作的组织体系使得政府高绩效管理在实施过程中不会拘泥于某一组织的特性，取各自所长，构成比较完整的绩效管理组织体系。政府若要成功地实施高绩效管理，其绩效管理的组织体系采用三方结合的组织体系是最佳的切入点，使体系具有一定的弹性，以便每一方有责任了解外在环境的发展，在发现新的机会时，能迅速地转移组织体系的重心。同时，为了组织体系更具效率，还应使组织的结构适当的分化，以配合绩效管理实施过程中特定的任务和标的。这种由外界组织机构推动和参与的高绩效管理组织体系，突破了政府机构的实施绩效管理的一些自身无法逾越的壁垒，减少了政府机构的掣肘，扩大和强化了组织体系的弹性，增强了绩效管理的适应能力，创新三方结合的绩效管理组织体系势在必行。

（三）绩效管理的政策体系

绩效管理的政策体系，如实行信息官、人力资本官制度及激励和奖惩制度等。政府绩效管理要政策化、制度化，即通过法律、法规强制政府提高绩效。要加快政府绩效方面的立法工作，以建立客观公正的评估程序、科学合理的评估方法，一方面需要将评估结果与部门预算挂钩或与领导干部的升迁和奖惩挂钩，达到鞭策与监督的作用；另一方面也需要通过评估树立标杆，达到政府部门学习与能力建设的功能，从而通过科学、正确的评估促进政府问责性的提高、绩效的提高和政府能力的提高。

（四）绩效管理的培训体系

政府机构要变革，要实现政府高绩效的管理，政府人员就需要不断地学习新知识、新技能，因此，对政府培训的重要性越加重视。政府应把越来越多的注意力和资源投入到培训中。政府部门应深刻分析当前政府培训存在的不足，如需求分析环节薄弱、教育资源未得到充分利用、培训体系不合理等，为了与政府高绩效管理同步，必须明确政府的大培训年。作为政府培训的执行部门，应抓住大培训年的契机，进一步完善培训体系，提高培训工作的针对性和有效性，同时建立政府绩效管理专业资格认证制度。

完善绩效管理的培训体系，建立合理的政府绩效管理专业资格认证机制应做以下几个方面工作：一是对培训需求进行有效的分析。从政府发展战略需求分析，从岗位发展需求分析，从员工个人需求分析。二是对培训进行合理的计划。以培训需求为依据，以政府发展目标为依据，以各部门工作计划为依据，以可以支配的资源为依据。三是注重对培训的有效实施，明确责任，选择合适的培训方法。四是对培训效果进行客观评估，建立政府绩效管理专业资格认证，培养出政府绩效管理所需要的专业人才。

综上所述，完善的培训体系是多层次全方位的，专业的资格认证制度是必要的。它需要深入政府内部，遵循分析、计划、实施、评估四个循环过程的运作，发掘政府的核心需求。培训体系的完善一旦脱离了政府的实际运行状况去凭空设想，就等于琼楼玉宇失去赖以支撑的基础。

（五）绩效管理的信息系统

信息化及开放化程度的高低直接影响着政府绩效管理的沟通和交流。政府绩效管理能在国际上取得良性快速发展，主要得益于信息化的快速发展和政府的高开放性。信息化为政府绩效管理的快速发展提供了助力，为实行政府绩效管理提供了支持，而开放化则为政府绩效管理提供了可能。我国信息公开处于起步阶段，近几年发展比较快。但尚有诸多“例外”的信息没有对民众公开，更没有详细地加以规范，过于笼统，使民众无法判别，政府则有很大解释空间，很难推进政府绩效管理健康快速发展。因此有必要建立一套适应于政府绩效管理的信息系统。

三、优化政府流程，构建政府新模式

20 世纪七八十年代以来，各发达国家纷纷兴起了以“政府再造”为主要内容的行政改革浪潮，其重要内容之一就是将“流程再造”引入政府部门，实施过程控制与结果导向并重的绩效管理，并取得了显著的成效。近年来，我国地方政府在探索服务型政府建设的进程中也开始尝试政府流程再造，尤其是各地通过举办行政服务大厅的有利契机，对各项行政审批流程进行了重新整合。然而，从我国实践看，更多是技术层面的移植，缺乏必要的基础理论分析和提炼，此部分旨在阐释政府流程再造的基本内涵，分析政府流程再造的基本原则、程序、目标，为提升政府绩效提供必要的有效路径。

政府流程再造是指在引入现代组织业务流程再造理念和方法的基础上，以“公众需求”为核心，对政府部门原有组织机构、服务流程进行全面、彻底的重组，形成政府组织内部决策、执行、监督的有机联系和互动，以适应政府部门外部环境的变化，谋求组织绩效的显著提高，使公共产品或服务更能取得社会公众的认可和满意。

政府流程再造尽管源于组织流程再造，但由于再造主体、客体和环境的不同，导致政府流程再造不可能是对组织流程再造的简单模仿和移植，必须在“公共性”的基础上呈现特有的属性：

政府流程再造的主体是行使公共权力，掌握公共资源，实施公共管理，提供公共服务和公共产品的公共组织。这与组织流程再造由私人部门启动有本质不同。主体的公共性提出了再造行为的合法要件与形式要件，同时也决定了在价值追求上的不同选择：政府流程再造不仅是降低成本，提高效率，更要最大限度满足公共需求，维护公共利益，使效率与效益有机结合，提供公平、公正、公开的政府服务。

政府流程的对象具有普遍性，指受公共政策和公共管理行为影响，享受公共产品和公共服务的社会公众。同时政府流程的对象也具有特殊性，他们不是公共产品和服务的被动接受者，而是公共权力的“所有者或主人”，政府的角色是“服务而非掌舵”，政府流程必须以满足公共需求为前提。然而，对象的多元化导致公众诉求的多样性和满意度的多样性，他们不仅期望政府流程的高效、便捷，更期待政府流程的透明、公平与公民参与。

政府流程再造的本质是对政府在政治环境中的任务、产品与服务流程进行彻底的变革与改善，必然与政治环境的变化息息相关。在政府流程再造的过程中，各种利益集团的博弈将影响和制约着流程再造的深度和广度，传统的以部门职能为核心的流程将被围绕过程与结果进行系统设计的流程取代，这势必引起政府部门功能定位、权利配置、职位分类、绩效评估、薪酬体系等敏感因素的变化，因此在政府部门实施流程再造会遭遇更大的阻力和障碍。

政府流程再造的复杂性决定了政府流程再造过程的长期性。政府流程再造既不是简单的组织结构重组或机构减肥，也不是单一的全面品质管理或电子政务的实现，需要一个不断改善、验证、持续跟进的过程。再造的流程必须用于实践检验，在实践中持续修正、改善，以保证新的流程全面达成改造的预定目标，使组织的核心能力有所增强。应通过检测流程运作状态、与预定改造目标进行比较分析、对不妥之处进行修正改善等方式，始终关注并实现流程再造的持续跟进。因此，短期的效应和简单的满足并不意味着政府流程再造使命的完成。

流程再造的直接目的就是在分解和诊断原有流程的基础上，实施流程优化，使之达到便捷化和自动化，从而降低时间成本，提高服务效率；但必须指出的是，流程便捷化不仅仅指的是精简机构或者是单一职能部门内部的变革活动，而是众多部门的联动；它不是单纯的技术变革，而是把行政业务流程系统化为战略决策。

流程再造首先是一种管理工具，其技术性的内涵便要求它是通过准确地描述并形成标准作业的一系列过程，因而必须要求其目标和结构的科学、系统、严密和可行；同时，作为公共行政运行系统的战略性革新，它必须追求再造过程中的法治化、制度化、程序化。总之，不管是对流程再造的过程本身，还是承担过程顺利运行的制度和人，规范化都是基本要求。

在整个流程再造过程中，要始终树立“以人为本”的服务理念，要始终以服务对象需求为导向，进行快速回应、周到的服务；同时必须明确，流程再造的过程不仅仅是全程信息、全面技术的革新，其落实与运行最终要归结于广大公务员的全面参与，因而必须通过人性化管理，注重组织文化再造，激励和发挥行政人员的创造力，建立一种知识化、团队化、网络化的工作平台和相互协调、相互监督、相互合作的工作关系。

公共服务和公共产品的供给应体现无差别服务，公平与效率兼顾。再造流程的标准化与评估指标体系设计是达成政府部门业务流程彻底重构的基本前提。

四、政府战略管理是区域腾飞的驱动力

战略管理是形成竞争优势的核心能力。战略执行的核心所在是将战略融入到管理流程当中，但是组织必须要能够描述战略，才能够完成这一转变。与财务管理不同的是，目前没有一种通用的定义或框架能够描述战略。为了能够创造出一套能够实施战略的管理流程，组织必须首先建立一套可靠、持续的框架和方法来描述和评估战略，战略将成为地区经济发展的加速器。

进入20世纪90年代后，由于科技的迅猛发展（尤其是信息技术的发展），全球化步伐的加快，顾客需求的多样化及产品设计周期和产品生命周期的缩短，客观要求组织通过提高自身的能力，全面考虑组织内部要素和组织外部环境要素，以适应不断变化的环境。在这种背景下，基于组织内部分析和组织内外部综合分析的战略理论得到了进一步的发展。包括资源论、钻石模型、平衡计分卡、组织社会关系、博弈论、超强竞争论等战略理论，可以说是多种范式并存。

（一）资源论

1984年沃纳菲尔特的“组织的资源基础论”的发表意味着资源论的诞生。资源论的假设是：组织具有不同的有形和无形的资源，这些资源可转变成独特的能力；资源在组织间是不可流动的且难以复制；这些独特的资源与能力是组织持久竞争优势的源泉。资源论的基本思想是把组织看成是资源的集合体；将目标集中在资源的特性和战略要素市场上，并以此来解释组织的可持续的优势和相互间的差异。尽管资源论不断发展并在1990年代盛极一时，但资源论的缺陷是致命的，且不说它没有分析组织外部环境和组织外部关系，将复杂的组织内部结构仅以资源、能力或核心能力来解释，或者说以资源涵盖整个组织，难免以偏概全。

（二）钻石模型

1990年，波特提出钻石模型，可以说是关于战略理论的综合分析。波特认为生产要素，需求条件，支持产业与相关产业，战略、结构与竞争状态这四大要素创造出国家环境，组织在其中诞生并学习如何竞争。波特还分析了政府、机会、每个国家的社会政治的历史背景、整个社会的价值观（国家文化）对组织竞争优势的影响，并进一步指出在国家经济中，钻石体系会形成产业集群，其内部的产业之间形成互助关系。

在历史分析中，波特认为，从国际竞争观点看，每个国家可以根据他们的产业表现，分成几个不同的竞争优势阶段，这些阶段就是该国经济发展的详细过程。每个阶段所强调的产业、产业环节和组织战略都不同，就连政府的产业政策也因不同阶段而有所不同。一般说来，国家经济发展经历四个阶段，即生产要素导向阶段、投资导向阶段、创新导向阶段和富裕导向阶段。

可以看出波特的钻石理论是对早期组织内外部分析战略理论的完善，使这种理论不仅提供了分析的基本框架，而且有了丰富的理论内容。波特的战略理论真正上升到了科学的层次。因为科学的理论不仅是解释现象，还能指导人们正确行动。当然波特的理论并非尽善尽美。第一，对组织内部结构的分析过于粗造。第二，没有对组织社会关系进行分析。

（三）平衡计分卡

在此阶段，基于组织内部制度分析战略管理理论也开始出现，表现为平衡计分卡理论。平衡计分卡是基于组织绩效评估的战略理论，因而可以将这个理论看作是基于组织内部管理制度的战略理论。由于传统单纯的财务指标评估不能全面反映组织绩效状况，该理论提出用顾客满意度、内部程序（流程）及组织的学习和能力提高三套绩效测评指标来补充财务测评指标。理论可以通过把组织的战略和使命转化成具体的目标和测评指标，建立平衡计分测评法（罗伯特特·S·卡普兰，大卫·P·诺顿，1992）。

（四）组织社会关系

组织社会关系是与组织社会资本概念相联系的一个概念。尽管组织社会关系更多的源于组织外部环境，但它确实不同于一般组织环境分析。二者的差别在于，组织可以或能够在一定的程度上，协调整合甚至管理控制其社会关系；但对于环境来说，组织则无法或难以进行协调整合，更谈不上管理了。从组织社会关系方面看，一个组织既要处理好组织内部组织与组织、人与人、组织与人之间的关系，又要处理好与竞争对手、供应商、客户互补生产商、潜在生产商、政府、企业协会、大学、研究所、社区及其他组织间的关系，从而使组织社会资本最大化。

（五）博弈论

博弈论是研究决策主体的行为发生直接相互作用的时候的决策以及这种决策的均衡问题的，也就是说，当一个主体，如一个人或一个组织的选择受到其他人、其他组织的影响，而且反过来影响到其他人、其他组织的选择时的决策问题和均衡问题。博弈论的基本概念包括：参与人、行动、信息、战略、结果、均衡等。博弈论与战略决策问题有着直接的联系。

以博弈论为基础来研究战略问题，特别强调对竞争对手的行动的研究，强调组织的战略制定要考虑对手的可能反映，要根据对手的反映或可能的反映来不断调整自己的战略和行动，以达到击败对手或至少领先于对手的目标。在传统经济学所谓的寡头垄断产业中，博弈论的思想在战略制定中的运用已很广泛。

（六）超强竞争理论

在竞争理论方面，理查·达维尼提出超强竞争。认为在新的历史时期，组织无法建立不败的竞争优势，每一种优势都有消失的一天。所以组织应当顺应市场竞争的动态发展，积极瓦解自己的优势以及竞争对手的优势，不断创造新的暂时的优势，以一连串短暂的行动积累成持久的优势。

（七）组织理论中的新制度主义的观点

以资源为基础的观点，并没有超越资源及资源市场的属性来解释组织间的差异。尤其是它没有考虑包容着资源选择决策的社会背景因素（比如：组织传统，网络关系，管制压力等），以及这种背景因素是如何影响组织间长期的差异。以资源为基础的观点也没有提出资源选择的程序，也就是组织是如何做出或未做出理性的资源选择来追求经济回报的。决策的制度背景在个人、组织以及组织外部的层次上，深刻地影响了资源的选择和可持续的竞争优势。这里的制度背景即是指规则、准则和围绕着经济活动的信念。围绕着资源决策的制度因素影响着组织获得经济租金的潜能。在个人的层次上，管理者的准则、习惯以及对传统的审慎的认同，影响着管理者的决策。在组织的层次上，组织文化、共享的价值观系统和政治程序，以及在组织外部，政府压力、工业联盟和社会制约（规则、准则、产品质量标准、职业安全、环境管理）等都影响着资源的选择及战略决策。

（八）有机战略观

进入21世纪后，少数学者意识到战略管理理论丛林中绝大多数理论观点的机械性和片面性，以Moshe为代表的学者提出了有机战略观。有机战略观将战略看作是一个适应性协调过程，引入了“组织—环境—战略—绩效”（OESP）综合理论模型，展现了战略管理的一个有机模型。有机战略观战略领域有三个核心问题：战略的概念、将战略与其他结构联系起来的因果模型、战略管理和选择模型。在战略的概念中，强调战略就是组织目标和行动以及组织内部属性与外部环境在时间和空间上的相互协调一致。在组织—环境—战略—绩效模型中，强调将组织内部各要素和组织外部环境中各要素融合在一起同时考察，而不像传统大多数理论只考虑组织内部结构的某一维度，并将内部和外部割裂开来。在战略管理的有机模型中，强调战略管理不是一个给定的过程，而是一个需要发起、培育、并且偶尔需要修改的过程、而且不断进行的过程，战略管理过程不限于单一循环或一个特定的战略。

另外，进入新的世纪，战略管理理论加强了对人的重视，表现为企业家战略。这种观点是指组织努力将组织各个层次的员工培育为普遍具有企业家精神、思维和行动的人（战略家），并努力发挥整个员工企业家精神。以企业家精神为特征的组织是以异质的企业家人力资本和企业家智力资产持续创新，破坏均衡，产生竞争优势和显著的业绩。企业家战略可以看作是企业内部基于人的要素考虑的战略理论。

组织外部环境因素包括自然环境、经济环境、政治环境、历史文化、教育水平、科技水平、国际关系、产业竞争状况、历史机遇和其他不确定性因素等。这些因素在国家、产业和组织发展的不同时期的地位和作用各不相同。从战略管理的实质看，战略管理就是使组织内部要素（维度）、组织社会关系和组织环境因素也要呈现出协调性、一致性和整合性。如何从整体上构建系统的、完整的理论可能是战略管理研究一个重大任务。

在理论研究中，仅做静态分析显然是不够的，因为任何事物都随时间的推移而不断地变化发展。在图4－3中，尽管没法将时间的因素画进去，但是明显的是无论是组织本身，还是组织社会关系、组织外部环境，都是随时间的推移而变化发展的，若能发现这种变化发展的规律，对理解战略和战略的制定都是有指导意义的。如波特从纵观历史的方面将一国经济发展分为要素推动阶段、投资推动阶段、创新推动阶段和富裕阶段，在不同的阶段组织内部、组织社会关系以及组织外部环境中的诸要素的作用各不相同。

从微观历史的角度看，组织有其自身产生、发展和变化的逻辑。在其发展的不同阶段，组织内外部的不同要素所起的作用也各不相同。如在组织规模较小时，用能人管理就可以了；随着规模的扩大，必须上升到制度化的管理；当组织发展到超规模的时候，则必须使管理上升到文化与哲学层次，用理念、价值观来统帅员工。

战略管理学说将从对一个个要素研究而形成复杂的学说丛林局面逐步走向融合，即将复杂要素结合在一起，形成一个统一的、严密的学说体系，表现为组织内部—组织社会关系—组织外部环境—战略范式，当然，在融合的过程中，不排除对单个维度或要素的重新认识或深化。

战略管理理论作为一个学科或一门科学，必须有历史的分析，包括经济发展不同阶段、产业发展的不同阶段和组织发展的不同阶段中组织内外部各要素地位和作用分析。这种分析将更有利于发展中国家的组织立足于本国、本组织的现实制定战略，而不会依照国外战略理论、盲目模仿国外组织发展战略。

伴随着战略管理理论走向完善，必然要求战略管理研究方法的规范化。战略管理作为一门经验性科学，其理论的形成主要是通过观察、调查研究得到经验资料，然后对经验资料进行比较、归纳、提炼形成通则。随着资料的不断丰富、全面和系统，通则将通过分析—综合而不断完善，逐渐形成具有指导性的、相对科学的理论。通过对目前战略管理理论的考察，其研究的方法主要是定性方法，包括案例方法、比较方法。其中案例方法是管理研究中普遍使用的方法，但大多数研究运用少数案例甚至个别案例形成通则，很少研究运用众多的案例包括组织案例、产业案例和国家案例（如波特的钻石模型）来形成理论。在案例方法中运用组织史和产业史进行研究的也不多见。而在案例方法中，只有将经济发展阶段同组织史和产业史结合起来才能发现组织成长的逻辑，才能发现组织的战略逻辑。

比较方法作为科学的方法，在运用中要求系统比较、历史比较，而且这种比较是形成科学理论不可或缺的。在战略管理中，波特、钱德勒运用得较多，也运用的好。大多数战略理论或没有运用比较方法，或限于简单比较。

战略管理中的定量研究方法主要是统计分析。主要表现为：一是通过对现存有关某一现象的大量统计数据的分析，得出某一结论。如鲁梅尔特通过对 1949—1969 年间美国大型组织多元化发展及事业部制有关资料的统计分析，提出围绕中心技能或能力的多元化经营的组织业绩最好，而无关多元化经营的组织经营业绩最差的论断。另一种方法是通过做问卷调查得到数据资料，经过统计分析，得出某两个变量间的关系。如国外专家对中国组织的关系网络做了实证研究，提出关系就是社会资本。指出为了克服竞争和资源的不足，中国组织通过与竞争对手和政府合作及交换好处，进而将发展关系作为战略机制。通过实证研究，他们探讨了关系对组织绩效的影响。从战略管理理论的发展看，定性方法和定量方法的结合也是形成完善的战略管理理论的有效途径。

总之，战略管理的目标是将战略落到实处，使战略成功落地。卡普兰在研究中同时发现，在所有宣称已实施平衡计分卡的组织中，只有不到一半的组织真正发挥了其最大的威力。很多组织虽然实施了平衡记分卡，却不能成功执行新战略。而不能成功执行新战略，在很大程度上应归因于不能全面、清晰地描述战略。员工不了解战略，就不能指望他们来执行战略。因此，我们必须寻求一种使战略能够成功落地的方法和工具，促进战略的实施。

第五节　构筑高绩效的模型指引改革

以政府高绩效管理思想为指导，以政府高绩效管理模型为行动方案，以政府高绩效理论体系为保障，建设高绩效的北部湾新区。

一、北部湾新区高绩效管理综合模型

从北部湾新区愿景、使命、战略、战略导航图、关键成功因素直到流程团队，它们相互间存在一个循环、两个流向；一个是支撑战略成功落地的流向，另一个是战略反馈的流向，两个战略流共同构成北部湾新区战略流循环。如图 4－4 所示为高绩效北部湾新区综合模型。

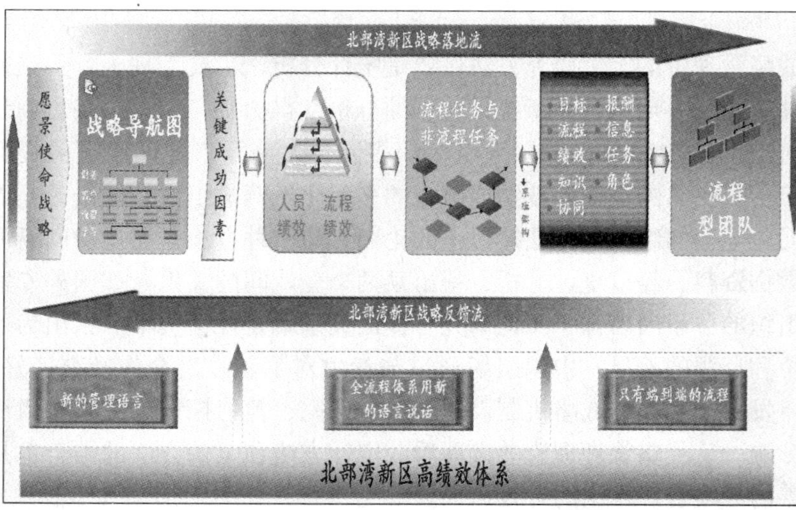

图 4－4　高绩效北部湾新区综合模型

新的管理语言、北部湾新区的高绩效体系支撑战略流循环的顺利实

现。它们是北部湾新区战略实施的保障。

整个系统运行的核心就是流程管理平台流程管理语言的描述，也就是流程中的活动单元，一个流程是由若干个相互关联的活动组成，每个活动都有其特性，但在设计时都有其共同的地方，就是流程描述语言。

活动中都可以增加对该活动负责的组织资源，也就是某些特定的人负责该业务环节；每个活动又能设计其在该活动所耗费的成本；还有活动的名称和对该活动的描述；还有指向其子流程的层级指针及重要的附件功能，附件中几乎连接所有目前包括数据库在内的应用程序、文档等。

二、高绩效北部湾新区实施举措

（一）北部湾新区战略实施

在中国，一方面，越来越多的政治家、企业家认识到战略管理的重要性，不惜花费大量时间和精力进行企业的战略规划。而另一方面，这些花巨资打造出来的企业战略却被束之高阁，或者在实施的过程中受到种种阻碍半途而废。组织战略的执行问题已经成为很多组织发展的痼疾。对于政府而言，战略的执行问题尤为重要，战略的成功落地与否直接关系到北部湾的发展，因此我们必须选择正确的方法、科学的管理工具去促进北部湾新区战略的实施。

战略与绩效是两个不可分割的命题，通过高绩效管理加速战略的实施，对提高北部湾新区的战略执行力无疑是一种非常值得借鉴的方法。

1. 通过高绩效管理增强战略实施能力。战略管理无疑是我国目前最为流行的管理理念之一，企业家也纷纷表示出对战略管理的认可和渴望。但这只是表面现象，在实际运作中我国组织经常出现这样的情况：花费了大量的资源，运用各种前沿、现代的工具，制定了非常漂亮的组织愿景、战略规划，可随后就束之高阁，整个组织又按照原来的经营思路和模式运行下去。即便有少数组织确实试图将战略贯彻到组织经营运作中去，也往往因为各种障碍而半途而废或将原有战略改得面目全非，真正能将战略制定、战略执行、战略监控、战略反馈与调整这样的完整战略管理过程与组织经营运作有效结合的组织少之又少。

从某种程度上说，我国组织的战略管理与实际经营运作是分离的，战略管理并没有发挥其应起的作用。导致这种现象产生的原因可以归结为一个：组织的战略实施能力不足。从严格意义上讲，我国组织所做的不是战略管理，而是战略制定，是战略管理“万里长征的第一步”。

战略实施能力不足不仅是我国组织的痼疾，国外组织一样难以摆脱这样的困扰。《财富》杂志曾载文指出，大约70%的总裁失败的原因是“组织战略执行不到位”，就是战略实施能力不足。

那么，如何将花费巨大资源制定的战略贯彻实施下去呢？我们以高绩效管理为切入点来谈谈如何增强政府的战略实施能力。

2. 高绩效管理是战略实施的核心手段。我国很多组织的管理人员，包括绩效管理实际操作运用人员，对绩效管理的理解多停留在传统绩效管理的概念上，即认为绩效管理是人力资源管理的一个子系统，是组织利益分配的一个工具或依据。

而国际绩效管理（BPM）标准化组织给绩效管理下的定义是：BPM是一组集成和闭环的管理和分析流程，这些流程由技术支持，以满足财务和运营活动的需要；BPM是设定策略目标，然后衡量和管理绩效以达成目标的业务使能器（Enabler）；核心的BPM流程包括财务及运营计划、合并报表及报告、建立模型、分析和制定反映组织战略的关键绩效指标（KPIs）并对其进行监控等。从这个定义可以看出，组织绩效管理（BPM）是战略实施的重要组成部分，是经营管理工具，而不从属于人力资源系统。

3. 绩效管理在组织运作中有三个核心用途：一是组织战略目标的实现——绩效管理是人力资源管理的核心工作。通过对组织、个人的工作绩效的管理和评估，提高个人的工作能力和工作绩效，从而提高组织整体的工作效能，完善人力资源管理机制，最终实现组织愿景目标；二是促进组织和个人绩效的改善——通过规范化的关键绩效、工作目标设定、沟通、绩效审查与反馈工作，改进和提高管理人员的管理能力和成效，促进被考核者工作方法和绩效的提升，最终实现组织整体工作方法和工作绩效的提升；三是作为利益分配评判的标准——正式的综合考核结果作为物质激励（工资调整、奖金分配）和人员调整（人员晋升、降职调职）的依据或阶段的考核结果，并作为日常精神激励的评判标准。

绩效管理贯穿于整个战略管理过程的始终，是战略规划、业务规划和预算等战略管理环节的重要内容之一，而战略监控和战略调整两个环节基本由绩效管理来推动完成。从另一个角度看，也就是说绩效管理对于战略实施的意义非常显著，绩效管理主导和推动了战略实施的进行。因此，绩效管理是战略管理的重要组成部分，绩效管理是组织战略实施的核心手段。

4. 结合绩效管理，提升对战略管理的认识。组织在运用某种管理方法的时候，如果只是接受的它的形（概念和工具等），而不明了其中的神（管理方法的核心思想、作用等），则组织对这种管理方法的运用必然会出现各种曲解和错误，最终往往不仅不能收到预期的管理改进效果，甚至会为组织带来不同程度的混乱。因此，组织在运用管理方法的同时，还需要不断加深对方法的学习和理解，才能将各种管理工具有效融入组织自身的管理体系并发挥其应有的作用。通过绩效管理改善战略实施，需要从提高组织对战略管理的认识和改善战略管理的实际操作两个方面着手。

组织战略不能靠一个人实现，各级员工都应当加深和调整对于战略管理的认识。

高层管理人员亟需改变的是“重制定，轻实施”的战略认识。我国组织高层出于各种原因一般比较重视战略制定过程，不仅自身积极参与，还往往引入外脑帮助制定组织战略，但他们在将个人的梦想、期望等转变为战略文件后往往不再努力贯彻执行，而是当成宣传或思想教育的工具。他们没有认识到只是制定一个漂亮甚至是完美的战略对组织实际运作没有任何实际促进作用，也没有认识到建立一个完美的战略而不能有效实施不如建立一个能实施的不够完美的战略。高层管理人员应该在战略制定完成后继续主动推动战略实施，并坚持用绩效管理手段监控战略实施情况。

中层管理人员则需要改变这样的错误认识，即“战略是组织高层和战略规划部门的事情，与我无关”。中层管理人员作为组织中具体业务活动的指挥监控者和各种信息的传达联结者，在组织各种经营管理活动中的支柱作用毋庸质疑，当然也包括战略管理。每一个中层管理人员都应当积极参与战略管理的每一个环节并扮演好自身的角色：在战略制定过程中他们是各种建议和意见的重要创造者和信息传递者，同时在组织战略规划上达成共识，这是保证战略完善性和可实施性的重要保证；在战略实施过程中他们是战略实施的直接执行者，他们需要明晰每一个环节的关键点并逐步积累有效的管理方法，战略实施的效果在很大程度上取决于他们的理解和努力。

基层管理人员和基层员工需要改变的则是“我只需要做好自己的手头工作就好”的理念。基层管理人员和基层员工是组织生存的基石，如果组织基层员工都能认同组织的发展战略并为之努力，那么这种合力是非常强大的，这也是世界上许多伟大组织成功的重要秘诀之一。

组织各级员工的思想转变需要从高层开始层层宣灌，同时辅以一定的激励机制，但组织总裁的思想转变是根本。

5. 利用绩效管理改善战略实施。战略管理包括战略制定、战略实施和战略调整三个相互衔接的阶段，每个阶段又是由若干环节组成，这使得战略管理形成一个闭环。

（1）战略制定阶段。使命与愿景的明确环节——组织领导应当组织整个组织对使命和愿景进行选择和明确并达成共识，这将为组织战略实施做好思想上的准备；同时，组织领导需要带领各部门负责人思考、明确或调整本部门的使命、职责和在组织实现愿景中扮演的角色，带领全体员工思考本岗位对于组织使命和愿景实现的价值和意义、本人的发展方向等问题，这不但进一步强化了组织对使命和愿景的共同归属感，而且为组织、部门和个人绩效目标的设定做了铺垫并提供一定的依据。

战略规划环节——除了要进行 PEST 分析（即宏观环境分析）、行业分析、客户分析、竞争对手分析、内部资源能力分析等等基础工作，组织领导需要尽量发动中层以上管理人员对各种战略选择的优缺点，尤其是可实施性、需要的资源能力进行充分的讨论和评估，这是可实施战略方案制定的重要保证；在战略规划方案确定后，高层管理团队共同商讨战略实施方案、战略监控评估方案、战略调整方法等，并共同依据组织的使命、愿景和战略规划，设定组织整体业绩评估指标，及各指标的基准值和辅助的激励机制，这是通过绩效管理来保证战略有效实施的基础。

年度规划环节——领导组织各级人员充分讨论当年的大环境、行业、客户等各种外部因素和内部资源能力后，对战略规划中设定的组织业绩评估指标的基准值进行必要的调整。

（2）战略实施阶段。战略执行环节。组织在这一阶段最重要的工作是做好绩效指标的分解和制定。我国普遍存在绩效管理与战略管理脱节的问题，其产生的一个重要原因就在于绩效指标的制定与战略规划相互脱节。绩效指标必须与战略规划一脉相承，才能有效发挥其战略实施、运营管理工具的作用。部分组织也试图将战略规划体现到各级员工的绩效指标中去，但实际操作中往往不能实现有效分解，这多是因为组织没有掌握正确的操作程序和方法。

根据战略规划确定绩效指标，需要先根据战略规划明确组织的关键业务活动和需要形成的关键能力，在这两方面的基础上明确组织层面的绩效指标；各部门在组织使命、愿景和战略规划的基础上，根据各部门的使命（而非职责）明确本部门需要形成的能力，同时结合从组织层面的分解下来的业绩指标共同确定部门的绩效指标；各岗位同样需要在思考岗位对个人的能力要求和部门绩效指标分解的基础上确定各岗位的绩效指标，进而依据个人情况设定指标基准值。

组织层面的绩效指标多以关键业务活动为依据，绩效指标以简明有效的量化指标为主；业务部门和业务人员的绩效指标多以关键业务活动为主要依据，辅以需形成的关键能力，同样以容易量化的指标为主；职能部门和行政管理人员的绩效指标多以需形成的关键能力为主要依据，辅以关键业务活动，指标多难以有效量化而且测量难度偏大。

战略监控环节。它包括绩效管理的报告和沟通两个体系，组织在这一环节最重要的工作是保证信息系统的畅顺，从而确保绩效管理的真实和客观。这里需要强调的是，绩效沟通一直是我国组织绩效管理中的一个短板，而这使我国组织绩效管理很难实现其第二个主要功能，即促进组织和个人绩效的提升。

战略评估环节。这一阶段组织应该避免人情管理，董事会必须严格按照预先设定业绩指标对组织战略执行情况做出判断，并对组织经营班子兑现相应的激励承诺。

（3）战略调整阶段。为了保证战略调整的有效，绩效管理过程中必须进行有效的差距确认和原因分析工作，从而为战略调整提供有效的指导和依据。

从上述三个阶段的讨论可以看出，通过绩效管理来提高组织战略实施能力需要将绩效管理的思想和方法贯穿战略管理循环的始终，组织在具体操作中需要不断提升自身战略管理和绩效管理的认识与运作方法，才能有效地发挥这两种管理系统的作用，并产生整合效应，最终达到改善组织经营管理水平，提高组织效益的目的。

（二）流程再造是提高政府绩效的有效途径

政府作为现代社会中最主要的组织结构，它的根本任务就是高效优质地提供公共服务，改善社会生活质量，提高经济发展水平，使社会有序的运行和发展。但是，随着社会变革的不断加剧，现代政府组织在其运行的内、外环境中都面临着越来越复杂的问题与困境，从而迫使政府通过行政改革摒弃传统积弊，突破发展瓶颈，如果说政府绩效评估是从结果评估的角度推动了政府绩效管理，那么政府流程再造则是从过程控制的角度改善政府绩效，在变革中追求成功。

1. 以流程再造提高行政效率，降低行政成本。由于政府职能的扩张导致组织规模膨胀，层级增多，行政过程的链条过长。加之传统官僚制组织过细的部门分工割裂了完整的流程，使政府部门之间缺乏协调与联动机制，从而降低了行政效率，提高了行政成本。某市工商注册登记变“串联”为“并联”的流程再造为例，它原有的操作流程是：申请者必须串联跑6个部门，其中工商局就要跑两次；有较多从时间上难以控制的环节。由于部门间互为前置条件，只要一个部门出现拖延，就难以控制整个办件的时间；申请者与部门接触点多，协调成本高（见图4－5）。

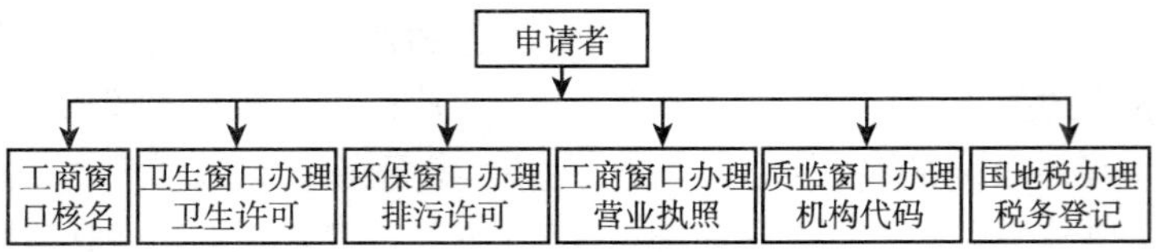

图4－5　某市餐饮业工商注册登记的“串联”流程

调查显示，组织和公众普遍认为目前的政府流程不合理，主要表现在审批申报前置条件烦琐、环节多、流程长，流程重复、效率低，协调成本高。通过流程再造可以有效地减少报批材料，简化办事程序、缩短办事时限、提高办事效率。经济流程再造后，工商注册的流程就变为：一窗式服务，并联式审批。通过流程再造，新办组织涉及的卫生、文化、环保、工商、质监、国税、地税等12个部门按照“工商受理、抄告相关、并联审批、限时办结”的原则，在工商窗口受理进行办理（见图4－6），避免了办事群众在各窗口重复排队和若干次往返政务大厅。实践证明，新流程提高工作效率，节约办事时间。通过流程再造，信息资源的共享，不需要前置许可的新办组织，工商、质监、国税、地税4个单位窗口办理时间全部压缩至1天之内办结，办理“四证”由原来的7个工作日压缩到2个工作日；对于法律、法规规定必须办理前置许可的，也在原有基础上压缩了办理时限（压缩最大由20个工作日变为1个工作日）。

实践证明，新流程还方便办事群众，减少办事环节。通过流程再造，不需要前置许可的新办组织，所有的中间环节无需办事群众来回跑路，原

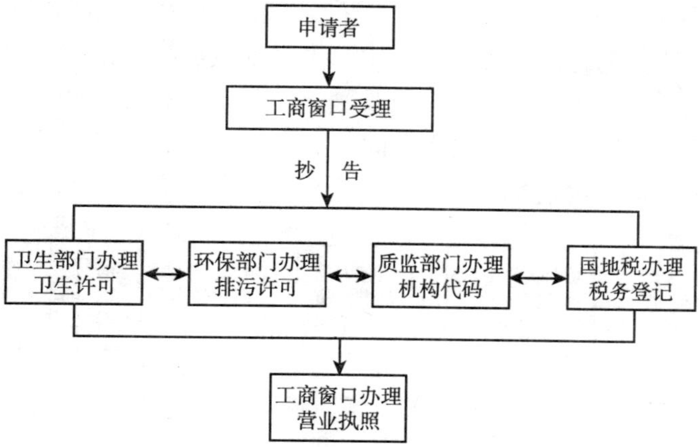

图 4－6 某市新办组织注册登记“并联”流程

工商、质监、国税、地税 4 个部门的 11 套表 221 项需填写的数据整合为 5 套表 74 项数据，申请人只需在指定窗口申报资料，并在第二个工作日缴费、取证即可；需要前置许可的，群众也只需要在相关职能部门现场勘查时提交齐申请材料即可办理相关审批。

2. 以流程再造实现政府职能的合理区隔或有效整合，推动组织再造。尽管政府流程再造不是组织再造，但由于流程再造打破了以部门职能和分工为导向的流程设计模式，要求按照“公众需求”和围绕“结果”进行政府流程设计，必然涉及组织内部分工、职务、工作能力需求、薪酬、绩效评量、管理者角色及策略等因素，导致原有政府组织的重构。同时，对现有政府流程的问题诊断也表明：部门职能交叉与职能设置不够清晰、部门利益驱动、工作人员的职责分工意识不强、协调沟通不充分等是导致政府流程弊端的主要因素。流程再造要求突破部门间的界限，实现部门与部门之间的互动与协作，以部门联动代替按部门顺序操作。其结果自然会因流程的调整或整合凸现原有组织结构的不合理，引发组织再造。如变“外循环”为“全程代理”的流程再造模式就是一种有效途径。以某市国有土地使用权协议出让流程再造为例：某市国土资源局的原有操作流程涉及 53 个环节，其中要局长签字两次，土地利用处要多次安排经办人，文件资料在服务大厅与土地利用处之间要往返多次；有些环节从时间上难以控制，如局长办公会、土地利用处经办人踏勘现场等。该流程中申请单位需多次与业务处室直接联系，这样既不符合建设服务大厅的初衷，又不方便群众（见图4－7）。根据“全程代理”再造后流程，则明确了执行、决策、监督三职能的区隔，在该流程中，由服务大厅统一接收，服务大厅成为执行机关。减少了领导签字，局长签一次字即可；减少40%以上的办事环节（见图4－8）；减少了处室之间的交接，防止了处室之间审核标准不一，出现的推诿扯皮现象，实现了“全程代理”。

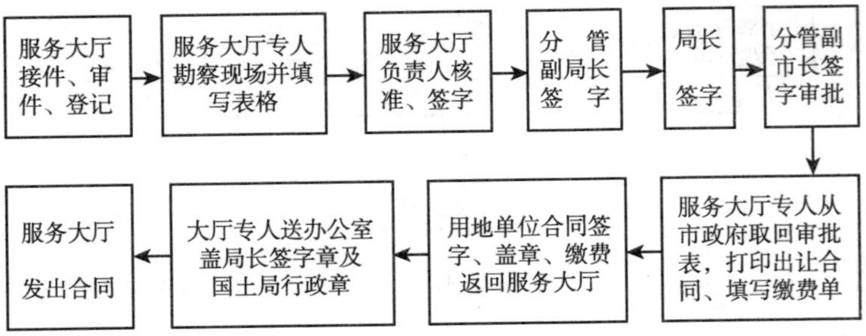

图4－7　某市国土资源局国有土地使用权协议出让流程图

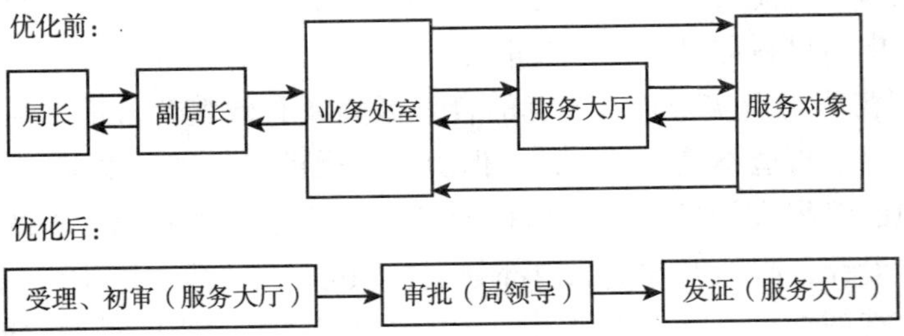

图4－8　某市国土资源局国有土地使用权协议出让流程图

围绕流程再造，某市国土局对局的内部处室职能进行了调整和整合，将综合处服务大厅作为全局对外服务的执行部门，主要负责对外服务的业务受理和办理。相关业务处室主要负责依据法律法规制定各项业务的工作规范和标准，进行政策研究，并对执行部门的办件情况实施监督和业务指导。局纪检监察部门主要负责行政效能监督和廉政监督。局领导作为决策层，主要着眼于全市国土资源管理的宏观管理和重大疑难事项的决策管理。这样一种新的职能分工格局，基本符合精简、统一、效能的原则，进一步理顺了处室职责分工，实现了组织结构由垂直趋向扁平化，使决策科学，执行有力，监督到位。

3. 以流程再造改进公共服务质量，提升公众满意度。政府行为的公共性决定政府绩效不仅强调效率，更要重视公平与社会责任。奥斯特罗姆认为“虽然效率准则规定稀缺资源应被用到其能生产最大纯收益的地方，但公平的目标则可能缓解这一目的，致使有利于特别是非常贫困的人群的实施得到发展。”政府绩效的特性表明：民众对政府的诉求与满意度不会仅仅局限在速度、经济等数量层面，随着资讯的发达，民众对公共产品和公共服务的需求日趋多样化、个性化，既要求政府部门提供高效、便捷服务，又要求服务的公平、公正。而且希望加大政府过程透明与公民参与的深度与广度。

对现有政府流程的问题诊断表明：暗箱操作、滥用自由裁量权、差别服务，态度生硬、作风粗暴等是导致公众对政府抱怨的主要因素。政府流程再造在强调流程高效、便捷的同时，更加注重行为的规范化，过程的人性化、透明化以及服务品质的标准化，始终把提升公共服务品质作为流程再造的核心价值追求。通过岗位职责说明书和工作作业指导书的编写，对具体岗位的名称、工作内容、责任范围、工作关系、工作标准等进行规范性描述，并且对某一工作的岗位承担者、权责范围、程序安排、服务标准、时限要求等进行规范性描述；在此基础上全面推行岗位代理制，以规范各岗位之间和各级机构之间的授权行为，避免出现空岗，方便服务对象；同时还制定《服务细则与标准》，对服务的内容和服务品质进行解释和承诺，以方便公众监督和评估；最后形成流程再造的持续性评估机制，通过专家和公众的参与，在实践中检测流程运作状态、与预定改造目标进行比较分析、对不妥之处进行修正改善，以保证新的流程全面达成改造的预定目标。调查显示，某市实现政府流程再造的部门公众满意度普遍提高，其中85.2%的公众认为工作作风与服务态度有很大转变，71.5%的公众认为政府部门的公平服务较好，87.3%的公众认为政府信息公开和过程透明较好。

4. 以流程再造推动公共服务的信息化进程。传统的公共部门服务流程是建立在传统的组织结构基础上的，一般被分解为由基层工作中采集业务资料、进行汇总、逐级分析决策、制定相应的政策法规，最后再反馈到基层采取行动措施等几个流程阶段。由于以前的技术不能实现整个业务条块的联网，整个业务数据流程不得不按地理位置和人力分配被分割在多个部门，从一个部门转到另一个部门，增加了交接环节和复杂程度，致使相同的信息往往在不同的部门都要进行收集、存储、加工和管理，不仅提供影响行政效率，而且加大了协调成本。

流程再造可以有效地利用信息技术，通过网上政务大厅建立并完善信息系统；提供工作过程查询和监督服务，把原属于若干个管理环节、若干个流程作业线加以重新整合；将业务流程“前后顺序”的运作模式改成“左右平行”的运作模式，既保证了流程运作的透明、公开，也可减少作业流程的步骤并增进不同部门的协调；避免电子政务的形式化，通过流程与信息的协作实现政府信息化平台的内在活力和持久生命。

（三）实践高绩效体系，打造全新的北部湾新区

高绩效体系架构从思想、标准、组织、政策、培训以及信息系统六方面全面地反映出政府绩效管理的实质，它是政府高绩效管理得以进行的基石，是北部湾新区经济隆起的最根本的实施保障。高绩效管理以战略为核心，以流程为基础，以信息系统为支撑，以人为本，集成多种管理举措，通过提高组织的采纳率，不断改进和加强组织的核心能力，有效实现组织价值最大化，这是高绩效管理最为核心的内容，而高绩效体系是建立在高绩效管理理论基础之上，是高绩效管理能够顺利行进的指导思想。

北部湾新区是我国西部唯一的沿海地区，但由于种种原因，北部湾新区发展远远落后于我国其他沿海区域，成为沿海经济的“洼地”。究其原因有各方面的因素：毗连地区的各自为政，老大心态；地方利益严重；由于各地区经济实力的不一，任何一个议题都很难成为普遍共识，缺少共同关注的议题；相互地区间难以协同；没有固定的体制和管理机制以及管理体系等，这些原因均制约着北部湾新区经济的发展。然而综合这些因素无非就是在区域发展过程中，没有一个好的发展战略，也没有一个支撑战略落地的先进管理理念、方法和工具；缺少一个比较健全的专门组织机构，因而对经济发展战略的实施过程中采纳率的下降是制约经济发展的又一大障碍；信息化水平低，信息协同能力差等上述问题都有待于解决。高绩效体系将使这些问题不攻自破，它的实施将使北部湾新区成为一个全新的经济区。

实践政府高绩效管理体系是打造全新北部湾新区的重要保障：

1. 高绩效思想体系是打造全新北部湾新区的方法论和理论指南。高绩效思想体系是打造高绩效的北部湾新区的理论指导，核心就是以政府愿景、使命为引导，战略为核心，流程为基础，以信息系统为支撑，以人为

本，集成多种管理举措，提高组织的采纳率，不断改进和加强组织的核心能力，实现组织价值最大化。在北部湾新区实现高绩效过程中，必须围绕着高绩效思想体系对北部湾新区的高绩效进行研究与实践。

2. 高绩效标准体系是打造全新北部湾新区的实践指导。高绩效的标准体系是使管理、绩效模型、方法、指标的体系化和标准化，通过高绩效的标准模型，从战略规划、战略实施、战略执行到战略落地，始终要以高绩效的模型为实践标准，指导北部湾逐步发展成为高绩效的经济新区。

3. 高绩效组织体系是推进高绩效北部湾新区实施的实践保障。一项措施的顺利开展和实施，离不开一个高效的团队作支撑。高绩效组织体系总结了国内外实践绩效管理过程中的先进理念，结合国内当前的实施高绩效管理的特点，提出了政府、科研院所、组织共建高绩效北部湾新区的三方合作体系，它是北部湾新区高绩效的成功实施与否的保证。

4. 高绩效政策体系是打造全新北部湾新区的监督和评估机制。高绩效管理的出发点是对部门、个人等进行监督、评估和激励，这就需要有一个科学的政策体系作为指导。客观公正的评估程序、科学合理的评估方法。通过科学、正确的评估促进政府问责性的提高、绩效的提高和政府能力的提高。

5. 高绩效培训体系是实现全新北部湾新区的根本保障。人才是高绩效的北部湾得以顺利实施的关键和根本，一切活动都离不了人，人才素质的提升是整个高绩效北部湾新区实施过程的重中之重，是北部湾新区经济腾飞的基础，因此，建立一个科学合理的高绩效培训体系，加大培训的力度将是北部湾新区高绩效过程中的重要一环。

6. 信息系统是推进全新北部湾新区实践的加速器。随着现代信息技术发展，信息正日益受到人们前所未有的重视，成为社会各领域中最活跃、最具有决定意义的因素。无论是信息的获取、处理、利用和传输，还是与之相关的信息意识、信息伦理和信息法制都将成为社会运作的核心。因此，信息技术已引起社会广泛的关注，正在成为一种推动经济发展的重要因素，是促进北部湾新区高绩效实践的必不可少的条件和前提。因此，北部湾新区的信息化程度尤为重要。信息化程度的高低直接影响着政府绩效管理的沟通和交流。信息化时代，要想在竞争中求生存、求发展，必须利用信息技术提高绩效，信息技术是推进北部湾新区发展的加速器。

三、实现高绩效北部湾新区推进措施

遵照高绩效管理模型提供的高绩效管理的基本程序和基本原则，在建设高绩效北部湾新区的过程中，着重从以下九个方面开展工作。

（一）确定使命和战略

组织的使命概括了组织存在的最重要的理由，提炼组织的使命需要对组织所处的内外部环境进行充分的研究。结合北部湾新区工作的特点，确定其使命，进而建设高绩效北部湾新区。战略是达成使命的路径。在北部湾新区使命的指引下，明确其战略目标。

（二）确定目标，开发绩效管理器

在北部湾新区使命和战略指导下，然后开始确定其战略目标。确定战略目标方法很多，可以根据高绩效理论按照绩效管理器的要求从顾客维度、内部流程、学习与成长、财务维度等 4 个方面进行。比如，在顾客维度主要考虑了外部顾客和内部顾客，进而确定了群众满意度、基层满意度、领导满意度等 3 个重要指标；在内部流程方面，结合实际工作特点，为接访、办信、督查、协调等主要流程设置了考核指标，设计了零延误、零差错、零投诉等一系列监控流程运转的绩效指标；学习与成长则重点强调了对干部能力和素质的考核，比如，对干部的学习能力、廉洁自律、岗位胜任情况等进行综合考核；财务维度则重点围绕着经费预算、施政成本、资产管理等方面设计了一系列指标。

北部湾新区绩效管理器展现了全局的关键业绩指标，在此基础上，可以开发各处室的平衡计分卡，从而为各处室明确了关键业绩指标。

（三）制定绩效目标责任书和预算方案

绩效计划包含每个员工的关键业绩指标以及达成绩效目标的各种举措和行动，它是进行个人绩效管理的有效工具。为了完成北部湾新区部门平衡计分卡中的各项关键业绩指标，要求每个处室和每个员工都要结合自己的绩效目标制定绩效计划。绩效计划包含完成绩效目标的重要工作以及完成这些工作所需要的预算。每个人的绩效计划和预算方案都需要经过主管领导的同意后才能进行实施，并且绩效计划作为对员工进行绩效评估的重要参考依据。

通过绩效目标责任书，把机关各项工作任务分解细化，明确质量和时限要求，并落实到处室和个人，在机关处室之间形成有效的考核激励竞争机制，在全局中推行全员目标化管理，做到有岗位、有目标、有考核、有评估。

（四）强化日常绩效沟通

在各处室员工与分管领导签订绩效目标责任书后，就标志着北部湾新区的战略目标通过层层分解，转变成对每个员工具体要求。但是，上级领导与下属员工签订完绩效目标责任书并不意味着就“万事大吉”了。相反，在北部湾新区的绩效管理制度中，规定上级领导要和下属员工进行时时沟通，通过沟通了解员工在执行绩效目标责任书过程中遇到的问题，并结合问题对员工进行辅导，提供相应的支持。

（五）定期进行绩效评估

绩效评估就是在绩效周期结束时对照员工绩效目标责任书中规定的各项指标和工作任务，将每个员工的实际产出与之比较，以评估员工的绩效目标完成情况。绩效管理制度要求每月对员工的绩效进行一次评估，在每个月的 5 日之前需要对上一月员工的个人绩效进行评估。绩效评估分为个人自评和主管评估，其中个人自评主要用于进行自我反思，自我改进；主管评估则作为员工最终绩效结果的主要依据。

（六）及时进行绩效反馈

绩效反馈是绩效管理的一个重要环节，通过绩效反馈能够将员工的绩效表现和存在的不足及时和员工进行交流，以更好地指导员工改进工作。北部湾新区绩效实施细则要求各部门干部在每月绩效评估结束后应给员工及时反馈，不仅要把好的绩效反馈给员工，更重要的是也要反馈员工的不足。通过及时的反馈，新区领导和各处室领导能够及时、真实地了解在工作中存在的一些问题，了解员工的真实想法，从而有助于北部湾新区制定下一阶段的工作计划。

（七）建立战略评估机制

战略评估是对战略执行情况的综合评估。通过分析在战略执行过程中遇到的一些问题战略，能够有助于组织反思自身的战略，进而提出进一步的改进措施。

同时，战略评估会议也可以起到“督查”作用，通过战略评估会议对北部湾新区的重点工作及时进行督查，及时发现和督促解决落实中存在的问题，并据此提出改进措施。

（八）搭建流程平台

流程是高绩效管理的基础平台。流程是“为了达成某一特定的结果，所必须的一系列活动的串联，而这些作业活动集合了所需的人员、设备、材料，并运用特定的作业方法，以达成为顾客创造更多价值的结果”。将北部湾新区的流程分为主业务流程和协调流程，在软件平台上，对北部湾新区的流程进行优化，整合工作信息和资源，实现业务工作规范化，全方位提高工作效率和质量。

四、实现高绩效北部湾新区主导因素

虽然高绩效管理建设仍然处在继续探索的阶段，其成效仍需要进一步跟踪研究，但是，成功推进高绩效的北部湾新区建设需要一些保障做支撑。具体而言，有以下四点重要因素。

(一) 明确组织方向和战略目标

虽然公共部门在制定战略方面面临众多挑战，但是明确政府部门的使命和战略目标可以增加公务员的“工作使命感”和“高成就动力”，使他们认识到工作的意义，有助于提高公务员的绩效水平。

(二) 明确责任，提高采纳率

衡量一个政府部门是否表现出色，不取决于它的战略有多高明，而取决于其战略执行的能力。而战略执行并不是一件轻而易举的事情，任何一项战略或者变革都需要明确员工的责任，并得到员工的采纳才有可能得到执行，如果不能将战略转化为个人的目标和责任，如果战略没有人采纳实施，无论组织的战略措施看起来多么美好，就无济于事。而采纳则意味着“把措施或战略带来的新的工作方式融入到每个员工的工作当中去”。通过定期的员工沟通活动，使员工不断理解工作的战略目标，并不断在战略的指导下矫正自己的工作行为。

(三) 建立推进机制

在北部湾新区进行高绩效管理的过程中，机制的保障非常重要。必须成立一个专有机构作为高绩效北部湾新区的推进部门，为北部湾新区构建高绩效管理平台提供了指导和支持。同时，北部湾新区内部成立高绩效机关建设工作领导小组，负责高绩效建设工作的组织、协调、督查、考核工作，组织实施创先争优、品牌创建、优秀工作成果评选等项工作。同时，在各处设立了绩效管理工作接口人，具体结合本处室的实际，制定绩效管理的具体措施，有效保障了绩效管理体系的有序推进。

（四）领导者的高度重视

绩效管理工程是“一把手工程”。高绩效管理需要领导者的高度重视和参与，在高绩效管理中，“领导者可以通过三种手段影响组织战略的执行和组织绩效的提升：把握组织发展方向，创建有效的制度，推动积极的文化”。各级领导者的亲身参与为员工起到示范作用，有力地保障绩效管理体系的运行。

第五章

全球背景下的北部湾新区战略发展

第一节　中国全球化战略的重要构成

经济全球化一方面给世界各国带来发展的机遇，另一方面给各国的发展带来了风险。为了应对经济全球化冲击及其不确定性，如何从战略角度认真审视自己的发展模式，是世界各国不得不面对的问题。作为一个新兴工业经济体，中国曾经受惠于经济全球化，然而，随着工业化进程的推进和经济矛盾的不断出现，如何在发展新阶段重塑自己在世界分工中的地位，已经成为一个问题摆在人们面前。正是在这种情况下，北部湾新区的开发问题走入理论者和决策者的视野。

一、北部湾新区开发的全球化背景

北部湾新区开发战略的提出，是在经济全球化的大背景下提出的。所谓经济全球化（globalization）是指商品、服务、生产要素与信息的跨国界流动的规模与形式不断增加和演化，通过国际分工，在世界市场范围内提高资源配置的效率，从而使各国间经济相互依赖程度日益加深的趋势。第二次世界大战以来，特别是近20年来，在技术进步的推动下，经济全球化进程逐渐加快，成为世界经济发展的主流。随着国际贸易壁垒不断削减，国际商品贸易高速增长，1980—1995年平均增长率达到5.6%，服务贸易异军突起，年均增长速度达到9.3%，均高于同期世界经济增长速度；

国际投资日趋活跃，跨国公司在全球范围内展开生产经营活动，其累积输出资本已达 35000 亿美元，成为经济全球化的主体；金融国际化加速发展，国际金融市场交易量突飞猛进，各主要国际金融市场已经形成时间上相互接续、价格上相互连动的交易网络；国际互联网迅速扩张，国际间信息流动快速便捷，信息交流意义上的“地球村”正在形成之中。

根据经济全球化的表现和趋势，可以把经济全球化的特点及相关影响概括如下：

第一，经济全球化的高度开放性和资源的高度流动性把世界各国纳入到国际分工体系当中。经济全球化的高度开放性和资源的高度流动性，主要体现在人、财、物、信息、资本和知识在世界各国范围内的涌流，其间，飞速发展的科技和信息网络化的推进，从根本上支持了经济全球化的高度流动性。在经济全球化浪潮的冲击下，世界上越来越多的国家和地区自觉地打开国门，并汇入经济全球化的洪流。

第二，经济全球化高度的渗透性和互补性促使资源全球化配置的步伐加速。经济全球化高度的渗透性和互补性，主要表现为人、财、物、信息、资本和知识的时空约束软化、资源流动成本降低。通过跨国公司，发达国家的资本、技术、管理、文化等将迅速向发展中国家及落后国家渗透，同时，发展中国家丰富而廉价的劳动力也得到利用。因此，经济全球化有助于不同国家和地区在资本、知识、资源等互补，从而有助于全球化问题的缓解以及全球性行动的协调，使人类的可持续发展成为可能。

第三，经济全球化高度的依赖性和异步性导致国际分工差异的出现。经济全球化高度的依赖性和异步性主要表现为国际上不同国家和地区之间的经济、技术、资源的依赖性增强和国际分工的差异。发达国家通过控制核心技术可以有选择地输出先进技术、先进管理和先进设备，甚至直接将纯物质生产外壳转移到发展中国家，进一步强化其对输出资本的控制，从而形成不对称的依赖性。发达国家资本、技术首先流向工业化基础条件、资源条件和市场条件相对较好的发展中国家和地区，比如，发展中国家的沿海地区和中心城市由于具备区位优势而成为发达国家资本、技术转移的主要阵地。发展中国家在承接国际资本技术的同时，其政治、文化等方面也将逐渐受到影响。经济全球化背景下各国发展的异步性，使世界在一定时期内会出现后工业社会、工业社会、农业社会乃至原始社会并存现象。

20 世纪 80 年代中后期，东南亚地区成为外国直接投资的亮点，以日本、韩国资本为主的外国直接投资蜂拥而至。20 世纪 90 年代之后，该地区又掀起了以欧美为主的外国间接投资的浪潮。尤为值得关注的是，大量自由度相当高的短期信贷、追逐货币利差的热钱也竞相涌入了东南亚市场。1989 年之后至 1997 年东亚金融危机爆发之前，东南亚国家成了两种外资形式（国际私人直接资本和间接资本）竞相投资的热土。其中，马来西亚的私人资本净流入占 GDP 的比重从 1983—1988 年的年均 3.1% 增加到 1989—1995 年的年均 8.8%，同期，泰国从 3.1% 增加到 10.2%，菲律宾从 -2.0% 增至 2.7%，印尼从 1.5% 增至 4.2%。发达国家过剩资本向东南亚地区的战略性转移，为该地区制造业的发展及经济整体发展水平的提高创造了条件，并一度创造了东南亚地区经济快速增长的“奇迹”。尽管 1998 年的金融危机对东南亚各国经济造成了严重冲击，但危机过后，各国通过对以往经济发展经验和教训的反思，制定了更加符合各国的国情和本民族利益经济发展战略、策略与政策，在经济发展战略从以出口、投资带动增长的“外向依赖型”转为将促进出口与扩大内需置于同等重要地位的“自主外向型”或“自主开放型”后，发展模式的转变开始赋予该区新的活力。

鉴于东南亚地区发展的巨大潜力及其战略地位，发达国家始终不愿意放弃在该区的经济和政治利益。作为一个新兴工业经济体，改革开放以来，中国正以一个崛起的大国的形象在世界上发挥着越来越重要的作用。中国的飞速发展和其国际影响的不断增强引起了美国等发达国家的警惕，它们事实上已将中国视为潜在战略对手。如出于防范中国、维护其在亚太地区乃至全球的霸权利益的战略目的，近年来，美国对华经济政治政策中，“遏制”的成分不断加重，具体表现为不断加强对中国周边地区的渗透、在中国周边布局谋势、扩大东南亚基地群等。这样，美国一方面可利用中国周边国家和地区影响并牵制中国的发展；另一方面也可在中国周边形成一个战略包围圈，借以掌控中国与外部联系的通道，并挤压中国的发展空间。在这种局面下，出于地缘政治原因，为了保证经济和国家安全，中国努力寻找一切可能的机会与东南亚国家进行合作，无疑是明智之举。作为一个突破口，北部湾新区的开发，由此被赋予重大的战略意义。加强与东南亚地区的合作，是中国在未来打破美国战略围堵的重要突破口。

二、区位优势与北部湾新区开发

一般认为，北部湾经济圈由环湾两国（中国和越南）的四方（广西、广东、海南和越南）组成，其第一层次包括广西沿海地区、海南、广东湛江和越南北部，北部湾新区正处于其正北的中心位置，内部腹地最宽，对内通道最便捷、最完善，不管从眼前还是从长远来看，都起着北部湾经济圈的核心作用。这一经济圈区位条件的优越性在于：其介于东亚与东南亚之间，是重要的海上交通枢纽，已逐渐成为沟通中国大陆、中南半岛与东南亚诸岛国的重要通道；海港条件十分优越，海岸线漫长，有多处大型深水不冻港湾。区域内海洋石油、天然气资源富集，有丰富的海洋生物资源、海洋矿产资源和海水化学资源。其中，北部湾新区既是沿海地区，又是沿边地区，处在中国海疆和陆疆的接合部。区位优势和历史发展不断赋予北部湾新区重要定位。对内来说，北部湾新区是大西南便捷出海通道的前端和出海口，对外来说，北部湾新区是北部湾经济圈和中国—东盟自由贸易区的核心区域。只有搞好港口和通道建设，畅通以大西南为主体的包括中国整个中西部的广阔腹地，才能充分发挥北部湾经济圈和中国—东盟自由贸易区的核心区域作用。因此，继珠三角、长三角和环渤海经济圈之后，以北部湾新区为核心建立环北部湾经济圈的战略构想具有较强的现实意义。

从经济发展战略角度考虑，由于北部湾新区特殊的区位，北部湾新区的开发有可能在未来被打造成中国腾飞的第四极。原因如下：(1) 北部湾新区地缘优势为中国—东南亚区域合作提供了条件。从地缘方面来看，马来西亚、新加坡、印尼、菲律宾、文莱是东盟中临近北部湾的国家，中国与这些东盟国家经济互补性强，合作潜力巨大，具备进一步深化合作与开发的良好的地缘因素。(2) 北部湾新区是我国大西南地区出海口最近的通路。位于北部湾畔的我国港口城市北海、钦州、防城港等，都是重要的港口城市，这些港口城市的存在，为区域经济贸易往来提供了良好基础。(3) 北部湾新区具有成为中国产业发展和产业转移平台的潜力。根据初步构想，北部湾新区的建设将以高新技术产业集群为主的发展模式带动，作为一条贸易往来的便捷通道，区域合作的进展将为中国工业制成品的出口提供条件。(4) 中国产业转移的出口。由于北部湾周边国家经济发展水平普遍落后于中国，因此，北部湾新区的开发及区域合作的加强将为未来中国—东南亚产业传递提供条件。因此，北部湾经济合作可以在更加充分发挥海上通道的作用的基础上，加强港口物流合作，加快产业对接与分工，促进相互贸易与投资，大力发展临海工业，联合开发海上资源，加快临海城市发展，形成一批互补互利、相互促进、各具特色的港口群、产业群和城市群。

为了发挥区位优势，抓住崛起的机遇，北部湾新区的开发需要从以下方面开展：

第一，精心规划。北部湾新区开发的顺利进行，顶层设计是关键。把沿海沿边城市海的发展纳入整个北部湾新区开放开发中，进而把环北部湾新区开发纳入中国未来发展战略中去的思路非常重要。规划要站在战略高度，对沿海沿江城市进行科学准确的功能定位，最终要体现优势互补、立体分工的战略构想。为此，需要建立专门的规划机构对北部湾区域开发进行协调和谋划。

第二，系统集成，整合各种资源。资源整合可以在两个层次上展开，首先，在顶层设计的基础上，对以北部湾新区为核心的中国沿海沿边城市进行功能整合，在明确城市功能定位的条件下，利用城市区位优势，发挥其产业发展前后向连锁带动和辐射功能，促进城市产业带的形成；其次，积极开展和推动国内国外资源的整合工作，在国务院有关部委支持下，与东南亚国家举办东盟经济博览会和各种论坛，目的是搭建一个长期性的、开放式的研究、交流、探讨和宣传的平台，促进中国、越南、新加坡、马来西亚、菲律宾、文莱、印度尼西亚在环北部湾区域合作机制、资源开发、产业协作等领域的交流。并积极推动在国家及省区政府层面形成中国—东盟自由贸易区框架下的“环北部湾合作委员会”的次区域合作机制，为中国—东盟自由贸易区的推进注入新的元素。

第三，通道打造。为了在北部湾新区开发中占得先机，中国与东南亚国家海上、陆上交通网络的建设变得十分重要，为此，北部湾新区基础设施建设应该受到重视。从海运建设方面看，需要立足于现代港口建设视角对北部湾新区内的港口进行改造。从陆运建设方面看，南宁通往中越边境友谊关的高速公路以及中越界河北仑河上的第二座跨国公路大桥的建设，将把中国的广东、海南、广西和香港、澳门同越南的河内、广宁、海防等沿海地区连接起来，因而也将成为环北部湾经济圈的主要通道。

三、能源需求与北部湾新区开发

经济全球化和国内产业的传递，为北部湾新区的崛起提供了机遇。实际上，北部湾新区的崛起不只是对本区经济发展和福利提高起到重要作用，更为关键的一点是，它的崛起将为中国能源安全和对外经济贸易进一步扩展提供条件。

自19世纪70年代的产业革命以来，化石燃料的消费量急剧增长。尤其是20世纪60年代以后，随着世界范围内工业化进程的推进，石油和天然气的生产与消费持续上升，目前，尽管核能、风能、水力、地热等其他形式的新能源逐渐被开发和利用，但是能源消费中以油气为主的格局依然未变。据统计，2003年底，化石能源在世界一次能源供应中约占87.7%，其中，石油占37.3%、煤炭占26.5%、天然气占23.9%。非化石能源和可再生能源虽然增长很快，但仍保持较低的比例，约为12.3%。20世纪90年代以来，中国经济的持续高速增长，使其对能源和战略资源尤其是原油、天然气、煤炭等需求量越来越大。从某种意义上说，能源和战略资源不仅是中国经济发展的瓶颈，而且是整个国家安全的瓶颈。因为中国发展到今天，不仅经济领域需要能源，国防领域、社会发展各个领域，甚至千家万户的日常生活领域，都已对各种能源形成了无法摆脱的深度依赖，能源成为衣食住行须臾不可离的基本保证。毫不夸张地说，切断能源供应，就等于切断了国家生存的命脉，使整个国家陷于瘫痪，导致极度混乱甚至崩溃。然而，经济快速增长过程中带来的大量新增石油需求不得不通过进口得以满足。因此，中国经济可持续发展的焦点之一在能源，能源问题的焦点在石油。根据有关资料推算，2000年，全国石油地质资源量为1020亿吨，可采资源量为114.4亿吨。中国石油资源主要分布在东部地区，占地质资源量的40%左右，占可采资源量的60%左右。西北地区和大陆架的资源量相近，分别占全国的26.48%和23.24%，可采储量分别占全国的21.33%和14.43%。从石油产量的趋势来看，在1990—1998年间，中国石油生产总量的递增速度为每年1.58%，增速较慢。其间，东部地区油田出现递减趋势，虽然西部地区的产量有所上升，但西北地区产出增量仅仅能够弥补东部地区的减量。根据多数专家的预期，如果中国加快西北地区和海上油田的开发，中国石油生产在未来10—20年内产量大幅度减产的可能性不大。可能的情况是，如果西北地区和海上油田的开发出现较大进展，中国石油生产峰值——1.8亿吨原油的产量可能在2020年左右出现，那时中国石油供求缺口将达到2亿吨左右，2025年，如果中国石油勘探开发不能取得较大进展，则国内石油消费将基本依赖进口，这种态势将对中国21世纪中叶之后经济增长构成严峻挑战。因此，能源安全将成为未来中国经济增长中不得不面对的问题。中国能源进口安全的另一个主要威胁是，石油进口来源过于集中在地缘政治复杂多变的地区。目前，尽管中国石油进口贸易来源地多元化趋势日益明显，但是，中东地区仍是中国进口原油的主要来源，2006年前10个月来自沙特阿拉伯、伊朗和阿曼等中东国家的进口量为5446万吨，中国对中东地区的依存度为45%。由于中国在中东地区的政治弱势，以及美国对石油运输航线的控制，中国石油进口贸易风险仍然存在。

为了降低能源对外依存度，以及进口贸易风险，对于我国这样一个对能源和战略资源需求极大的国家，通过扩大进口固然是一个解决问题的重要渠道，但是从国家安全的角度考虑，绝对不能让自己的能源命脉全都掌握在别人手里。最好的办法，就是增强我国自己的能源和战略资源的勘探、开采和储备能力。在这一点上，环北部湾经济圈显示出重大价值。近年来，随着国家加大对北部湾海域油气资源的勘探和开发，已探明该地区油气储量达亿万吨级，包括莺歌海盆地、琼东南盆地和北部湾盆地在内的这些盆地，油气储量不仅面积大厚度深，而且油气储集类型多、保存条件好，是海洋石油、天然气的富集区。再者，中国的大西南地区相对东部地区来说，地域广阔，人烟稀少，宜于依托和利用本国及国外资源、大力发展石化、钢铁、电力等重工业和资源型工业，建立中国的重化工业和能源工业基地，同时也宜于建立我国的战略石油储备基地。从石油进口运输成本方面来看，北部湾新区是把中国的西南地区与许多能源和战略资源的来源地如东南亚地区、南亚地区和澳大利亚连在一起的海上大通道，同时由于本身又是能源和资源的富集区，因此无论是建立新的能源和战略资源进口渠道，还是与这些国家联合开采开发北部湾新区以及中国西南地区的能源和矿产资源，北部湾新区的开发都会提供重要的基础和便利条件。

另外，根据国际权威机构预测，越南可能共有45亿吨的石油天然气储量。这个储量使越南继印度尼西亚和马来西亚之后，成为东南亚第三大石油出产国。越南目前油气开采量已达1700万吨/年，在东南亚各国中排在第三位。至今，越南探明的石油天然气储量达12.5亿吨。实际上，环北部湾能源合作开发项目已经开始实施。2005年，中国海洋石油总公司、菲律宾国家石油公司和越南石油天然气公司签署了《在南中国海协议区三方联合海洋地震工作协议》，根据协议内容，三家公司在一个总面积为14.3万平方公里的协议区内研究评估石油资源状况、收集地震数据，并对协议区内现有地震线进行处理。这是我国利用南海石油资源的一大突破。同年，中国海洋石油总公司和越南石油总公司签署了关于北部湾油气合作的框架协议，中越将携手在北部湾进行油气资源考察，这为双方共同开发北部湾的油气资源打下良好的基础。根据中国目前的规划和设想，在北部湾开放开发过程中，石油化工将作为一个重点，布局在北部湾新区。由于地缘因素，学界和政策决策者的共识是，把石油化工等项目建在北部湾新区，成本不但不增加，反而会大幅度地降低。从原油运输来看，我国从中东进口的原油，经马六甲海峡，运抵北部湾沿海港口，较之运抵东部沿海港口，显而易见，它的成本是大幅度降低的。另外，利用西南地区发达的交通运输网，在北部湾将原油炼制成成品油，再销往华南经济圈、西南经济圈，甚至辐射东盟经济圈，显然要比内地有着无与伦比的市场优势和价格优势。所以，石油化工项目布点在北部湾新区应该是一个最佳选择。

四、立体分工模式开发北部湾新区

在分工模式方面，北部湾新区是发展外向型基地的前沿，也是作为北部湾开发的“门户”和通道。因此，以出口创汇为先导，以国际市场为重点的沿海经济发展，将对北部湾发展外向型经济具有先导性、开拓性和联动性的特殊意义。为了保证立体分工模式的实现，应采取递补为主，错差为辅的机遇利用战术。所谓递补为主就是按本区域生产发展所处的层次，顺次发展出口产品以递补世界经济结构调整造成的市场空缺。具体地说，北海市应重点发展电子信息、滨海旅游、海洋化工以及以海洋资源开发为核心的高新技术、生物制药、海水淡化及综合利用等产业，适当发展污染少的加工贸易。防城港利用港口中转的优势，大力发展海洋运输、海洋渔业、冶金、海洋化工、重型机械、粮油加工、能源、林浆纸、修造船、港口仓储物流等临港产业。钦州市作为本区域的交通枢纽，发展为食品、建材、机械、轻工等为主的综合性城市，积极组织国际市场信息、推动广西沿海与西南经济中心的产业分工，使西南外向经济形成物质、能量、信息高强度互流的联动效果，是西南发展外向经济的必然。它既是中国与东盟合作的前沿和枢纽，也是西南地区走向东盟、走向世界市场的门户和最便捷的出海大通道。

五、打造中国经济增长的第四极

目前，国内学界和政策制定者对北部湾新区未来发展的共识越来越多，作为我国西南地区最便捷的出海口，北部湾新区将成为继珠江三角洲、长江三角洲、环渤海经济圈之后的第四个重要沿海经济区域或第四个增长极。

前面的论述对经济全球化的含义及其资源配置的作用进行了分析，北部湾新区的开发实际上就是在这种大背景下发生的。随着经济全球化的进一步发展，它对各国经济的影响越来越大，人们对它的认识也在不断深化。透过亚洲金融危机等经济事件，人们看到了经济全球化的复杂性和应对不当可能产生的破坏性。尽管人们对经济全球化有着这样或那样的争论，但有一点已为大家所公认，即经济全球化是一把“双刃剑”。对于发展中国家而言，新的增长极的选取及其作用的评判，也应站在这种认识的基础上。根据发展经济学流行的观点，由于发展中国家在国际贸易中通常处于受支配、依附的地位，因此，全球化可能给发展中国家带来更多的困境，具体地，这些矛盾集中体现在：第一，国际市场上不公平的竞争和发展两极分化。由于发达国家的先发优势，这些国家的跨国公司不仅拥有雄厚的经济实力，而且在管理经验、技术工艺、市场营销等诸多方面，都遥遥领先于发展中国家。在一国国内，一般都制定了相应的反垄断等法律来规范市场秩序，但在国际市场上，由于缺乏强有力的超国家机构来规范市场，在竞争的丛林法则作用下，由于竞争态势有利于掌握先进技术和管理经验的跨国公司，其结果必然是强胜弱汰，加剧两极分化，使得国际范围内发达国家与最不发达国家的差距越来越大。第二，机遇中的经济风险。经济一体化把发展中国家更广、更深地进入国际经济体系，国内市场与国际市场的并轨加快。随着经济一体化程度加深，国际市场的不确定性因素对国内市场的影响越来越大，这在很大程度上是对发展中国家经济驾驭能力的考验。在国内经济增长对国际贸易与国际投资的依赖度越来越高的情形下，国际原料燃料与中间产品价格的涨落、国际市场对发展中国家产品需求的起伏以及本币对主要货币汇率的升降，都会越来越明显地影响国内相关商品价格的波动，导致本国贸易条件恶化和资源的浪费，从而影响发展中国家的经济增长和就业。第三，发展中国家处于国际分工的不利地位。长期以来，少数发达国家与广大发展中国家形成了“中心”与“外围”的垂直的国际分工体系，由此决定了以发达国家为主导、以发展中的新兴工业化国家为承继、以最不发达国家为外围的金字塔式世界经济格局，利益上浮、风险下沉，发展中国家始终处于弱势而成为易被侵害的群体。发达国家凭借知识、技术、人才以及销售网络领域的垄断优势，在国际分工中占据并不断巩固“微笑曲线”价值链的高端，获取高额垄断利润，将高消耗、高污染、高风险产业向发展中国家转移，而发展中国家只好凭借人力、资源等比较优势，长期局限于劳动与资源密集的加工及原料与燃料的生产，获取的只是一般的平均利润。

开发北部湾新区，中国可以更好地通过该海域参与东盟，进而参与世界经济合作和竞争。随着中国—东盟自由贸易区的建立和发展，中国与东盟国家的联系与合作将进一步加强，在这一背景下推进泛北部湾区域合作，对于与东盟的关系而言，无论是友谊、合作，互利互惠、双赢，中国都可以找到更强的立足点。北部湾新区的经济发展，显然关系到中国未来发展空间。中国古代海上丝绸之路始发地就在北部湾畔，如今这里是中国通往世界各地主要的海上通道，这里的合作如能顺利开展，将大大减轻西北和东北的压力。另一方面，推进泛北部湾区域合作，把北部湾新区打造成为中国与东盟的区域性物流基地、商贸基地、加工制造基地和信息交流中心，带动中国西南地区的对外开放和经济发展。因此，推进泛北部湾区域合作，也是切实贯彻西部大开发战略和中国经济均衡发展的需要。从中国沿海的经济发展看，已经形成了珠三角、长三角及环渤海湾的“两角一湾”的强势带动格局，而北部湾新区在整个中国沿海经济带中，仍处于待开发状态，只有通过对北部湾新区经济发展的战略性扶持，中国经济发展才趋于均衡。

第二节　国内外区域合作的联动模式

从中国经济发展的长远利益和战略高度而言，北部湾新区开发的战略意义明显，从未来趋势看，中国与北部湾新区合作应该实现两个根本性突破：即能源合作突破和立体分工模式的打造。

一、东南亚区域合作与北部湾新区突破前景

中国积极参与东南亚区域合作以及中国—东盟自由贸易区构想的提出，是经济全球化和国际贸易一体化的产物。20 世纪 90 年代以来，伴随着经济全球化浪潮的涌流，区域经济合作空前发展。1994 年，美国与加拿大、墨西哥组建了北美自由贸易区，并由此启动了美洲自由贸易区的谈判，美洲 34 个国家宣布在 2005 年成立西半球自由贸易区；同时，非洲国家也在 2005 年分阶段建成全非共同市场。2002 年，随着欧元的正式使用，欧洲经济贸易一体化进入了全新的时代。与世界其他地区相比，东南亚的区域经济合作显得有些落后。东南亚国家的发展现状以及 90 年代末期金融危机的冲击，使得区域内各国逐步认识到一个有序而稳定的区域合作框架的建立，对于经济稳定和健康发展的重要性。中国加入 WTO 后，其日益壮大的经济实力和未来更加开放的市场经济体系的建立，也为参与和推动区域合作，提出了历史性要求。由于中国与东盟诸国经济发展水平比较接近，因此，建立自由贸易区比较现实，在这种情况下，中国把与东盟的合作作为战略重点，也具有客观必然性。

从合作状况来看，20 世纪 90 年代以来，中国与东盟贸易持续增长，相互投资力度不断加大。东盟有许多大中型企业在中国投资，在农业技术、矿产开采、化工机电、旅游设施、金融服务等行业独资或与中国企业合资。统计数据显示，2002 年东盟十国在华直接投资达 32.56 亿美元，增长率达 9.12%，略低于 9.98% 的亚洲整体水平。与此同时，近年来中国对东盟的直接投资也以每年 60% 以上的速度增长，中国对于东盟国家的投资虽然起步较晚，但增长势头很猛，以越南、泰国为例，2003 年中国对越南投资项目增加近 50 个，新希望集团、TCL 集团、力帆集团等在国内较有影响力的企业纷纷进驻越南，组建生产性企业。

为了推进自由贸易区的进程，中国与东南亚国家采取了一些特殊的安排，通过实施“早期收获”、举行一年一度的中国—东盟博览会、积极推进湄公河次流域的开发等项目，这使得中国—东盟自由贸易区散发强大的生命力：在合作战略目标确定伊始，双方都把它当作一个事实认真对待，尽可能发挥它的效应，给双方特别是对于东盟的发展中国家带来直接的好处。

由于中国—东盟的经贸合作是建立在各自发挥自身比较优势的基础

上，因此，互利双赢将成为双边经贸进一步合作的推动力。东盟国家向中国出口的是其自身比较优势的资源类商品，主要是石油和燃料、木材、植物油脂等四大类商品，占其对中国出口的60%左右。中国出口东盟国家的商品主要是棉花、烟草、机械、电器设备等。东盟国家电子元器件产品生产的优势，也使中国从新加坡、马来西亚等国进口该类产品占中国从东盟国家进口比重的35%—40%。

中国与东南亚国家产业内互补性贸易与产业同构竞争性贸易并重的格局，为双边合作深入提供了保证。中国与东盟同属发展中国家地区，各国产业结构同构系数高，中国沿海、中部、西部经济发展水平的层次性与东盟十国间经济发展水平的差异性共同决定了中国—东盟的经贸关系呈现出产业内互补性贸易与产业同构竞争性贸易并重的特点。

在这样的区域经济合作前景下，北部湾新区的开发具有极大潜力，最有条件将东南亚纳入自己的分工体系。东南亚国家工业发展水平普遍较低且人口众多，某些国家的生产技术水平较中国落后，因此这些国家的发展为北部湾新区工业—尤其是制造业的发展和规模扩张提供了广阔的市场。按照北部湾开发新区的设想，如果重化工业项目及相应产业带得以建成，那么，东南亚地区将成为中国工业制品出口的另一个阵地。与此同时，如果充分利用区域合作优势，那么北部湾新区丰富的能源蕴藏，也将成为减缓国内能源压力的突破口。

二、区域突破能够确保国家安全

全球化背景下中国国家安全战略的基本定位和核心目标是安全与发展，即在维护国家的基本安全，实现国家的稳步发展。总的来看，国家安全包括国家经济安全、国家政治安全和文化安全。其中，国家经济安全包括金融安全、信息安全、能源安全等因素，是国家安全的基石；而国家政治安全和文化安全则是国家安全的支柱。

随着全球化进程的加快，国家安全问题越来越受到世界各国的重视，全球化的发展促进了国家之间的相互依赖，相互依赖为国家间的合作提供了可能与机会。相互依赖使各国利益相互渗透，一荣共荣，一损俱损。然而，一个值得注意的问题是，在各国相互依赖关系中，一国所获得的利益以其所必须付出的代价为前提，国家间为争取利益而进行的讨价还价，使得这种相互依赖表现为很大程度的敏感性和脆弱性。随着全球化的不断深化，国家间的相互依赖关系，也使得一国经济和政治对外的敏感性和脆弱性增强，从而导致国家在安全行为上的种种约束和不自主。经济全球化过程的本质，是世界上各个国家利益包括经济利益和政治利益的重新配置的过程，其间，各国为了维护自己的利益和安全，合作与对抗成为主要博弈模式，但是，这种合作竞争态势会进一步加剧全球化因素对国家影响的复杂性和不稳定性。对于发展中国家而言，由于它们不能像发达国家那样拥有制定游戏规则的权利和控制游戏节奏，因此容易成为经济全球化的受害者，并导致国家安全和国家受到损害，20 世纪 90 年代初期的东欧剧变以及 90 年代末期的亚洲金融危机即是典型的例子。

改革开放以来，中国经济发展成果卓著，国家实力快速增长，但是，作为一个不断融入国际社会的新兴工业经济体，中国在国家安全保障能力方面仍然比较脆弱，在亚太地区，中国对于区域经济政治的影响力与自己的大国地位远远不相称。北部湾新区的开发，在很大程度上可以改变中国经济、政治现状。首先，从政治和文化方面来说，1967 年最终成立的东盟，与其说是为了经济合作，不如说是为了避免地区矛盾激化急需一个有效的多边协商与制约机制，在缺乏内部强势领导的松散联盟之下，大国势力的区域存在不仅是东盟各国团结的内在动力，也是彼此制衡的外在压力，又是平衡大国区域角逐的反制手段，其中，美国巨大的政治和军事影响力，在各个国家几乎都有它的存在。但是，出于地缘和历史原因，中国实际上更有条件在该区域发挥自己的政治和文化影响力。作为一个潜力巨大的政治文化合作前景，它的实现需要北部湾新区这样一个平台和通道，北部湾新区的开发是保证未来中国增强地区政治文化影响力的一种步骤。从经济方面来看，与东南亚各国的能源合作可以在很大程度降低成本和风险，而中国与东盟国家的市场对接对于中国工业制成品的销售提供了广阔空间。作为一个新兴工业化大国，中国在经济领域与国际经济进行了日益深入的融合，而且在政治和文化方面也与世界进行了广泛交流和沟通，为了维持经济稳定持续增长的态势，国家政治安全、文化、经济安全问题也应受到高度重视。这本质上是中国经济进一步发展的要求。而北部湾新区的开发，可以为中国打造未来经济政治强势地位做出铺垫。

三、北部湾新区催生东南亚经济共同体

经济全球化的推进伴随着国际分工网络的扩大和地区经济合作的深

化。20 世纪 80 年代以来，区域经济合作的发展速度和规模超过以往任何时期。作为区域合作的重要形式，各种自由贸易协议的数量出现惊人增长。

当前，国际生产网络扩大和区域经济合作的特点主要表现在以下几个方面：一是产品加工方式的改变。与过去以产品为基本单位的国际分工形态相比，经济全球化背景下的产品生产过程被拆解，产品生产工序分散到不同国家或经济体中进行。发达国家通过工序分解，可以最大限度地利用工序间区域比较优势和规模经济，同时，把欠发达国家纳入技术含量较高的国际分工体系，从而推动整体经济的结构严谨。在产品研发阶段，由于发达国家拥有丰裕的科技资源和自由创新的社会环境而具备明显的比较优势；而在产品的装配阶段，则由于需要大量的普通工人和严格的劳动纪律以及成本控制，显然发展中国家具有比较优势。根据这种区域比较优势的差异，跨国公司对不同的生产环节进行全球性配置，正是这种内部业务活动的分离重新组合，跨国公司可以获得较以往更大的生产效率。20 世纪 90 年代以来，信息技术革命和区域贸易自由化进程的加快，以及发达国家和发展中国家鼓励贸易的政策的实施，也为制造业和服务业产品国际分工网络的扩大提供了支持。再者，信息技术革命为生产过程的数字化和模块化创造条件，新的加工方式应运而生。因此，以电子信息技术和模块化技术日益普及为标志、以外包生产为核心的全球生产体系应运而生。在这种状况下，世界各国的生产活动将不再孤立地进行，成为全球商品价值链条中的一个环节。二是区域经济合作的加强。如果以经济一体化程度划分，当前的区域合作既包括增强商品流动性的自由贸易协定，也包括提高人员和资本流动性的共同市场，前者已从关税、非关税壁垒、以及贸易便利化等传统内容，延伸至投资、企业竞争、环境保护、劳工权益和知识产权等相关规则及制度；就区域合作的广度而言，区域合作地缘范围不断扩大，在美洲，美国以北美自由贸易区（NAFTA）为基础，大力推动自由贸易安排向南扩张，在欧洲，继欧盟接纳 10 个新成员国之后，其向巴尔干地区和地中海国家扩张的步伐并未停止。三是区域竞争促进国际产业转移模式发生变化。根据分工和区域比较优势的不同，除了合作外，区域间相互竞争的格局也比较明显，近年来，随着区域竞争不断加剧以及国际分工网络的扩大，产业的国际转移已由原来单个产业的转移，变为产业链的转移，以形成产业群体和网络，提升区域竞争优势。新一轮产业转移主要是技术、知识和资本密集型产业，载体是跨国公司，传统产业转移采取梯度方式，主要着眼于劳动力优势与区位优势。而产业链转移以跨越方式，更加注重东道国的技术、人才、研发能力等综合优势与信息基础设施。

全球化背景下国际分工的深化以及区域合作理念的逐渐增强，必将对东南亚地区经济合作产生影响，北部湾新区的开发在未来东南亚经济一体化过程中将扮演越来越重要的角色。主要构想如下：

一是规划北部湾沿海沿边城市布局，打造北部湾经济带高端产业。为了充分利用北部湾新区的资源和区位优势，未来中国与北部湾周边国家经济合作机制方面，应该设计为以国内高端产业发展促进区域分工网络扩大的模式，这种分工模式有利于把北部湾新区乃至东南亚地区的产业链整合在一起。具体地，根据中国高端产业发展的特点，北部湾新区及其周边国家的经济产业结构可以设计成一个支柱、若干重点的结构，其重点产业也应定位为中国产业的附属和配套链，为中国的企业生产配件或提供生产原料，为了协调这种分工模式，这些国家的支柱产业可以朝具有竞争力和具有区域覆盖面的大企业的方向发展。

二是以北部湾新区开发为契机，打造以中国为主导的“出口阶梯”。改革开放以来，依循比较优势原则，中国在产业发展过程中，逐渐发展起了利于自己低素质劳动力比较优势发挥的劳动密集型产业，这些产业一般位于国际产业链条的低端。但是，中国出口商品结构变化历程及近年来变化趋势显示，制造业结构转换和升级的迹象已经出现，中国工业制成品向产业链高端跃迁已经成为必然。面对这种趋势，北部湾新区开发过程中，应该抓住机遇，在产业集群打造中力争占据高端，先把“势”造好。中国可利用国内市场对北部湾周边国家的吸引，并以市场为切入点，影响周边国家产业结构的重组过程。这就要求中国不但要给北部湾周边国家让度一些市场，而且还应结合自身产业结构调整的需要，退出一些产业及部分产业的有关链段，如部分劳动密集型产业链段。这样做时，中国可以将一些不适合自己但适合东南亚国家的产业转移出去，并鼓励国内从事这一个领域的企业往这些国家投资，扶持其发展。尽管这会给我国的经济造成暂时影响，比如会导致就业机会的下降，但从长远看是值得的，有利于北部湾新区域立体分工网络的构建和出口阶梯的打造。未来，按出口制成品的国内增加值高低、与国内经济的联系程度及生产的难易程度，以中国为主导的出口逐阶梯的打造可以遵循以下顺序：加工、组装活动的转移→生产工序的转移→中国品牌产品的国外生产。

三是打破现有区域分工格局，建立中国—东盟分工新秩序。打破现有区域分工格局，建立中国—东盟分工新秩序是北部湾新区开发和中国由此走向世界的战略要求。这一战略本质上是为了打破美、日等发达国家和地区在东南亚地区已经建立的产业分工链条，在一种全新的格局中推动国际产业链的垂直转移和水平转移。

20世纪80年代至90年代初，美国、日本与亚洲“四小龙”在东亚地区的投资和贸易，对于东南亚地区经济分工格局和产业链条的打造发挥了重要作用。根据资料分析，该地区现有的经济分工格局产业链接可以分为以下三个层次：第一层次是美国与日本，第二层次是亚洲“四小龙”，第三层次是东盟和中国，这三个层次构成了20世纪80年代以来东南亚地区以垂直分工为主的经济分工格局，这一分工的演进，也是建立在比较成本优势基础之上的。其间，国际市场的激烈竞争，使得经济实力雄厚的发达国家和地区重视劳动生产率的提高和技术进步，以便让自己稳居产业链条的高端，并根据生产成本差异进行工序分解和转移；而那些处于较低层次的国家，则凭借自己的劳动力比较优势，借助资金的投入和市场的扩大，吸收技术和管理经验，加速自身工业化进程。

中国和东盟虽然同属第三层次的国家，但是却有与其他国家差异明显之处。中国的人均GDP虽然较低，但是GDP总量目前居世界第4位，大国气象依然昭显；随着工业化进程的逐步推进，中国重工业化进程也在加速，在国际分工链条中的地位也在升级；中国对北部湾新区开发的信心和对北部湾新区战略地位的认识，也为该地区高端产业的大力发展准备了条件，因此，以中国为主导的区域经济分工模式可望形成。再者，东亚国家对世界经济规则话语权的渴望以及中国在该地区的政治努力也将促进中国—东盟分工新秩序的形成。东亚生产体系的最大特点是，主要消费市场不在本地区，产品主要输入美、欧。然而，美国巨额贸易赤字已在其国内引起强烈不满，针对进口产品的保护主义呼声日益高涨。东亚国家需要通过区域合作开发自身需求潜力，重新调整区域内、外两个市场之间的平衡。如今，在WTO等国际规则的谈判场所，大国的影响力取决于其背后凝聚的地区实力。美、欧依赖各自区域经济组织争夺规则主导权的斗争，唤醒了东亚各国对区域经济合作的积极性。2002年底启动组建中国—东盟自由贸易区计划后，中国与东南亚之间在国际经贸领域正由竞争走向合作双赢。近年来，中国对东南亚地区的投资以每年60%的速度增长。中国经济的发展及与东南亚地区经济合作的加强，为区域一体化进程的推进注入了动力。

四、发展知识创意产业，培育产业生态

北部湾新区的区位优势和东南亚经济合作的广阔前景，为该地区的崛起提供了条件和基础。但是要使北部湾新区崛起在未来不长的时期里变成现实，产业集群的打造非常重要，其中，关键是培育以知识创意为核心的产业生态。

为了使得未来北部湾新区发展实现突破，在发展理念上需要具备超前思维。也就是说，需要明确蛙跳式发展的思路。在经济增长中，确实存在着经济蛙跳的现象。经济蛙跳在先进国家（无论是发达国家，还是新兴工业化国家和地区）已经是客观事实。一般地，经济蛙跳发生在工业生产已具有相当规模，基础设施和基础产业已具有一定基础，经济社会条件比较适宜的特定国家或地区的特定时期。在这一时期，工业化迅速推进、经济持续高涨、产业结构不断优化、对外贸易急剧扩展，从而激发了整个国民经济以超乎寻常的速度增长，在较短的时间内，走完在正常情况下需要几倍甚至数十倍时间才能走完的路程，以倍增的形式使经济较快地崛起。而这种经济蛙跳，除第一个工业国英国外，又几乎都是在经济相对落后的国家和地区发生的，是原来处于相对落后地位的国家和地区以蛙跳方式或者赶上甚至超过原来先进的国家，或者把原来处于同一经济发展程度的国家远远地抛在自己后面，而使自己成为先进或比较先进的国家和地区。经济蛙跳是使后发优势真正转化为经济实力的典型的经济增长路径和轨迹。北部湾新区实现经济蛙跳的一个核心，应该是在工业带布局和建设的过程中，注重知识创意的培育。经济全球化趋势以及信息化技术的发展，为知识创意的发展和培育提供了土壤，在某种程度上来说，知识创意的发展和培育也是经济全球化背景下区域经济蛙跳式发展的客观要求。知识创意包括高新技术—尤其是信息化技术在产业带构建过程中的应用、北部湾新区大学园区的建设，以及专门研究基地的建设和开发。

按照生产力发展水平、资源利用状况和利用能力，人们把人类社会按照经济形态分为农业经济时代、工业经济时代和知识经济时代。从农业经济时代过渡到工业经济时代，人类用了5000年的时间，以蒸汽机的发明及产业革命为标志，人类进入以蒸汽、电力、机械和化工为特征的工业经

济阶段。但是，工业经济发展过程中由于机械设备的应用而造成的资源过度开发，以及重化工业发展带来的环境污染，使人们越来越看到工业经济时代的局限。因此，率先完成工业化的国家开始进行资源利用方式的探索，由此，从20世纪中叶开始，一个以知识生产、消费、分配为主的新经济时代初显端倪。1996年，OECD把知识经济定义为以知识为基础的经济，即以知识和信息的生产、利用和配置，以创造性的人智为依托，以高新技术和智业为支柱的经济。与工业经济比较起来，知识经济以网络化、柔性化、扩散化为主要生产方式。知识经济的网络化，首先，表现在生产中的"合同生产网络"，即越来越多的公司特别是那些名牌商标和关键技术的公司，不再拥有生产设备和厂房，而只控制关键的价值流要素，如产品开发、设计，甚至只是品牌、配方等专有技术的经营，从而将"从头到尾"的公司组织转化为"有头有尾"的网络化结构。其次，表现在流通中的"网上营销"。与传统营销渠道不同，"网上营销"将打破时空的局限，为企业营销创造更直接、方便的外部环境。在网上传输信息快捷、信息量大、费用低、信息能共享，无论大、小企业都有能力、有机会通过网络推销自己的产品。而且，随着电视节目、报刊内容的不断上网，网上营销将成为企业最主要的一种营销渠道。再次，表现在管理的网络化。与传统企业中金字塔式的管理结构不同，在知识经济时代，信息化导致最高决策层能同最基层的执行单位直接联系，使多数中间组织失去存在的必要；经纪人、批发商以至某些零售商的作用将逐步弱化；生产者与消费者之间的鸿沟缩小，他们可以直接联系和接触，相互掌握对方信息。消费者可参与企业管理监督，参与产品或服务的设计和生产过程，反映自己的意愿和爱好而与企业管理者合作。工业经济时代以标准化为生产方式。其基本特点是单一品种、标准化、大批量，经营管理的目的是成本最小化。由于专业化的单一品种，使其可以使用成熟的主流技术，并实现产品的标准化，进而实现生产工艺的标准化。而产品及工艺的标准化构成大批量生产的技术基础，从而实现规模效益。由此可见，知识经济与经济全球化背景下分工网络的扩大及区域经济合作密切相关。根据知识经济的上述特征，知识创意的培育应当在以下几个方面下功夫：

（一）以高新技术产业发展为中心

高新技术产业是指那些知识、技术密集度高，发展速度快，具有高附加值和高效益，并具有一定市场规模和对相关产业产生较大波及效果等特征的产业。由于高新技术产业知识密集度高、发展前景广阔，对发展生产力起着巨大的推动作用，因此被称为朝阳产业。高技术产业与其他产业相比一般具有高成长性、高风险性、高驱动性、战略性等特征。通常所说的高新技术产业包括高技术产业和新材料产业，统称高新技术产业。国际上很多国家和组织在界定和划分高技术产业时，大多采用的是本国使用的产业分类，所确定的高技术产业在名称、类别及包含的内容等方面不尽一致。但所界定的高技术产业范围中技术密集度较高的行业，即高技术产业的核心内容大致趋同，都包括有关航空航天、电子通信、电子计算机、医药等制造业行业。通常认为，由于高新技术产业发展具有跨越式成长的特征，能够在短期内迅速形成具有一定规模和效益的产业群，因此，高新技术产业的发展对于构建城市联盟的发展和以大城市为中心的产业带及产业辐射的形成，具有重要作用。有学者认为，为了促进高新技术产业发展和城市联盟的形成，政府政策应主要从以下三方面内容着力：一是要充分考虑到中国加入 WTO 后，国际经济一体化对城市联盟的影响，要用开放的观点，鼓励我国的大型城市与国际上知名的大都市建立联盟关系，促进文化、科技、信息等方面的交流与合理。中小型城市应在社区管理及公共服务等方面，借鉴国际化的管理经验，提升管理水平，促进国内外城市间的合作。二是要把产业发展，特别是高新技术产业发展作为城市联盟的基础，因此，在制定城市联盟的发展战略时，应首先制定好城市的产业发展战略，要采取国际化的思路来提升产业发展的水平。三是要研究城市联盟的国际法律法规体制，提出符合国际规范并适合于中国国情的法规体系。

（二）以专门研究基地为依托

近年来，鉴于中国经济可持续发展的特殊要求，自主创新成为指导中国未来经济发展的重要战略。要实现这个战略，高新技术开发区被认为是一个重要平台。高新技术开发区的定位，与经济开发区有很大不同，它并不是一个简单的资源聚焦，而是要不断地将技术成果产业化，让自主创新企业一个一个创造出来，其对经济贡献的最重要方面就是，一年能产生多少技术型的高新技术企业。实际上，对于高新技术发展而言，开发区起到技术支撑作用。为了缔造有利于高新技术产业发展的环境，政府角度应当发挥出自己应有的作用。比如，制定和完善促进技术创新的法律法规，保护和规范企业的创新行为；推出鼓励和支持企业自主创新的税收和金融政策、政府采购政策等。还要特别加大对重点企业、龙头企业和骨干企业的扶持力度，支持这些企业承担国家研发任务，主持或参与重大科技攻关。当然，也要重视扶持创新型中小企业。中小企业特别是依靠自主技术起家的中小企业，是最富有创新活力的。据统计，美国的企业创新产品中，82%来自中小企业。要通过创业投资、政策支持等方式，支持中小企业的技术创新活动，发挥中小企业在自主创新中的独特作用。

（三）以高校园区建设为基础

高新技术产业的发展和高新技术开发区的建设，离不开教育的支持。原因是，高新技术产业的发展归根结底是由具有创新能力的人来承当的。这从一个侧面揭示了高新技术产业发展与知识获得的本质联系。因此，可以说，知识经济的发展和创新的突破关键在人才，其核心是发挥人才的创新能力。只有具有创新欲望和创新能力的人才，才有可能抢占知识经济发展的制高点，才会在经济全球化中居于优势。培养创新型人才，提高国家的创新能力，大学负有艰巨的使命，这就要求大学必须实施创新教育。创新教育是以全面、充分发展学生的创造力为核心的教育。创新教育不否定以往教育的合理性，它旨在克服传统和现代教育的弊端，最大限度地培养学生的创造力，最快速度地实现知识的创新，最大程度地推动企业技术创新，进而实现教育自身的创新。大学创新教育的主要任务是进行知识创新、人才创新和教育创新，核心是人才创新，培养创新型人才。大学实施创新教育的意义在于通过人才创新满足知识化社会对创新型人才的要求，通过知识创新提高企业的技术创新能力和国家创新能力，通过教育创新推进高等教育改革并形成新的教育模式。鉴于教育的公共产品属性，在这方面，政府应加大投资力度。

第三节　嵌入东南亚区域一体化发展

区域经济合作需要一定的基础和条件，为了深入探讨北部湾新区开发的重要性和可行性，这里，有必要对该区域合作和发展的现实基础做出说明。

一、区域合作的基础和进展

世界和中国经济发展的实践经验表明，在今天这样一个人流、物流、资金流、信息流全球化的时代，任何一个国家或地区真正迈向现代化，只依靠外力是不可能成功的，只依靠自己一国一地区的封闭式运作也是不可能成功的。无论是已经实现现代化的发达国家和地区，还是正在迎头赶上的新兴工业化国家以及发展中的国家和地区，都必须在开放和国际产业分工参与中、在国际投资和贸易活动的参与中、在资金和信息的全球分享中争取有利于自己的发展机会和发展空间，在深入广泛的参与中提高自己的综合国力，并达到社会进步和国家（地区）的繁荣。对于国内区域关系而言，作为一个重要出海口，北部湾新区可以从海路更加便捷地与经济高速增长的大珠三角地区相连接；对于中国的对外联系而言，北部湾新区的海上通道缩短了西南地区进出口物资的运输距离、降低了运输成本，为中国与东南亚国家之间大力发展通道经济和港口经济、开拓双边市场创造了条件。

从目前来看，北部湾新区经济合作基础已经初具规模，具体表现在以下几个方面：

（一）从合作的人文背景来看，中国北部湾新区与东南亚人文关系非常密切

根据塞缪尔·亨廷顿的著名论断，未来世界的冲突不是意识形态和经济的冲突，而是文化上的冲突。因此，北部湾新区开发中，文化交流的注重和文化认同的达成将成为重要环节。从地缘的历史渊源方面看，北部湾新区的广东、广西和越南北部地区在历史上被称做岭南、岭表或岭海等。海南原来就是广东的一部分，广西的钦州、北海等北部湾沿海地区历史上也曾归属广东省，直到20世纪中期才划归广西。由此可见，北部湾新区历史联系密切，具体表现为：（1）中国北部湾新区是著名的侨乡，有几百万华侨华人。这些华侨的大多数分布在东南亚，尤其是在中南半岛的泰国、马来西亚、越南等国家。（2）中国北部湾新区的许多民族与中南半岛多个国家的多个民族有着亲缘关系。以广西的壮族为主的中国多个民族，如布依族、侗族、水族、仫佬族、毛南族，海南的黎族和云南的傣族，与越南的岱依族、依族、泰族、高栏族，老挝的主体民族老龙族和泰族，泰国的主体民族泰族，缅甸的掸族甚至印度的阿洪人是同根生的民族，他们共同的祖先是古代百越民族中居住在今广西南宁、玉林以北一带的西巨人。约在公元前2世纪以前，秦始皇平定岭南，西项人逐渐往西、南迁徙，在今广西的西北、云南的南部、越南的西北、老挝、泰国、缅甸的掸

邦、印度的阿萨姆邦100多万平方公里的广大地区定居和繁衍，现有人口已接近1亿。他们的生活习俗相同或相近，相互之间日常用语几乎可以听得懂。（3）现在广西的壮族与越南的侬族和岱侬族已有一定的交往，将来随着中国—东盟自由贸易区的建立，这一民族群体相互之间的交往一定会大大增加。近年，中国与东南亚在政治、经济交流加强的同时，两者之间的文化交流也日益频繁。文化交流的内容很多，范围很广，包括科学、技术、文学、艺术、体育等。目前，东南亚国家的汉语热在不断升温，这几年到中国特别是两广，尤其是广西高校学习汉语的东南亚留学生成倍地增加，广西消费水平不太高，路费学费也不多，很适合东南亚留学生的消费层次，并且由于地缘和文化传统原因，这些国家的学生在广西生活也容易习惯。因此，北部湾新区不仅是一个地理概念，更重要的是它是一个政治、经济和文化概念。鉴于北部湾新区的文化历史渊源，在区域开发中，要树立一种互利共赢意识。

（二）从合作机制框架来看，中国北部湾新区正广泛开展与周边国家的经济合作

为了将环北部湾经济合作提升为中国与东盟之间新的次区域合作项目，使之成为中国与东盟新的增长极，中国正积极争取区域内有关国家政府就此进行多边和双边磋商，及时开展有效的对话与合作，以研究和确定该次区域合作的重大问题，为有关合作提供政策指导与支持。同时，泛北部湾经济合作论坛定期机制初步形成，合作各方平等参与、共同推进的局面正逐步浮现。

自从中国与东盟签订《中国与东盟全面经济合作框架协议》及中国—东盟自由贸易区战略构想规划以来，中国和东盟双方采取了许多措施来促进双方的合作。如在中国方面，实施“早期收获”、举办中国—东盟博览会、推进“两廊一圈”合作等，但总的来看，都是点上的多，面上的推进不够。从中国—东盟自由贸易区目前的发展阶段来看，中国和东盟还是分属不同的两个实体，融为一体需要一个较长的磨合过程。在这过程中，边境地区应该是最早融合的地区，沿边境地区重构产业布局，可以有效地整合发展资源，为自由贸易区的最终建成作准备，如果边境地区都无法深入合作，自由贸易区就会成为空中楼阁。在这方面，北部湾新区已经进行了突破：（1）居于北部湾核心区位的广西工业虽然总体上发展水平不高，但是，现有一些产业行业的优势依然比较明显，典型如广西的中医药产业。

而很多东南亚国家的人笃信中国的中医中药，这些国家的游客尤其是越南游客十有八九都要购买中药回去，或是自用，或是帮别人购买或馈赠亲友，中医中药在东南亚市场很大。(2) 北部湾新区的农机及其他工业产品在越南、老挝、缅甸等农业机械化程度很低的国家有很大的市场，产品竞争力也强。如广西能生产客车、载重汽车、农用汽车、微型车等，还有其他各种机械等，这些产品的相当部分市场已经延伸到北部湾周边国家；此外，广西的制糖、造纸、钢铁、水泥、电子等产业也有较大的优势。(3) 居于北部湾核心区位的广西虽然是中国一个经济文化科技落后的省份，但中国的整体科技实力、经济实力和文化实力是东盟任何一个国家无法相比的，这是广西可以利用的祖国强大的资源，甚至可以在技术和资金方面要求国家给予一定的支持和帮助，这为未来北部湾高端产业集群的构建和对外更加深入的合作准备了条件。

（三）联接东南亚的海陆交通和物流体系初步建立

北部湾新区中国—东南亚国际大通道的综合立体交通运输体系和现代物流体系已初具规模，“大港口、大物流、大开放、大发展”的北部湾通道打造思路正逐渐付诸实施。第一，陆路交通网络建设方面，目前北部湾新区正在加快重点建设以南宁为中心、通往越南以及广东、云南、贵州、湖南的高速公路，目的是构筑连接华南、西南、华中至广西沿海港口，以及沟通中国与越南乃至通向东盟其他国家的高等级公路网络。第二，海上通道打造方面，北部湾新区正统筹规划和加快建设北部湾沿海大型组合港，重点建设深水航道、大吨位泊位和集装箱泊位，这些基础设施不断完善将为次区域合作取得新突破、新进展奠定良好基础。近几年来，北部湾新区沿海港口的发展迅速，钦州、防城港、北海 3 个港口正向大型化、深水化、专业化发展的趋势显著。为了增强势力，三大海港积极引进战略投资者建设港口码头，如防城港务集团分别与西班牙 ACS 公司、香港远航集团、韩国 STX 集团等世界巨头合作，目的是打造现代化的大型组合港。目前，广西对港口建设进行了系统的规划，定下了“加快发展的同时形成各自的特色，实现既有竞争又有合作的良性互动，高效利用海岸线、土地等宝贵资源，最大限度地发挥沿海港口的整体优势，提升它的整体竞争实力”的发展思路，2007 年北部湾国际港务集团有限公司的组建，正是这一发展思路的体现，其目的是通过港口资源整合，实现集约化经营，进而构建更大的招商引资平台，为吸引更多投资者参与临港工业建设服务，在此基础上促进产业沿海转移和集聚，为北部湾新区的崛起提供通道。

二、北部湾新区崛起能加速区域整合

东南亚一体化虽然已初见端倪，但远未最终形成，与欧洲一体化相距甚远。因为东南亚一体化在地区整合过程中所面临的情况更为复杂，困难也更大，因而东南亚一体化是一种并不轻松的整合。东南亚是一个地区，各国的历史、现状等诸多方面的多样性与差异性，构成了东南亚国家跨国合作、多国合作乃至区域一体化的多重障碍。从趋势来看，随着工业化进程的推进和在本地区作用的增强，中国经济的发展和对区域分工的带动，将在未来东南亚经济一体化进程中起到关键作用。在北部湾新区开发之于中国经济崛起的战略地位逐步得到确立的条件下，该区域的发展和整合将成为东南亚一体化进程加速的催化剂。

（一）以产业突破带动城市发展

采取相对高效的可行性梯度增长区域经济发展模式，以相对发达的个别城市为区域经济增长点，形成区域增长极，通过建立经济圈，进而形成中心－外围结构的辐射和扩散效应，带动北部湾新区乃至周边国家经济稳定快速发展。

按照北部湾新区开发的构想，就需要加大政策和资金支持力度，重点是升级沿海城市和大城市的产业结构，并以此为基础塑造具有辐射和拉动作用的产业带。根据北部湾城市群（南北钦防）建设的规划，国家对4个城市的政策和资金支持应注重打造以下五大产业链条：第一，打造现代物流产业链。具体路径是依托沿海三市港口，发挥南宁区域物流枢纽作用，通过构建组合港，加大仓储等配套基础设施建设，提升港口竞争优势，实现与铁路、公路、航空等运输方式有效衔接，积极发展配送、流通加工等物流增值服务。其中，依据其省会城市的特殊地位，南宁应该担当起区域物流中心功能，主要提供物流增值服务，而沿海北钦防三市则承担区域物流分中心功能，提供港口运输、装卸、仓储等物流基础服务。第二，打造都市现代工业产业链。通过运用高新技术对现有传统产业进行改造，提高资源综合利用水平，延长产业链条；通过资本运作，壮大企业规模，提高产业集中度，全面提升传统产业竞争力，力争3—5年内补长“工业短腿”。第三，打造临海现代工业产业链。依托沿海区位和资源优势，加快临海工业园区建设步伐，大力发展以利用海洋油气资源及海外矿产资源等加工为依托的重化工业、能源工业、造纸业以及外向型服装等加工制造业。第四，打造海产品及农产品精深加工产业链。充分利用土地资源和滩涂资源，依靠高新科技，实施品牌战略，发展具有区域特色的现代农业，建立蔗糖、水果、速丰林、对虾、珍珠等五大原料基地，发展海产品、农产品和旅游小食品的精深加工等。第五，打造滨海及跨国旅游产业链。通过整合资源，把南北钦防的旅游业纳入全区旅游产业发展大格局中通盘考虑，构建大南宁都市风光、北钦防滨海休闲度假、跨国旅游三大旅游圈。上述思路的实施和运作，将会从根本上改变北部湾新区发展基础薄弱的局面，为区域经济的崛起和区域合作的深入打造优良的平台。

（二）弥补东盟区域一体化的障碍

与国际上其他经济区域经济合作组织明显不同的是，东盟是多样化而又分散的实体，它不可能像欧盟那样建立一种超国家形态的控制机制，它的政治结构是非机制性的，比较松散。它没有欧盟委员会、欧洲议会那样的超国家机构来进行运作。它的运作方式也不是以超国家的法律形式，而是行使协商一致的原则。由于成员国的社会制度不同，只能采取求同存异的协商制，从多样性中求得统一，这正是东盟的存在方式，即东盟方式。在面临共同困难的情形下，解决内部争端，更加强调这个原则，正如《河内宣言》所指出的那样："我们将按照东盟方式并根据国际法和惯例解决悬而未决的问题并防止出现争端"。经历金融危机风暴袭击以后，面对经济整合和经济复苏的困难，东盟成员国不得不把注意力更多地转向自身内部问题上，成员国集团意识由此遭到进一步削弱。集团意识的削弱不利于一体化最终形成，其结果是不能以一个声音说话，这种情况反过来又将造成该组织抵御外来冲击能力的低下。实际上，东南亚金融危机暴露了东盟的根本弱点，显示出它在协调区域经济发展方面能力有限，也不能在解决成员国内部分歧上有更大作为。目前，在成员国忙于整顿各自经济生活秩序的情况下，政治核心的消失使得东盟组织与其成员国之间的关系变得更加疏离。

中国的崛起和 20 世纪 90 年代以来中国—东盟的对话合作，显示了重构合作机制的一些迹象，东南亚金融危机发生时及危机后中国处理危机的积极姿态，也为东盟内部整合提供了机遇。为了发展与东盟的睦邻关系，中国做出了特殊经贸安排。1997 年底，中国—东盟首脑非正式会晤时确定了双方领导人在每年 10 + 3 领导人会议期间定期以 10 + 1 形式举行会议；在2001年11月的第5次10+1领导人会议上双方一致同意今后10年内建立中国—东盟自由贸易区，这是双方经济合作最具划时代意义的步骤。一年后中国与东盟领导人会议又正式签署了《中国与东盟全面经济合作框架协议》，启动了中国与东盟建立自由贸易区的进程，推动了经济合作向深度和广度发展。中国首次发表的《中国参与湄公河次区域合作国家报告》，也标志着中国与东盟在湄公河流域开发的全面合作。中国积极合作的姿态，使得不少东盟国家大体上已逐渐从恐惧、防范与敌对的对华态度转向了信任、合作与支持的立场，这对正在积极创造条件以便完全融入国际社会的中国而言决非无关紧要，而是具有里程碑意义的立场转变。

（三）差别化竞争，打造立体分工的产业格局

环北部湾国家和北部湾新区之外的泛北部湾新区国家之间在经济实力和制度上存在显著差距。美国研究亚洲问题的著名学者罗伯特·A. 斯卡拉皮诺教授曾对此这样描述道：各种族的代表性的特点、文化类型、经济制度和政治制度的纷繁杂陈，其种类之多，范围之广，几乎囊括人类所见识过的全部类型。在这个地区的将近3亿人当中，全世界的主要宗教大部分都有其代表，许多伟大的文化也有其代表。这些国家既有人均国民收入2万美元以上的富裕国家（如新加坡），又有人均国民收入低于300美元的贫穷国家（如柬埔寨），国家间贫富悬殊甚巨；从制度或体制方面看，既有市场经济比较发达的资本主义国家，又有正向市场经济转变的越南、老挝、缅甸等国家，还有君主立宪的泰国。如果按照整体的经济实力划分，东南亚诸国大致可以分为四个层次：新加坡、文莱处于第一层次，这两个国家的经济发展水平最高、人均GDP也最高；马来西亚、泰国处于第二层次，以人均GDP衡量位于中高收入国家之列；印度尼西亚、菲律宾处于第三层次，以人均GDP衡量位于中低收入国家行列；越南、柬埔寨、老挝、缅甸则处于第四层次，居于贫困国家之列，有些国家甚至是世界上最贫困的国家。

三、产业定位和城市带的兴起

根据区域空间等级体系中空间生产率的差异特征，基于集聚经济的城市最佳规模，选择那些具有巨大集聚经济发展潜力的城市（或新的开发区）作为区域增长极，不仅会为落后地区开发战略的顺利实施提供经济支持，而且也为落后地区经济的发展提供永续的动力。产业城市化经济的培

育、重工业和原料指向工业的重点发展、集聚要素的投入、区域内部的产业转移、区域产业发展增长极的选定等，应该作为北部湾新区开发战略中应当引起高度重视的政策。

（一）拉长海港物流产业链条，培育海港物流产业集群

随着人类文明的发展和社会分工的日益复杂化和精细化，作为一种联系经济活动和相应企业生产过程的复合产业，现代物流业的发展及其效率对经济增长的拉动作用非常巨大。实际上，对于经济整体而言，任何一个部门的存续和扩张都不可能离开物流网络。现代经济部门存在和发展的基础是国内外商业贸易活动，商业贸易活动本质上构成现代物流产业的核心。正是由于这种物流网络的润滑和连接，工业再生产所需的原料、机器设备等才能及时得到补充，相应产成品才能顺利销售，现代经济发展因此被编织在日益发达的物流网络中。统计数据显示，20 世纪 90 年代的发达国家（如日本），其物流业每增长 2.6 个百分点，将会带动 GDP 一个百分点的增长。可见，现代物流产业的发展，对整体经济的发展具有极大促进作用。正是认识到这一点，目前，无论是发达国家还是发展中国家，都把现代物流业的发展视为国民经济崛起的支柱。物流业与国内外贸易之间存在着显著相关关系，这也是人们同常用贸易额或贸易量来衡量物流业的一个原因。然而，物流业与商贸业并不完全等同，物流业包括的环节较之于商业贸易更加广泛。除了核心的国内外贸易活动外，物流业还涉及交通运输业、仓储业、信息业。因此，物流业的快速发展，物流量的大且快是体现经济快速发展的一个重要标志，作为一个与现代经济发展联系密切的概念，现代的物流业需要信息技术作为平台和支撑，人们也因此给现代物流产业赋予更多的科技管理内容和更高的期望。鉴于北部湾新区在中国内陆与东南亚地区联系中的枢纽地位，为了在战略上发挥北部湾新区物流区位功能和经济拉动作用，因此积极构建北部湾新区现代物流平台，使其成为“面向东盟的国际物流枢纽”将成为北部湾新区开发的一条主线。具体做法是，首先，加快建设现代化集装箱、散货等深水港口设施，扩大港口辐射能力，促进北部湾新区形成布局合理、层次清晰、干支衔接、功能完善、管理高效的国际集装箱运输系统。根据船舶大型化发展的要求，改善主要出海口航道及进出港通航条件。港口服务功能要更加多样化，装备技术水平不断提高，逐步建设港口的智能化管理系统。要以国际航运市场为导向，把沿海港口建成结构合理、功能完善、信息畅通，而且安全、高

效、可靠的现代化港口。其次，加快流通体制和流通经营管理方式的改革也十分重要。通过深化流通体制与流通方式的改革，打破地区分割和部门界限，积极发展连锁经营和集中采购、共同配送，为跨行业、跨部门、跨地区物流网络和供应链系统的构造创造体制环境和条件，加快培育物流服务市场。

（二）发展临港产业，增强产业集群的辐射力

从国际发展经验来看，随着工业发展和工业化进程推进，工业向江河、大海的沿岸聚集的趋势是一种客观现象。这些在港口临近地区形成的工业称为临港工业。临港工业是依靠港口在临港地区形成的工业，不仅指依靠港口深水条件的船舶建造和修理的工业，为工业提供运输服务，而且指依靠大船低成本地大量运输原材料和产成品的工业。一般认为，能源工业和现在高新技术产业，是北部湾新区经济实现蛙跳式发展的核心，一批类似产业成长，不仅关乎区域内增长的可持续性，而且将对全国经济增长具有战略性作用。有人认为，北部湾新区的产业集群构造主要应该以功能开发区为载体循序进行。由于功能开发区具有积聚资源和节约成本的规模效应，因此，功能开发区的建设势必可以集合产业并建立起高素质产业群。为此，临港产业区要加强对项目的引导，积极引进资金密集型和技术密集型的项目，不断探索新的产业发展模式。就北部湾新区开发而言，可以按照以下形式建立产业集群：（1）石油化工产业功能开发区的构建。目的是推进石油化工产业向规模化、系列化、集约化、一体化和深加工方向发展，形成以原料化工为基础，以精细化工及生物技术产品为主导的研究和开发基地。积极开发乙烯深加工产品，实现由原料化工向精细化工的转变，加快技术改造和产品升级，提高产品附加值，逐步把化工产业链条拉长，形成独具特色的化工产业集群，提高市场竞争力和保障国家能源安全。（2）冶金工业功能开发区。目的是发展钢铁等金属冶炼及压延加工业。功能开发区要以最先进的工艺技术为特征，充分体现21世纪冶金工业的最高水平，包括环保、节能、发展循环经济发展等方面的水平。（3）海滨休闲旅游区。进一步完善海滨三市旅游规划，加大沿海旅游资源的整合力度。强化滨海大旅游观念，走大联合、大开发、大市场的路子，在资源开发、设施配套、市场开拓等方面打破地区壁垒，加强联合与协作，实现北部湾城市群“无障碍旅游”，实现旅游产业由低层次向高层次、由单一观光产品向多元产品的转化，提升旅游产业水平。重点开发符合现

代旅游需求的海洋休闲度假旅游、热带风光旅游、海洋生态旅游、跨境旅游，以及商务会展、工业参观和文化、探险、游船、渔村、渔业等特色旅游。努力开拓国内、国际旅游客源市场，实施旅游精品战略。要加强旅游基础设施与生态环境建设，科学确定旅游环境容量，促进滨海旅游业的可持续发展。(4) 高新技术功能开发区。目的是吸引人力资本的积聚和幼小高新技术企业的孵化，为高素质产业集群打造提供后劲。(5) 跨国边境经济合作功能开发区。为扩大国际区域经济合作，充分利用国内外两种资源、两个市场，在更大空间、更广领域优化配置资源，进一步拓宽经济发展和布局空间，可与越方协商，选择双方认可的边境区域，规划建设跨国边境经济合作功能区。跨国边境经济合作功能区可从两国成立各自的功能区起步，先行各自自主开发，分别管理。在功能区之间将采取多边、双边合作。同时，中越两国成立一个协调机构，对双方功能区的发展、建设、合作进行协调。然后，在加强两国合作的基础上，分阶段、有步骤地向联合开发方向发展，形成统一市场。条件成熟时，再发展为跨国自由贸易区。中方一则可重点布局国际工业区、国际物流区和国际商务区等功能区。(6) 建设保税物流功能开发区，把港口现代化港航设施和保税区政策功能有效融为一体，使保税物流功能区具备"境内关外"的自由贸易区政策功能。纵观世界港口城市发展，都把发展港口城市与提供关税等优惠待遇为基本特征的自由贸易相结合，并在发展中彼此依存、紧密配合、互相促进。保税物流功能区重点发展国际中转、国际配送、国际采购、国际转口贸易和出口加工等业务。一是高起点的聚集现代物流产业。围绕建设开发高标准、服务管理高效率、项目引进高层次的目标，积极引进国际知名航运公司、国际物流企业和面向全球市场的采购、中转、分拨、配送等物流企业入驻功能区，汇集一批具有世界性经营网络和强大供应链管理能力的物流服务供应商，提升功能区现代国际物流产业的规模和质量。二是建设保税物流功能区的市场体系。加快国际航运交易服务中心和要素市场建设，使保税物流功能区成为物流、人流、资金流、信息流的重要集散地。三是营造物流发展的良好环境。充分发挥保税区的政策优势和港口区位优势，形成前港后区紧密的联系，实现功能区和港区海运直通式。构建海关、港区、保税园区以及企业的信息集成平台，达到货物便捷通关的目的。四是拓展保税物流功能区辐射空间。引导加工贸易企业和各产业功能区充分利用保税物流功能区政策，以功能对接为切入点，实现保税物流功能区与其他功能区的联动和产业融合，发挥保税区对周边地区经济发展的辐射带动潜力，增强保税区、港口在全球范围内聚集优势、配置资源的能力。

（三）建设功能开发区，打造城市带

产业集群的培育需要借助于产业功能区的建设。波特认为，作为促进经济发展的一种新思维，产业集群对新企业的进入和企业成长有着重要的影响。产业集群的培育能够改善创新的条件、加速生产率的成长。产业集群形成后，不仅可以吸引投资和新企业在本地繁殖、成长，而且可以营造外部规模经济和范围经济、深化专业分工、降低交易费用，进而增强企业的竞争力和强化集群所在区域的竞争优势。

北部湾新区在产业集群培育的核心地位、培育的产业集群的中心环节是自主创新。自主创新不会凭空产生，必须以相应的要素结构为基础。因此，有必要将自主创新与圈层升级有机结合起来，确立广西经济圈层中的核心增长区域，带动本区域优势产业、主导产业的发展，以利于产业集群的尽快形成。在城市带打造和产业集群规划过程中，应该注重以下方面：(1）南宁市可以打造为综合性、区域性的国际化都市。作为广西首府的南宁，不仅是广西政治、经济、文化、科技、教育、物流、金融和信息的中心，同时也是中国—东盟博览会的永久性举办地及中国—东盟的枢纽。在中国—东盟区域经济一体化的契机下，逐步形成以综合性服务产业为主体，农工贸全面协调发展的城市经济体系，使之成为开放、枢纽、活力、魅力、和谐、可持续发展的国际化都市。因此，必需激化南宁的城市功能，形成能带动广西经济发展的中心城市。（2）北（海）钦（州）防（城港）三市以港口建设为龙头，把沿海大型组合港建设放在突出位置，加快改革港口的开发、建设和管理体制，推动沿海港口资源整合，统筹规划和建设防城港、钦州港、北海港三大港口，进一步强化大港口的功能定位，加大港口重组力度，形成北部湾港口一体化经营机制，不断完善枢纽港功能，使港口向大型化、深水化、专业化方向发展，提高港口综合竞争力，更好地适应北部湾新区全面开放开发的需要。(3）积极推动北部湾新区的城市带辐射作用，进一步带动以下三个城市的发展：第一，把柳州市打造为新型工业化基地。柳州是广西最大的工业城市，经过 50 多年的建设和发展，已经形成了门类比较齐全的综合性工业生产体系，初步具备了工业产业升级换代的基本条件。在以信息化带动工业化发展模式的推动下，走新型工业化道路，全面振兴老工业基地是柳州市可持续发展的新平台。通过技术创新与管理创新，借助便利的交通条件和承东启西的区位优势，充分发挥广西工业经济“领头羊”的作用，再造一个现代化新型工业柳州。第二，把桂林市打造为现代化国际旅游城市。桂林以甲天下的山水和悠久的历史文化著称于世，自20世纪70年代末对外开放以来，目前已建成比较完善的旅游体系，旅游业已成为桂林市的主导产业和拉动广西区域经济的增长极。在国际经济一体化的大环境中，以旅游业作为桂林市国民经济发展的主体，在现代农林业和高新技术产业的支撑下，利用桂林享誉世界的旅游品牌效应，充分发挥开放城市的“窗口”作用，将桂林市打造成为特色鲜明、设施完善、服务一流的现代化国际生态旅游城市是桂林市城市战略定位的必然选择。第三，把梧州市打造为互补性加工业基地，梧州作为西南地区东向出海的门户和通道，改革开放以来，借助毗邻粤港澳的区位优势，在农业产业化、民营企业和外向型经济发展方面取得了长足的进展。在泛珠江三角洲区域经济一体化进程中，大力发展与粤港澳的经济合作，积极承接粤港澳产业转移，最终形成以现代农业为基础的、轻工业为主导的外向型互补性加工业基地，是梧州城市发展的基本取向。

第四节　筹划新发展的若干政策建议

北部湾新区开发就是要使我国的发展谋求一种平衡。这个过程当中，调动地方政府的作用十分重要。推进北部湾开发合作，首先是“开发”该地区官员的执政能力。地方政府只有改变作风和观念，才能与北部湾新区发展构想相适应。因此，发展以政务环境为重点的软环境，是决定资金、人才、项目等资源流向的主要因素，也是地区间综合竞争的核心内容，各级部门办事效率的高低、官员的积极与否，都是影响发展的关键。其次地方政府应为北部湾新区市场的发展和运作创造物质条件，例如，改善北部湾新区的道路、通讯、电力、供水、生态和环境等条件。一些可以回收并盈利的基础设施项目应按照市场经济的办法、通过市场的途径（例如，发行债券、指标等）尽量吸引民间和国外投资，其中有些项目需要地方政府给与投资者某些补偿（如划给一片土地由其开发，或政府给予贷款贴息）。再次在北部湾新区开发中，地方政府应支持非公有经济的发展，去除非公有制经济发展所遇到的种种障碍和对它的种种歧视（例如在市场准入、融资、土地批租等方面的歧视和障碍），给非公有制企业以国民待遇，帮助解决非公有制经济在发展中遇到的困难（例如融资困难、信息缺乏、技术人员不足、管理不善等），规范非公有制企业的行为（例如守法、讲信用、不侵犯他人的知识产权等），维护非公有制企业的合法权益。非公有制经济是与市场经济紧密结合在一起的，它积极参与西部大开发不仅会加快北部湾新区的开发，而且会促进市场的发展。

北部湾新区的崛起需要周边国家共同一致的努力，其中，各国的政治努力在区域发展中将扮演重要角色。从长远来看，北部湾新区及泛北部湾新区的政治整合，必须“宪章”先行。作为未来区域发展的强力发动者，中国应该在与东南亚国家的政治整合中充满热情，通过不断的政治交流打消各国戒心，以便集中精力促进区域发展。

一、市场驱动

改革开放时，为了打造东部沿海地区作为促进开放发展的战略地位，根据东部沿海地区的条件和潜力，国家制定了一系列优惠政策，这些政策在性质上基本上是“顺市场”调节的：如深圳、浦东的优惠政策与市场经济的着力方向是一致的，优惠政策的制定主要是为了吸引资源更快地往那里集聚。实际上，通过“顺市场”调节的政策的制定，东部沿海地区很快实现了突破。同样地，为了促进北部湾新区开发，国家也要给北部湾新区一些优惠政策以促进发展基础的打造和发展潜力的挖掘，但是，由于北部湾新区区位和发展阶段的特殊性，国家给予的优惠政策很大程度上应该是“逆市场”调节的：也就是说，北部湾新区开发优惠政策制定的目的，应该是针对市场失灵或者针对弥补市场调节的缺陷和市场机制的不足，因此，这种政策的设计与市场调节的着力方向相反，在这一点上，北部湾新区政策作用与东部沿海地区存在差别，因为市场机制的健全是政策促进的核心环节。从长远来看，加快培育市场，迅速提高北部湾新区的市场化程度，是创新北部湾新区开发体制和机制的基础。目前，北部湾新区发展过程中存在的一个薄弱环节是资本、技术、人才等要素市场发育滞后，怎样促使资金、技术、人才向该地区流动是政策关注的重中之重。面对这种状况，为了增强北部湾新区资源积聚引力，必须转变观念，完善市场供求形成价格的机制，承认稀缺要素的市场价值；必须开放市场，打破地区封锁，清除市场障碍，创造公平有序的市场竞争环境；通过加强基础设施建设，改善市场硬环境，实现货物、资金、技术、信息和人才流的畅通，扩大资源配置空间；只有这样，才能充分利用市场功能，实现资源互换，如可以用资源换投资，用市场换技术，用存量换增量，用产权换资金，把潜在优势转化为现实优势。

二、产业整合

结合北部湾开发整体构想，政策制定应该体现创新网络打造的意图。作为提升重化工业水平和高端产业链打造的动力，创新网络的构建有助于发挥个人和人力资源的学习潜力、提高区域的合作能力，进而促进开发区奠定赖以腾飞的基础：即企业和产业分工合作联系的紧密、合作设施和技术服务质量的提高、研究开发和技术扩散机制的提供，以及区域公共和私人部门的合作能力的增强。由此，北部湾新区开发和发展所需要的三种潜力，即企业技术创新潜力、企业家能力和企业组织管理能力便被激发出来。最终一个健康成长的产业环境被培育出来，政府与企业部门的良性互动局面也自然建立起来。

三、加大中央财政、税收的支持力度

对北部湾新区开发的财政支持，包括多种内容，如减税、投资、财政贴息和补助等。但从投资、融资的角度来讲，要落实财政支持政策，如何开辟多种投资、融资渠道是关键。根据北部湾新区现有发展基础薄弱及财政支持尚不充分的现状，为了弥补北部湾新区开发的资金缺口，财政支持可以从以下几个方面着力：第一，国家财政应该向北部湾新区适当倾斜，关键是如何在东部沿海地区和北部湾新区的财政支持方面进行重新平衡。通过20多年的政策促进和财政支持，东部沿海地区已经具备了腾飞的充分动力，在这种情况下，国家支持东部沿海地区发展的财政项目，可以分出适当的部分，用以投资北部湾新区，其原则是，在不损害东部沿海地区进一步发展的条件下，促进北部湾新区开发的顺利进行。第二，为了有效利用宝贵的中央财政支持资金以及地方财政的配套资金，建议设立北部湾新区开发基金，这个基金可以由类似于北部湾新区开发委员会之类的联系机构管理。基金建立的原则是，它应当成为北部湾新区广泛吸收其他投资资金的规范运作机制，并据此实现财政资金基金化。第三，类似于大型基础设施建设，北部湾新区开发的财政资金筹措，在很大程度上可以借助于发行北部湾新区开发债券的办法。北部湾新区开发债券的发行，可以利用目前国内储蓄规模巨大、民间闲散资金充裕的有利条件，对于储蓄向投资的转化以及储蓄的有效运用也有好处。

税收优惠方面，北部湾新区应该坚持的原则是促进高新技术企业的发展和产业集群的打造，为此，税收政策应该从以下几个方面着力：第一，进一步推进北部湾新区税费改革，规范分配秩序。为了保证北部湾新区开发的顺利进行，在该区应当尝试着开征环境保护税等税项；一些不合理收费严格取缔，如在北部湾新区高新技术开发区内，可以推行“零费待遇”措施，目的是促进投资环境的改善。第二，配合北部湾新区开发战略的整体构想，在该区选择高新科技、能源等支柱产业进行增值税改革试点，为了促进产业发展，将现行生产型增值税改为消费型增值税，允许抵扣固定资产的税金。减少税率档次，以促进西部企业技术创新，加速企业资本积累和技术进步。第三，税收优惠的具体方面，在北部湾新区全面停征固定资产投资方向调节税、土地增值税等税项；对北部湾新区高新技术开发区内的企业、生态环境建设与保护、基础设施建设等，无论何种经济性质，可以统一实行 15% 的企业所得税税率；高新技术开发区内新办高新技术企业，可免征企业 5 年的所得税，其他新办企业可适当降低企业所得税税率（不含限制发展产业）并免征企业 1—3 年的所得税。第四，对北部湾新区高新技术开发区内的企业，实行加速折旧、投资抵免、再投资退税等鼓励发展的政策。

四、创新金融服务

在促进北部湾新区开发的过程中，根据北部湾产业群和城市带发展构想，金融支持应当重点面向那些科技含量高、附加值大的重化工业制造业、高关联度产业、附加值高的现代服务业、高成长性的中小企业，以及基础设施建设。目的是大力扶持支柱产业和优势产业的发展，最大可能促进产业体系的完善和产业升级的实现。在北部湾新区开发过程中，金融支持可以从以下几个方面着力：第一，提供融资便利。金融部门应该引导企业在传统融资渠道的基础上寻求新渠道，集中利用和开发国内外的资本市场资源。例如，通过企业上市、发行政府和企业债券、设立产业投资基金、引进国际银行贷款和海外基金等方式，充分利用各种资本资源为经济区服务；在建设国家级生产基地和机场、铁路、公路及港口建设这些大型项目中，以及在发展旅游业、海洋业、临海工业等特色产业时，可以融合各种金融资本参与项目融资，或联合组成银团进行贷款；充分发挥金融租赁的融物与融资结合的特点，开展各类仪器、设备、车辆的租赁业务，做好应对利率风险的对冲措施，带动物流、高科技等企业的发展；此外，还可以提供房地产信托融资作为经济区大规模开发商业、民用地产项目和建设现代化基础设施的有效融资工具。第二，参与融资设计。企业在融资中，重间接融资轻直接融资，重股票融资轻债券融资。各金融机构应根据企业实际，向企业宣传不同融资方式的特点，使企业根据自己的实际确定融资形式，以降低融资成本，提高资金使用效益。例如，对于同银行关系良好，资产负债率较低的企业，可以采取向银行贷款的融资方式；对于资产负债率较高的企业，可以直接融资，其中需要在中短期内解决资金困难的企业，可以运用债券融资；对于既想融资，又想进行机制改造的企业，可以运用股票筹资；对于一个具体的投资项目，既可以设计项目融资，走多样化融资道路，也可以设立项目投资基金，走较简单的融资道路。第三，深化服务支持。除了投融资支持外，金融部门还应该为经济区提供一系列的服务支持：一是快速便捷的支付结算。随着北部湾新区经贸往来的日益密切，必然要求金融部门提供更高效、更安全的支付结算手段。为此，通过完善跨境实时支付系统、推动跨区域票据结算合作、扩大人民币业务范围、与东盟国家开展边境贸易人民币结算等方式提供快捷的支付结算服务。二是资信调查。金融机构具有分支机构多和联系面广的重要特点，因此可以接受客户委托，通过分支机构和联系机构调查有关投资者的资信和实力，使委托人免受损失。三是提供各种表外业务服务，如备用信用证、贷款承诺以及外汇、投资物资的期货与期权交易指导。四是保险服务。保险部门应在巩固传统业务的基础上，开发新险种，尤其是要开发一些适合于北部湾新区特色的险种。五是提供信息咨询和风险管理服务。金融业还应该利用自身优势，为投资者提供有关财经信息、经济金融变化趋势预测和风险管理、控制等服务。

五、推动外交机制创新，变政治优势为经济优势

为了保证国家安全，中国的东南亚政策应当在现有基础上，通过外交努力和规则的健全进一步发展睦邻友好关系，以此促进与周边邻国和地区

的互信，并在此基础上开展在政治与安全等领域的合作。中国与东盟在经贸领域的合作使双方相互依赖程度加深，并在规则和制度安排方面也取得了重大进展。所谓制度安排，主要是指双方的各种关系与合作建立在制度与规则的基础上。制度安排的建立和发展是双方相互依赖程度不断加深的结果，反过来又将增强双方的相互依赖。第一，发挥政府首脑非正式会议在区域合作中的作用。东盟每年都举行一次首脑非正式会议，接着举行“10+3”（东盟10国政府首脑与中日韩政府首脑）和“10+1”（东盟10国首脑和中国政府首脑）会议。中国—东盟政府首脑非正式会议是中国—东盟合作的最高决策机构，涉及双边关系的许多重大问题都是由首脑非正式会议做出决定的。第二，扩大中国在部长级会议的影响力，东盟每年的七八月份都要举行一次外交部长会议，然后举行东盟地区论坛会议，接着再举行由东盟10个成员国和东盟地区论坛成员国的外长参加的后部长会议。外交部长会议的重要性仅次于第一个层次的政府首脑会议。中国于1996年正式成为东盟的对话伙伴国。此后，中国外长每年均出席这一会议。此外，中国—东盟之间每年还举行其他类型的部长会议，包括经济部长会议、交通部长会议、环境部长会议等。第三，积极参与五个平行的对话机构活动，从1995年起，每年都举行中国与东盟高官磋商会议。其主要任务是就一些涉及双边关系的重大问题举行磋商，例如，高官会议曾就南中国海争端问题举行了多次磋商，并在2000年于马来西亚举行的第四次高官会议中决定建立一个联合工作组，起草了一份南中国海行为法规。中国—东盟经贸委员会于1994年建立，其主要任务是回顾中国与东盟经贸合作的发展，介绍进一步扩展经贸合作的方式以及讨论双方共同关心的区域和国际问题。从2003年起，中国—东盟自由贸易区谈判也在该机构的监督下进行。中国—东盟科技联合委员会，于1994年建立，由东盟科技委员会主席和中国国家科技委员会副主任共同主持，其主要任务是回顾双方科技合作的发展历程，讨论在科技领域双方共同感兴趣的区域性和国际性问题。中国—东盟合作联合委员会于1997年建立，主要是在官员的层面进行活动，东盟方联合主席是东盟秘书长，中国方联合主席是中国外交部副部长。其重要功能之一就是建立中国—东盟合作基金，制定基金使用的计划，批准和监督中国与东盟之间的各个合作项目的实施。合作活动重点在5个领域：农业、相互投资、信息通讯技术、人力资源开发及湄公河流域合作。

主要参考文献

1. 北部湾（广西）经济区规划建设委员会办公室：《共建中国—东盟新增长极》，广西人民出版社2006年版。

2. 北部湾（广西）经济区规划建设委员会办公室：《开放开发的北部湾》，广西人民出版社2006年版。

3. 中共广西壮族自治区委员会宣传部、北部湾（广西）经济区规划建设委员会办公室：《风生水起北部湾》，广西师范大学出版社2007年版。

4. 李培：《笑傲明天》，广西人民出版社2006年版。

5. 佩帕德、罗兰：《业务流程再造》，中信出版社2003年版。

6. 苏米特拉、杜塔等：《过程再造、组织变革与绩效改进》，中国人民大学出版社2001年版。

7. 毛健："论经济增长中的跳跃发展"，《经济研究》，1994年第3期。

8. 李江涛、吴飞："产业深化理论机理研究"，《探索》，2006年第6期。

9. 王树祥等："环北部湾经济圈发展战略研究"，《广西民族大学学报》（哲学社会科学版），2006年第5期。

10. 康定华、张贤文："环北部湾重化工港口经济发展策略"，《广西经济管理干部学院学报》，2006年第4期。

11. 张静："跨国公司投资战略调整与中国产业结构升级的相关分析"，《经济师》，2007年第2期。

12. 徐金发、顾惊雷："蛙跳式制度创新初探"，《科研管理》，2004年第3期。

13. 刘朝明、汪涛："大西南最便捷出海口岸物流量测算与比较"，《中国软科学》，1999年第4期。

14. 况漠："西南地区物流发展的机遇及对策研究"，《经济体制改革》，2005 年第 2 期。

15. 广西大港口、大工业与沿海物流业发展研究课题组："广西沿海物流业与港口工业发展研究"，《学术论坛》，2006 年第 1 期。

16. 魏杰："不能把增长方式与重化工业发展混为一谈"，《中国制造业信息化》，2005 年 12 月。

17. 郑永彪："中国重化工业发展的环境问题分析与对策研究"，《首都师范大学学报》（社会科学版），2006 年第 2 期。

18. 张二峰、王若晨："论广西北部湾地区经济发展策略"，《广东商学院学报》，2006 年第 6 期。

19. 张敏："大力发展重化工业走新型工业化道路——关于钦州临海工业发展的思考"，《沿海企业与科技》，2006 年第 2 期。

20. 宗兆礼："我国重化工业时期的产业政策研究"，《宏观经济管理》，2006 年第 3 期。

21. 赵晓、陈光磊："再论究竟如何看待重化工业的发展"，《理论前沿》，2006 年第 5 期。

22. 黄中伟："产业集群的网络创新机制和绩效"，《经济地理》，2007 年第 1 期。

23. 王立军："嵌入全球价值链与产业集群升级研究"，《中共浙江省委党校学报》，2007 年第 1 期。

24. 张克中："发展经济学的社会资本分析思路初探"，《经济评论》，2005 年第 3 期。

25. 邹宜斌："社会资本：理论与实证文献综述"，《经济评论》，2005 年第 6 期。

26. 卜长莉："社会资本与经济发展"，《社会科学战线》，2001 年第 4 期。

27. 谢瞬："论社会资本对技术创新的作用与影响"，《广西大学学报》，2004 年第 3 期。

28. 满莉、章仁俊："非物质因素的社会资本在产业升级中的作用"，《江苏社会科学》，2005 年第 5 期。

29. 王雅莉："海岸城市带：中国区域经济发展的战略思考"，《青岛科技大学学报》，2005 年第 1 期。

30. 陆际恩："论南北桂柳城市带的创建"，《学术论坛》，2001 年第 5 期。

31. 张彩虹："信息化建设是西部地区发展的重要前提"，《宁夏社会科学》，2006 年第 3 期。

32. 李声明："信息化促进西部地区经济社会发展的省思"，《改革与战略》，2004 年第 10 期。

33. 金元浦："当代文化创意产业的崛起"，文化产业网。

34. 王如忠、高勇跃："发达国家和地区扶持创意产业的经验"，文汇报，2006 年 1 月 23 日。

35. 李建平："西部欠发达地区如何加快文化产业发展"，《学术论坛》，2006 年第 4 期。

36. 容小宁："做大做强文化产业　促进广西经济加快发展"，《当代广西》，2006 年第 14 期。

37. 李延喜："基于战略地图的战略性绩效评价体系研究"，《科研管理》，2005 年第 1 期。

38. 杨志强："全方位绩效管理　让管理更科学"，《煤炭企业管理》，2006 年第 12 期。

39. 孙达男："科研项目绩效预算管理探讨"，《商业时代》，2005 年第 6 期。

40. 陈琦："关系绩效：绩效考核的新视角"，《中山大学研究生学刊》，2006 年第 27 期。

41. 李芝山："绩效沟通：价值、问题及策略"，《企业研究》，2005 年第 3 期。

42. 王德忠："论现代组织与区域经济发展"，《经济地理》，2005 年第 4 期。

43. 支文："对设置经济责任评价指标的探讨"，《广东审计》，2003 年第 3 期。

44. 赵日磊："绩效管理是只筐"，《企业管理》，2007 年第 3 期。

45. 官锡强："环北部湾经济圈南北钦防沿海城市群的构建"，《广西财经学院学报》，2006 年 2 月（第 19 卷第 1 期）。

46. 胡均民："区域创新与北部湾（广西）经济区产业集群的培育"，《当代广西》，2006 年第 18 期。

47. 贾伟川："从石油安全角度分析中国与东南亚的关系"，《理论界》，2005 年第 3 期。

48. 李小圣、王晓梅："东盟与中国和平发展战略的实现"，《宝鸡文理学院学报》，2006 年 8 月（第 26 卷第 4 期）。

49. 庞革平、李士燕："中国—东盟'M'型合作战略浮出水面"，《当代广西》，2006 年第 15 期。

50. 许进："北部湾临港工业圈的布局构想"，《湛江海洋大学学报》，2005 年第 2 期。

51. 苏辛："探讨环北部湾（广西）经济区的金融支持问题"，《学术论坛》，2007 年第 1 期。

52. 魏然："高新技术产业发展对城市联盟的作用"，《管理世界》，2001 年第 6 期。

53. 王娟："中国—东盟经济的互补性分析与思考"，《广西大学学报（哲学社会科学版）》，2004 年 2 月（第 20 卷第 1 期）。

54. 吴晓东："东盟中国自由贸易区—东亚区域合作的桥梁"，《四川行政学院学报》，2003 年第 1 期。

55. 杨永忠、陈雁凌："产业集群：后发地区的跨越式发展模式"，《中南民族大学学报（人文社会科学版）》，2003 年 11 月（第 23 卷第 6 期）。

56. 赵文丁："国际生产网络的形成及意义"，《商业研究》，2006 年 9 月（总第 341 期）。

57. 朱英明："集聚经济与西部大开发中的产业发展政策选择"，《工业技术经济》，2004 年 4 月（第 23 卷 第 2 期）。

58. 曾鹏："广西桂柳南北中心城市带的构建"，《改革与战略》，2006 年第 1 期。

59. 周光大、丘雪薇、周清云："创新环北部湾开发模式共建中国—东盟新增长极"，《中国港口》，2006 年 8 月。

60. 周英虎："南北钦防产业选择和布局的几个问题"，《广西财经学院学报》2005 年 4 月。

61. 黄先海：《蛙跳型经济增长——后发国发展路径及中国的选择》，复旦大学博士学位论文，2003 年。

62. Michael Porter. What is strategy. Harvard Business Review, 1996

(12): 55 –58.

63. Joseph B. White, Reengineering Gurus Take Steps to Remodel Their Stalling Vehicles, Wall Street Journal. 1996, 21 (9): 103 –106.

64. Andrew Greasley. Using business – process simulation within a business – process reengineering approach, Business Process Management Journal, 2003, 9 (8): 100 –103.

65. Adams, D. et a1. Computer Information Systems Development, Design and Implementation. Southwestern Pub. Co, 1998.

66. Louis Putterman, Randall S. Kroszner, The Economic Nature of the Firm – A Reader, Cambridge University Press, New York, 1996.

67. Chiplunkar, Deshmukh, S. G. Chattopadhyay. Application of principles of event related open systems to business process reengineering Computers 8 Industrial Engineering, 2003, 45 (6): 104 –106.

68. Andrew Greasley. Using business – process simulation within a business – process reengineering approach, Business Process Management Journal, 2003, 9 (8): 100 –103.

69. Michael Hammer. The Agenda. Crown Business, 2001.